STADT IN DER GESCHICHTE
Band 17

Stadt in der Geschichte

Veröffentlichungen
des Südwestdeutschen Arbeitskreises
für Stadtgeschichtsforschung

Band 17

Begründet von
Erich Maschke und Jürgen Sydow

Jan Thorbecke Verlag Sigmaringen
1991

Stadtkern und Stadtteile

27. Arbeitstagung in Karlsruhe
1988

Herausgegeben von
Bernhard Kirchgässner und Heinz Schmitt

Jan Thorbecke Verlag Sigmaringen
1991

Die Deutsche Bibliothek – CIP-Einheitsaufnahme

Stadtkern und Stadtteile: in Karlsruhe 1988 / hrsg. von Bernhard Kirchgässner und Heinz Schmitt. – Sigmaringen: Thorbecke, 1991
(Stadt in der Geschichte; Bd. 17) (... Arbeitstagung / Südwestdeutscher Arbeitskreis für Stadtgeschichtsforschung; 27)
ISBN 3-7995-6417-9

NE: Kirchgässner, Bernhard [Hrsg.]; 1. GT; Südwestdeutscher Arbeitskreis für Stadtgeschichtsforschung: ... Arbeitstagung

Dieses Buch ist aus säurefreiem Papier hergestellt und entspricht den Frankfurter Forderungen zur Verwendung alterungsbeständiger Papiere für die Buchherstellung.

Gesamtherstellung: M. Liehners Hofbuchdruckerei GmbH & Co. Verlagsanstalt, Sigmaringen
Printed in Germany · ISBN 3-7995-6417-9

Inhaltsübersicht

In Memoriam
Wolfgang Leiser
(9. 1. 1931–8. 2. 1989)

Vorwort

Die rasch wachsenden Großstädte haben seit der Mitte des 19. Jahrhunderts eine Fülle von ökonomischen, sozialen und – vor allem in der neuesten Zeit – auch ökologischen Problemen in Größenordnungen hineinwachsen lassen, die man bis dahin nicht gekannt hat. Jenseits der rein quantitativen Probleme tauchen mit diesem Wachstum aber auch qualitative auf; ursprünglich rein quantitative Probleme werden beispielsweise zu solchen der Lebens- und Wohnqualität. Die ehemals so begehrte Freiheit in der Anonymität der Großstadt wurde zunehmend auch zur »Unbehaustheit«, die Großkommunen wurden immer unübersichtlicher, so wie die Massengesellschaft des 19./20. Jahrhunderts ja insgesamt in überwältigendem Maße von der großen Stadt geprägt wird.

Neueste Entwicklungen versuchen, dieser Tendenz entgegenzusteuern. In ganz unterschiedlichen Formen und natürlich auch in unterschiedlicher Ausdrucksweise suchen alte Ortskerne ihr Eigenleben zu wahren oder auch neue Identität zu gewinnen. Nachdem gerade Karlsruhe diesen Bestrebungen viel Aufmerksamkeit geschenkt hat und schenkt, lag es nahe, daß der Südwestdeutsche Arbeitskreis für Stadtgeschichtsforschung auf seiner Karlsruher Tagung sich diesem Problemkreis zugewendet hat. Natürlich trat auch auf dieser Tagung die Mannigfaltigkeit kommunaler Einzelentwicklungen wieder deutlich zutage; Problemfelder wie Lösungsversuche werden vom Schicksal der jeweiligen Stadt besonders geprägt. Immerhin ist es gelungen, so manche Gemeinsamkeit anzusprechen für ein Thema, das wiederum den Historiker wie den Kommunalpolitiker gleichermaßen angeht. Wir danken deshalb der Stadt Karlsruhe und insbesondere ihrem Oberbürgermeister, Herrn Professor Dr. Gerhard Seiler, ohne deren organisatorische Unterstützung diese Tagung nicht hätte zustande kommen können. Bereitwillig half auch das Stadtarchiv, dessen Leiter dem Erstunterzeichneten von Anfang an beigestanden hat und das mit der Erstellung des Diskussionsprotokolls durch Herrn Dr. Bräunche viel zum Gelingen dieses Bandes beisteuerte. Finanzielle Unterstützung haben wir vom Badischen Sparkassen- und Giroverband erhalten, ferner von der Arbeitsgemeinschaft Historischer Kommissionen und Landesgeschichtlicher Institute in Münster i. W. Das Ministerium für Wissenschaft und Kunst des Bundeslandes Baden-Württemberg hat wiederum durch einen Druckkostenzuschuß zur Edition dieses Bandes wesentlich beigetragen. Es sei auch dankbar all der Städte gedacht, die unsere Arbeit durch ständige Hilfe fördern; nur im Zusammenwirken all dieser Institutionen und ihrer Träger, vor allem aber auch der sie leitenden Persönlichkeiten, können wir die Tagungsbände in kontinuierlicher Folge erscheinen lassen. Die mühevolle Arbeit der Registererstellung schließlich wurde von Herrn Gerhard Bleifuß bewältigt; die Erschließung der hier zusammengetragenen Stoffülle wird ja erst durch das Register ermöglicht, so daß auch hier der schuldige Dank gesagt sei.

Je nach Landes- und Kommunalrecht in den Bundesländern und Kommunen stellen sich die hier angeführten Probleme unterschiedlich und lassen sich auch nur in unterschiedlichen Formen bewältigen. Wer sich der deutschen Stadtgeschichte verpflichtet fühlt, wird diese Mannigfaltigkeit begrüßen, die der Uniformität unseres Massenzeitalters entgegenwirkt. Es liegt aber in der Natur der Sache, daß eine solche Tagung und mithin ein solcher Band nur exemplarisch Einzelbeispiele herausgreifen kann. So gilt unser Dank nicht zuletzt den Referenten und Diskussionsteilnehmern, die sich engagiert dieser Problematik widmeten.

Dieser Band ist dem so früh verstorbenen Rechtshistoriker Wolfgang Leiser gewidmet. Von ihm stammte die Formulierung des Tagungsthemas, das er selbst in einem bewundernswert klaren Referat behandelt hat. Noch einmal zeigt sich hier seine Fähigkeit, komplexe Sachverhalte in prägnanter und kurzer Form zusammenzufassen. Der Arbeitskreis wird diesem großen Gelehrten mit seinem profunden Wissen immer zu Dank verpflichtet sein.

Mannheim, im April 1991

Bernhard Kirchgässner *Heinz Schmitt*

Stadtkern und Stadtteile: Das Beispiel Karlsruhe

VON HEINZ SCHMITT

Der Besuch in großstädtischen Außenbezirken war für mich früher immer mit einem Gefühl der Melancholie verbunden. Da gab es einerseits die lebhafte und attraktive Innenstadt und dann diese uralten Ortskerne, die nichts mehr bedeuteten, in denen die Zeit nicht nur stehenzubleiben, sondern rückwärts zu gehen schien. Der Vergleich mit selbständig gebliebenen Nachbarorten machte das noch deutlicher. Hier waren die Straßen gepflegter, und die öffentlichen Gebäude hatten noch ihre Funktion. Der Ortsname, vielleicht auch der Übername galt noch. Man sah den Vororten an, daß die Stadt ihr Geld an anderer Stelle brauchte, besonders nach dem Krieg. Und wer kümmerte sich schon um örtliche Traditionen? Sie lagen oft gar nicht so sehr im städtischen Interesse, standen ihm möglicherweise sogar entgegen. Schließlich konnte jeder am Leben der Großstadt teilhaben. Dafür hatte man ja einen Straßenbahnanschluß bekommen. Ich muß zugeben, daß sich das heute alles nicht mehr so trist darstellt wie noch vor 15 oder 20 Jahren. Das Interesse am Eigenleben der Stadtteile und ihrer Geschichte ist nicht nur bei deren Bewohnern, sondern auch bei den kommunalen Gremien und der zentralen Verwaltung wesentlich größer geworden.

Als ich 1982 die Ausstellungsreihe »Karlsruher Stadtteile« ins Leben rief, hatte ich allerdings die Erinnerung an die frühere Tristesse noch nicht verloren. Sie war der eigentliche Anlaß für die Ausstellungen, die den in dieser Beziehung vernachlässigten Stadtteilen wieder zu einer gewissen Kenntnis ihrer Geschichte und zu einer Stärkung ihres Eigenbewußtseins verhelfen sollen. In einem »Heimatmuseum auf Zeit«, wie ich es nannte, soll an zentraler Stelle der Stadt darüber hinaus für alle Karlsruher die Möglichkeit gegeben werden, über den jeweils ausgestellten Stadtteil etwas mehr zu erfahren, als gemeinhin bekannt ist. Inzwischen haben vier derartige Ausstellungen stattgefunden. Weitere sind geplant. Die hier zum Ausdruck kommende Aufwertung oder Neubewertung der Stadtteile äußert sich auf vielfältige, auch auf politische Weise. Ich komme darauf noch zurück.

Zunächst möchte ich einen Abriß der Stadtentwicklung geben, dann auf die Geschichte einiger Eingemeindungen eingehen. Der hieraus resultierende unterschiedliche rechtliche und politische Status der einzelnen Stadtteile wird ein weiterer Punkt der Darstellung sein. Ich möchte mich dann den Merkmalen mehr oder minder stark ausgeprägter Eigenständigkeit der Stadtteile zuwenden und mit der Beschreibung von drei sehr unterschiedlichen Einzelbeispielen schließen.

Der Stadtkern, zu dem die Stadtteile in Beziehung stehen können, ist selbst Wandlungen und unterschiedlichen Definitionen unterworfen. Mit dem Wachstum der Stadt hat er sich ständig vergrößert und verändert. An den ursprünglichen Stadtkern haben sich neue Bereiche angesetzt, die aber eher als Stadtviertel denn als Stadtteile zu bezeichnen sind, da sie in topographischer, administrativer wie mentaler Hinsicht – selbst bei Herausbildung eines gewissen Eigenlebens – als Bestandteil der Kernstadt anzusehen sind und sich selbst auch so sehen. Als Stadtteile im eigentlichen Sinn sollen hier solche Siedlungsgebiete gelten, die entweder ehemals selbständige Gemeinden waren oder sich aufgrund ihrer geographischen Situation deutlich von der inneren Stadt absetzen.

Wenden wir uns zunächst dem Stadtkern zu! Am 17. Juni 1715 legte Markgraf Karl Wilhelm von Baden-Durlach den Grundstein zum Turm seines neuen Residenzschlosses im Hardtwald. Dieser Turm wurde zum Zentralpunkt eines Systems von 32 in den Wald geschlagenen Straßen, von denen die neun nach Süden abgehenden mit den Häusern der neuen Stadt Karlsruhe bebaut wurden. Es entstand so der bekannte Stadtfächer, charakteristischer Ausdruck absolutistischen Herrscherwillens.

Das Werden von Großstädten war immer mit Eingemeindungen verbunden. Die künstliche Gründung Karlsruhe war mit ihrem zunächst sehr kleinen Gebiet so eingeengt, daß Wachstum von Anfang an nur auf Kosten der Nachbargemeinden möglich war. So wurden von diesen immer wieder Gemarkungsteile abgetrennt und der Residenzstadt zugeschlagen. Sie wäre sonst nicht einmal imstande gewesen, ihre nötigste Infrastruktur auf eigenem Gelände unterzubringen, so etwa ihre Friedhöfe oder das Wasserwerk. Um die Wende zum 20. Jahrhundert erreichte Karlsruhe mit 100000 Einwohnern die Großstadtmarke, was unter günstigeren Voraussetzungen vielleicht hätte schon eher der Fall sein können.

Die früheste Eingemeindung geschah 1812 mit der Einverleibung von Klein-Karlsruhe oder, wie es normalerweise genannt wird, dem »Dörfle«. Dabei handelte es sich allerdings nicht um einen alten Ort, sondern um eine wilde Siedlung ohne eigene Gemarkung, die gleichzeitig mit der neuen Stadt Karlsruhe entstanden war. Dort hatten sich alle möglichen Leute angesiedelt, die man zum Aufbau der neuen Stadt zwar brauchte, die sich aber nicht als Bürger niederlassen konnten oder wollten. Das Viertel, das die Stadt damals nur ungern bei sich aufnahm, blieb ein Problemgebiet bis zu der neuerdings vorgenommenen Radikalsanierung.

Die erste echte Eingemeindung war die der einige Kilometer westlich gelegenen Stadt Mühlburg zum 1. Januar 1886. Dem Zusammenschluß gingen jahrelange Vorbereitungen voraus, und er wurde schließlich von der Stadt Karlsruhe betrieben, nachdem sich trotz der relativ großen Entfernung so viele Verzahnungen auf verkehrs- und versorgungstechnischem Gebiet entwickelt hatten, daß die Abhängigkeit Mühlburgs von Karlsruhe unübersehbar geworden war. Hinzu kam, daß viele in Karlsruhe Beschäftigte sich wegen der günstigeren Mieten schon in Mühlburg niedergelassen hatten. Es war auch zu recht grotesken Zuständen gekommen. So gab es an der Stadtgrenze gegen Mühlburg eine zunächst einseitig bebaute Straße, auf deren Mühlburger Seite sich weitab von Mühlburg eine nicht gerade den Karlsruher Vorschriften entsprechende Bebauung angesetzt hatte.

Ähnliche Situationen traten bei Beiertheim auf, doch lag der Fall bei dieser Gemeinde etwas anders. Ihre nördliche Gemarkungsgrenze verlief ursprünglich bei der Karlsruher Kriegsstraße; sie verlor aber nach und nach immer mehr Gebietsteile an die werdende Großstadt. Obwohl um die Jahrhundertwende die Karlsruher Bebauung das Dorf Beiertheim bereits erreicht hatte, war die Gemeinde zum Zusammenschluß mit Karlsruhe nicht bereit, da sie durch die ständigen Geländeverkäufe finanziell glänzend dastand. Als schließlich für den neuen Karlsruher Bahnhof dringend Beiertheimer Gelände benötigt wurde, war die Eingemeindung der stark geschrumpften Restgemarkung unvermeidbar geworden. 1907 wurde sie zusammen mit der von Rüppurr und Rintheim vollzogen, dem die Stadt ebenfalls schon sehr nahe gerückt war. Ein Karlsruher Stadtrat soll befürchtet haben, daß über Beiertheim einmal in den Nachschlagewerken zu lesen stehen könnte: Badisches Dorf mit prächtigem Bahnhof; in der Nähe liegt die badische Haupt- und Residenzstadt Karlsruhe. Die Eingemeindung von Daxlanden, die 1910 erfolgte, geschah auf Wunsch der Gemeinde, die unter anderem einen Straßenbahnanschluß wollte, den sie sonst hätte mitfinanzieren müssen. Die in diesem Fall ausgehandelten Bedingungen waren nicht so günstig wie bei Beiertheim oder dem ein Jahr früher zu Karlsruhe gekommenen Grünwinkel. In allen Fällen spielte der »Bürgernutzen«, die Allmende also, eine nicht geringe Rolle und mußte zumindest für eine gewisse Zeit garantiert werden.

In den wirtschaftlich schlechten zwanziger Jahren wandten sich mehrere Gemeinden an die Stadt Karlsruhe, um Eingemeindungsverhandlungen aufzunehmen, die aber nur bei Bulach 1929 zum Abschluß führten. Ansonsten war die Stadt gerade in dieser Zeit nicht um jeden Preis daran interessiert. In der Zeit des Nationalsozialismus erfolgten die Eingemeindungen von Knielingen (1935) und von Durlach und Hagsfeld (1938) auf Anordnung des Gauleiters, und zwar – außer bei Hagsfeld – gegen den erfolglosen Widerstand der Betroffenen. Die Versuche Knielingens und Durlachs, nach dem Zweiten Weltkrieg wieder aus dem Stadtverband auszuscheiden, mißlangen. Immerhin wurde aber Durlach als dem größten und traditionsreichsten Stadtteil ein Stadtamt und ein Bezirksbeirat zugestanden, die ihn aus der Schar der übrigen Stadtteile heraushoben.

Nach längerer Pause kam es dann im Zuge der baden-württembergischen Gemeindereform in den Jahren 1971 bis 1975 zur Eingemeindung von sieben bis dahin selbständigen Orten. Sie wurde von Staats wegen durchgesetzt, obwohl sich hiergegen Widerstand formiert hatte, vor allem in dem nördlich gelegenen Neureut. Diese Gemeinde, mit etwa 13 000 Einwohnern die größte Landgemeinde Badens, schöpfte alle rechtlichen und politischen Möglichkeiten aus, um die Eingemeindung zu verhindern. Obwohl in zwei Abstimmungen rund 98 % der Wähler sich für die Selbständigkeit der Gemeinde aussprachen, war sie nicht zu erhalten. Allerdings konnten alle in den siebziger Jahren zu Karlsruhe gekommenen Gemeinden sehr günstige Vereinbarungen über künftige Baugebiete, die Schaffung von Hallenbädern und Veranstaltungshallen, die Weiterbeschäftigung ihres Personals am Ort, die Herausgabe von Heimatbüchern, die Pflege örtlicher Traditionen und anderes mehr aushandeln. Die bisherigen Bürgermeister blieben zumeist Ortsvorsteher. Die neu geschaffenen Ortschaftsräte können über einen gewissen Etat selbständig verfügen und müssen zu allen Fragen des Stadtteils gehört werden. Eine Ortsverwaltung in den alten Rathäusern blieb bestehen und erspart so den Gang zu den entsprechenden Karlsruher Zentralämtern. Die neu eingemeindeten Stadtteile sind damit erheblich besser gestellt als die früher zu Karlsruhe gekommenen, die über keinerlei Beschlußgremien verfügen. Die ehemals dort noch vorhandenen Gemeindesekretariate wurden mit Zurruhesetzung der Stelleninhaber geschlossen, das letzte 1981.

Durlach nimmt in jeder Beziehung eine Sonderstellung ein. Zwar hat sein Bezirksbeirat, dem offiziell der Oberbürgermeister vorsteht, nur beratende Funktion und braucht bei weitem nicht zu allem gehört zu werden; er hat auch keinen Etat zu verwalten und tagt, im Unterschied zu den Ortschaftsräten, in der Regel nicht öffentlich, doch befinden sich unter der Regie des Stadtamtes Durlach Ableger fast aller städtischen Ämter im Durlacher Rathaus. Dazu später mehr.

Mißlich ist sicher die ungleiche Rechtsposition der einzelnen Stadtteile, die auch nicht dadurch beseitigt wird, daß für Durlach vom Karlsruher Gemeinderat inzwischen die günstigere Ortschaftsverfassung beschlossen wurde. Sie trat mit der Gemeinderatswahl 1989 in Kraft. An dieser Stelle muß ein Wort zur Rolle der Bürgervereine gesagt werden. Sie bestehen für alle alteingemeindeten Stadtteile, aber auch für sämtliche Stadtviertel der Kernstadt, bisher jedoch verständlicherweise in keinem neu eingemeindeten Stadtteil. Sie versuchen, die Belange der betreffenden Stadtteile wahrzunehmen, und führen umfangreiche Korrespondenzen mit dem Bürgermeisteramt, vor allem in Verkehrsfragen. Von der Verwaltung werden sie in manchen Angelegenheiten konsultiert, doch besteht hierzu keinerlei rechtliche Verpflichtung. Sie dienen der Verwaltung gewissermaßen als Ersatz für fehlende kommunale Gremien. Von den Bürgervereinen geht auch, außer in Durlach, der Widerstand gegen die Einführung weiterer Ortschaftsräte und Bezirksbeiräte aus, da sie den Verlust eines Teiles ihrer Funktionen befürchten.

Bei der großen Unterschiedlichkeit der einzelnen Stadtteile variiert natürlich der Grad der Eigenständigkeit beziehungsweise der Abhängigkeit von der Zentrale sehr stark. Auf die Frage nach dem jeweils Eigenen eines Stadtteils wird als erstes sehr häufig das Vereinsleben genannt; dieses scheint ein gewisses Maß an Eigenleben zu garantieren. Die meisten Vereine verbinden ja auch den alten Ortsnamen mit dem Namen des Vereins. Inwieweit aber die Vereine tatsächlich ihren Stadtteil noch repräsentieren und das Vereinsleben tatsächlich intakt ist, wie es immer heißt, bedürfte einmal einer näheren Untersuchung. Manche Vereine haben ihren Einzugsbereich über ihren Stadtteil hinaus ausgedehnt, andere sind über die Stadtteilgrenzen hinaus Fusionen eingegangen, wieder andere wurden mit ihren Einrichtungen in einen anderen Stadtteil versetzt. Die meisten Vereine sind allerdings halbwegs standorttreu geblieben. Dennoch wäre eine differenziertere Sichtweise als die bei den Bürgervereinen übliche angebracht.

Grundsätzlich treten alle Vereine bei den in den letzten fünfzehn Jahren entstandenen neuen Stadtteilfesten in Erscheinung, wo sie unterschiedliche kulinarische Angebote an jeweils eigenen Ständen offerieren. Da diese Feste vor allem den Vereinskassen dienen, wird darüber hinaus nicht viel geboten. Dennoch vermögen sie große Publikumsmassen anzuziehen. Häufig wurden aber althergebrachte Feste, etwa die Kirchweih, dadurch in den Hintergrund gedrängt, so daß die modernen Stadtteilfeste nicht unbedingt der örtlichen Traditionspflege dienen, auch wenn versucht wird, durch Benennung der Feste und der Vereinsstände und durch das Angebot traditioneller Speisen dies zu suggerieren. Nicht übersehen dürfen wir die Karnevalsvereine, die in den meisten Stadtteilen vorhanden sind. Allerdings ist hier ein deutlicher Schwerpunkt in den überwiegend katholischen Stadtteilen erkennbar, während ehemals evangelische Dörfer wie Rüppurr und Hagsfeld bis heute keinen Karnevalsverein besitzen. Wenn auch ein großer Teil des Programms der Vereine von Gruppen bestritten wird, die bei vielen Veranstaltungen im gesamten Stadtgebiet auftreten, so werden doch die Reden und Gesangsvorträge, die sich mit ortsspezifischen Themen befassen und die örtliche Mundart zur Geltung bringen, besonders stark beachtet.

Die Bürgervereine geben in den meisten – vor allem den inneren – Stadtteilen zumeist vierteljährlich Mitteilungsblätter heraus, die nicht nur über die Tätigkeit des jeweiligen Bürgervereins, sondern auch über die Aktivitäten der anderen Vereine, der Parteien und Kirchen des Stadtteils berichten. In einigen äußeren Stadtteilen gibt es die Mitteilungsblätter der Ortsverwaltungen oder auch von privaten Verlagen, zum Teil schon seit Jahrzehnten herausgebrachte kleine Wochenblätter, in Durlach außerdem noch zwei Anzeigenblätter. – Die alten Gemeindewappen werden nach wie vor genutzt, und sei es auch nur als Embleme für die Bürgervereine. Erst in jüngster Zeit haben die nach dem Zweiten Weltkrieg entstandenen Stadtteile Waldstadt und Nordweststadt sich neue Wappen entwerfen und vom Generallandesarchiv beurteilen lassen.

Die in den siebziger Jahren zuletzt eingemeindeten Stadtteile haben fast alle ein Werk über die Ortsgeschichte publizieren können. Ihnen wurde auch das Verbleiben der Gemeindearchive am Ort garantiert, während die übrigen zentral aufbewahrt werden. Eine historische Erforschung der schon länger eingemeindeten Stadtteile wird derzeit nur für Durlach betrieben.

Als Indiz für eine gewisse Eigenständigkeit gelten die Einkaufsmöglichkeiten am Ort. Diese sind in den ehemals selbständigen Gemeinden durchweg besser als in den seit dem Zweiten Weltkrieg neu angelegten Stadtteilen. Von dort aus fährt man darum erheblich häufiger zu Einkäufen in die Innenstadt als von jenen Ortschaften, die eine überlieferte Versorgungsstruktur besitzen. Allerdings ist diese teilweise – etwa durch Verbrauchermärkte im freien Gelände – gefährdet. Ein Teil der außerhalb des eigenen Stadtteils vorgenommenen Einkäufe wird auch in den Nebenzentren Mühlburg im Westen und Durlach im Osten getätigt. Interessant ist, daß manche Bürgervereine die Einrichtung von Wochenmärkten als Möglichkeit ansehen, das Stadtteilbewußtsein zu stärken. Die Verwaltung hält sich allerdings bei der Einführung neuer Märkte zurück und hat außer den fünf Innenstadtmärkten nur in sechs größeren Stadtteilen, darunter die Nordweststadt und die Waldstadt, Märkte zugelassen, in Mühlburg erst vor zwei Jahren, allerdings mit gutem Erfolg. Der Versuch, im Außenbezirk Grötzingen einen Markt einzurichten, schlug fehl.

Es soll sich nun ein Gang durch einige Stadtteile anschließen, der über Knielingen, die Waldstadt und Durlach – die sehr unterschiedlich strukturiert sind – besonders ausführlich berichtet. Der Stadtteil, dem wir uns zunächst näher zuwenden wollen, ist Knielingen, westlich von Mühlburg, dem Rhein zu gelegen. Knielingen ist der urkundlich am frühesten erwähnte Ort im heutigen Karlsruher Stadtgebiet, mithin der älteste Stadtteil überhaupt. Vor zwei Jahren konnte eine glänzende 1200-Jahrfeier begangen werden, die auch einer selbständigen Gemeinde würdig gewesen wäre, mit großartigem historischem Festzug, historischem Theaterspiel, Pferderennen, Volksfest und der

Herausgabe einer umfangreichen Ortsgeschichte, die allerdings nicht in allen Teilen wissenschaftlichen Ansprüchen genügt.

Bis zur Jahrhundertwende war Knielingen ein wohlhabendes Bauerndorf, in dem neben dem Ackerbau die Pferdezucht eine Rolle spielte. Hieran erinnern noch die heutigen Pferderennen. Nach der Eröffnung des Karlsruher Rheinhafens 1903 entstanden in dessen Umgebung Industriebetriebe, die auch vielen Knielingern Arbeit gaben, so daß allmählich ein Arbeiterbauerntum entstand. Spätestens seit der Ansiedlung der Firma Siemens Ende der vierziger Jahre und zweier riesiger Ölraffinerien Anfang der sechziger Jahre kann Knielingen, trotz seiner großen Gemarkung, als Arbeiterwohnort bezeichnet werden. Die Beziehungen zu Karlsruhe waren schon in den zwanziger Jahren durch eine Straßenbahnlinie und den Anschluß ans städtische Stromnetz enger geworden. Dennoch wollte man sich mit der zwangsweise angeordneten Eingemeindung im »Dritten Reich« lange nicht abfinden. Zwar ist die Einwohnerzahl seit der Eingemeindung von 5300 auf 8300 gestiegen, doch diente die Gemarkung eher der Industrieansiedlung als der Anlage neuer Wohngebiete, so daß der Zuzug von außerhalb sich in Grenzen hielt. Typische Mundarteigenheiten blieben darum in Knielingen besser erhalten als in anderen Stadtteilen. Vereine und Kirche spielen noch eine prägende Rolle; das Selbstverständnis Knielingens wurde durch die 1200-Jahrfeier erneut gestärkt.

Eine völlig andere Situation finden wir in der seit 1957 nach Plänen von Professor Selg angelegten Waldstadt vor. Ursprünglich auf 20000 Einwohner berechnet, umfaßt sie jetzt etwa 13000. Durch weitere Bebauung kann die Einwohnerzahl in Zukunft noch etwas zunehmen. Zunächst nur in den Hardtwald hineingebaut, später auf die Feldlage in Richtung Hagsfeld ausgreifend, umfaßt die Waldstadt alle Bauformen vom Hochhaus bis zum Einfamilienhaus. Das ganze Gebiet ist sehr weit auseinandergezogen, ohne daß von vornherein ein bestimmtes Zentrum geplant gewesen wäre. Zwar sind alle Schularten einschließlich einer Waldorf- und einer Europaschule vertreten, und auch die Kirchen haben sich früh ihre Einrichtungen geschaffen, doch ist die Ausstattung mit Geschäften und Gasthäusern ausgesprochen dürftig. Es verwundert darum nicht, daß die Waldstadtbewohner sehr viel mehr zur Innenstadt hin orientiert sind als die benachbarten Hagsfelder. Die schon bald zum Nachteil von Hagsfeld in die Waldstadt abgelenkte Straßenbahnlinie trägt das Ihre dazu bei. Außer den Kirchen bemühen sich einige Sportvereine, vor allem aber der Bürgerverein, um die Schaffung eines Stadtteilbewußtseins. Immerhin gibt es seit vielen Jahren auch ein eigenes, sehr anspruchsvolles Laientheater. 1988 wurde ein zwischen Wald- und Feldlage erbautes Waldstadtzentrum eingeweiht. Um einen Marktplatz gruppieren sich Geschäfte, Bankfilialen und gastronomische Betriebe verschiedener Art. Die Stadt ist mit einer in kürzester Zeit zu Rekordzahlen gelangten Zweigbibliothek vertreten. Der neue Wochenmarkt wird nach Auskunft des Marktamtes »erkennbar angenommen«. Sollte dieses Zentrum seine vorgesehene Funktion wirklich erfüllen, was anzunehmen ist, könnte sein Einzugsbereich sich möglicherweise auf das inzwischen baulich verbundene Hagsfeld ausdehnen. Inwieweit hier psychologisch begründete Barrieren entgegenstehen, bleibt abzuwarten.

Einen ziemlich starken Kontrast zur Waldstadt bildet die alte, selbstbewußte Markgrafenstadt Durlach, 1196 erstmals und gleich als Stadt urkundlich erwähnt, von

1565 bis 1717 Residenz der Markgrafen von Baden-Durlach. Durlach besitzt fast alles, was man von einer etwa 30000 Einwohner umfassenden Stadt erwarten kann. Von den Durlachern wird dies auch für selbstverständlich gehalten. Die dennoch latent vorhandene Unzufriedenheit, die übrigens nicht nur bei Alteingesessenen bisweilen zum Ausbruch kommt, wird vorwiegend gespeist aus der Überzeugung, daß man als selbständige Stadt manches noch besser und vor allem schneller bekommen hätte. Das benachbarte Ettlingen bietet sich hier zum Vergleich an. Es ist auch eine ständige, manchmal durchaus berechtigte Angst zu beobachten, daß der vorhandene Besitzstand geschmälert werden könnte, etwa durch die Auflösung der Gewerbeschule, welche die älteste in Deutschland oder zumindest in Baden sein soll, oder durch die Verbringung von Durlacher Kunstbesitz nach Karlsruhe. Der Bürgerverein spielt in Durlach bemerkenswerterweise eine erheblich geringere Rolle als in den meisten anderen Stadtteilen. In kommunalpolitischen Fragen scheint man sich durch den Bezirksbeirat doch einigermaßen vertreten gesehen zu haben. Durch den künftigen, mit erheblich mehr Befugnissen ausgestatteten Ortschaftsrat wird sich eine noch bessere Situation ergeben. Im Unterschied zu fast allen übrigen Vereinen plädierte der Durlacher Bürgerverein für die Einführung der Ortschaftsverfassung. Sehr häufig macht sich auch eine Arbeitsgemeinschaft der Durlacher Geschäftsleute bemerkbar, einerseits durch gemeinsame Werbe- und Dienstleistungsaktionen, andererseits aber durch manchmal über längere Zeit hin vorgetragene Forderungen etwa nach besseren Parkmöglichkeiten oder nach einem fußgängerfreundlichen Pflaster in der Hauptstraße, der Pfinztalstraße. Konkurrenz für die Durlacher Geschäftsleute stellt nicht allein das Angebot der Karlsruher Innenstadt dar, sondern fast mehr noch ein riesiger, zwischen Karlsruhe und Durlach gelegener Verbrauchermarkt mit großem Parkplatzangebot. Eine Branchenverarmung in Durlach ist nicht zu übersehen. Dennoch wird Durlach eine gewisse Zentralfunktion auch in Zukunft behalten. Dazu tragen nicht nur die Dépendancen der meisten städtischen Ämter bei, sondern auch einige staatliche Behörden wie Finanzamt, Amtsgericht und Notariat. Durlach besitzt alle Schularten, und es hat ein eigenes Museum, das Pfinzgaumuseum, das sich gerade in einer Phase der Neugestaltung befindet. In dessen Sitz, der Karlsburg, wurde ein prächtiger Festsaal fertiggestellt, der neben der alten Festhalle für anspruchsvollere Veranstaltungen zur Verfügung steht. In der Karlsburg sind außerdem die Stadtbibliothek, die Volkshochschule und Vereinsräume untergebracht. Nachdem Laien- und Mundarttheater in Durlach schon lange eine Heimstatt hatten, wird neuerdings in einer alten Orgelfabrik professionelles Theater gespielt. Das kulturelle Angebot wird zusehends reicher, wozu auch eine Reihe von Kunstgalerien beiträgt. Die eher der traditionellen Kultur zugewandten Vereine – es sollen um die achtzig sein – behaupten sich daneben aber immer noch ganz gut. Auffällig ist die große Zahl von Gesang- und Karnevalsvereinen, die auch zu einem guten Teil den Durlacher Festkalender bestimmen, der vor allem in den Sommermonaten fast an jedem Wochenende beachtliche Veranstaltungen mit Volksfestcharakter bietet. Nach der Devise »Was Karlsruhe hat, hat Durlach schon lange« wird natürlich auch ein eigener Fasnachtsumzug durchgeführt, den der städtische Etat genauso wie den Karlsruher Fasnachtsumzug bezuschussen muß, wenn auch nicht in gleicher Höhe. Mit dem Weihnachtsmarkt gibt es allerdings Schwierigkeiten. Ihn sieht die Stadt nicht gern, deshalb darf er nur in den Rathaushallen und nicht davor stattfinden. Aber ganz unterdrücken läßt er sich nicht, denn Durlach hat immer eine Lobby. Es ist in den letzten zwanzig Jahren zum bevorzugten Wohngebiet der Karlsruher Oberschicht geworden, zu der beispielsweise Universitätsprofessoren, Bundesrichter und Industrielle zählen. Diese wohnen vor allem im Geigersberggebiet, neuerdings wird es aber »schick«, in die sanierten Häuser der Altstadt zu ziehen. Die Sanierung zieht übrigens auch einen Wandel in der Geschäftsstruktur und in der Gastronomie nach sich. Das Ganze wird allerdings mit einer Verlagerung und Überlagerung der alteingesessenen Bevölkerung erkauft. Und noch etwas ganz Merkwürdiges ist zu beobachten: Die Zugezogenen fühlen sich nicht lange als Karlsruher, sondern lassen sich sehr rasch integrieren. Sie gehen häufig stärker auf Distanz zu Karlsruhe als alte Durlacher. Mit Vehemenz vertreten sie Durlacher Belange und bezeichnen sich auch selbst als Durlacher. Die Integrationskraft dieser alten Stadt ist in den letzten Jahren eher stärker geworden, als daß sie nivelliert worden wäre. So ist auch der immer lauter vorgetragene Wunsch nach der Abfassung einer modernen Durlacher Stadtgeschichte verständlich. Da eine selbständige Stadt Durlach nicht mehr wiedererstehen wird, obwohl manche noch davon träumen, hat Durlach einen Status der Eigenständigkeit erreicht, der kaum noch zu verbessern sein wird.

Sicher gäbe es gerade zu Durlach und seinem Verhältnis zu Karlsruhe – man sagt nicht »Ich fahre in die Stadt«, sondern »Ich fahre nach Karlsruhe« – noch vieles zu sagen, doch soll es damit zunächst einmal sein Bewenden haben. Es kam zum Ausdruck, daß Durlach in fast jeder Beziehung einen Sonderfall unter den Karlsruher Stadtteilen darstellt. Die Gründe hierfür liegen in der Größe des Stadtteils, in seiner historischen Bedeutung, seiner Bevölkerungsstruktur und in der Berufung auf die zwangsweise vorgenommene Eingemeindung. All dies wirkt zusammen und ruft ein Stadtteilbewußtsein hervor, für das es in anderen Stadtbezirken einfach viel weniger Voraussetzungen gibt. Einiges davon findet sich bestimmt auch in Daxlanden oder Knielingen, viel weniger schon in Rüppurr oder Hagsfeld. Genau umgekehrt stellt sich die Situation in den Reißbrettstadtteilen Waldstadt oder Oberreut dar. Dort sind zunächst weder bauliche, soziale noch historische Bedingungen vorhanden, die ein Stadtteilbewußtsein hervorbringen könnten. Dies läßt sich ja auch stadtplanerisch nur bedingt beeinflussen. Dennoch wurde erkannt, daß für das Heimischwerden und Wohlfühlen in der Stadt die Zugehörigkeit zur 270000-Einwohnergemeinde allein nicht genügt und daß die Beheimatung unter anderem von den Sozialkontakten in der Wohnumgebung abhängt. So bemühen sich Vereine, Kirchen und Stadt, auch dort eine Art Stadtteilverbundenheit der Bewohner wachsen zu lassen, wo dies nicht ohne weiteres erwartet werden kann.

Man sieht, daß das Verhältnis von Stadtkern und Stadtteilen von ganz unterschiedlichem Charakter sein kann. Ich habe eine Art Zustandsbeschreibung für Karlsruhe zu geben versucht. Für die Stadtforschung wäre aber eine umfassende Analyse der Beziehungen zwischen Stadtkern und Stadtteil sehr zu wünschen.

Die rechtliche Strukturierung der modernen Großstadt

von Wolfgang Leiser (†)

Seit Jahrzehnten ist ein Unbehagen an den Verhältnissen der großen Städte verbreitet. Es äußert sich auf verschiedene Weise und in wellenartiger Stärke; sicher ist es der Nährboden, aus dem die Bürgerinitiativen und ähnliche Bewegungen hervorgegangen sind. Wenn man das Thema anspricht, stößt man fast unvermeidlich auf Alexander Mitscherlichs »Pamphlet« von 1965: »Die Unwirtlichkeit unserer Städte«. Diese Assoziation ist freilich nur Beweis kurzen Gedächtnisses, man könnte die Kritik fast 100 Jahre weiter zurückverfolgen, der bedeutende Psycho- und Sozialpsychoanalytiker hat eben einer eingängigen Zustandsbeschreibung nur das griffige Schlagwort geliefert. Ich will aber nicht, von einer Beschreibung des Ist-Zustandes ausgehend, die historischen Wurzeln freilegen, sondern in der Vergangenheit einsetzend fragen, wie es zur heutigen Lage gekommen ist.

Unsere Städte, die, abgesehen von Fällen wie Wien oder Berlin, nach heutigem Verständnis Kleinstädte gewesen sind und nur in Ausnahmen an die 30000 Einwohner heranreichten, haben noch die zweite Hälfte des 18. Jahrhunderts als streng, ja starr untergliederte Korporationen in individueller Rechtsgestalt erlebt. Uns interessieren weniger die Verhältnisse der Stadt zu Stadtherr und Staat als die Binnenstruktur. Ich rufe nur allgemein bekannte Tatsachen ins Gedächtnis: Diese Städte waren gegliederte Gehäuse für eine Gesellschaft, die auch unabhängig von der jeweiligen Kommune in sich gegliedert war. Die Gesamtstadt zerfiel in Viertel unter Viertelmeistern, Gassen unter Gassenhauptleuten. Die Wasserversorgung wurde meist über Kommunbrunnen gewährleistet, die anliegenden Nutzer bildeten dann eine Brunnengenossenschaft unter einem städtischen Brunnenmeister. Wo es städtische Allmenden, vor allem Stadtwälder gab, findet man häufig innerhalb der Bürgerschaft eine besondere Realgemeinde mit exklusiven Waldnutzungsrechten – es sind die alten Hofstätten, die besseres Recht haben als die Grundstücke der Stadterweiterungen.

Die Bürgerschaft und ihre Untergliederungen waren als Personalverband konstruiert, die Einwohnergemeinde ist eine Erscheinung erst des späten 19. Jahrhunderts. Für den Erwerb der Mitgliedschaft kamen meist nur Männer in Frage, wobei wirtschaftliche Selbständigkeit und ein gewisses Mindestvermögen verlangt wurden, nicht minder die Zahlung eines Aufnahmegeldes; die vorhandenen Bürger beziehungsweise der Rat mußten der Aufnahme zustimmen. Neben den Vollbürgern gab es minderberechtigte Genossen wie die Schutzbürger und eine nicht unbeträchtliche, aber fast nie quantifizierbare, weil nicht registrierte Zahl nur faktisch geduldeter Menschen. Weiterhin waren die Bürger personal in Gliedkörperschaften zwangsorganisiert, die über die Stadt hinaus den sozialen Rang in der altständischen Gesellschaft bestimmten: Patriziat und

Gemeinde, innerhalb der gemeinen Bürgerschaft die Zünfte. Ohne abschließen zu wollen, nenne ich nur noch eine andere, wichtige Form der Zwangsorganisation, die Kirche. Bei allen Konfessionen bildet die kleinere Stadt eine einzige Pfarrei, größere Städte zerfallen in mehrere Parochien. Im System der Staatskirche wird Kirchenzucht effektiv geübt. Der Protestantismus läßt es mit dem regelmäßigen Gottesdienstbesuch bewenden – private Konventikel können kaum je Zwang ausüben, sondern stehen umgekehrt meist ihrerseits unter repressivem Zwang; in katholischen Städten haben wir die Bruderschaften und Kongregationen, häufig mit berufsständischem Einschlag – ein rechtlicher Beitrittszwang bestand nicht, aber die contrainte sociale war effektiv.

In diesen Städten wehte für unseren Geschmack kein freier Wind, aber das enge Gehäuse war für die Menschen schützend und bergend. Die Sicherheit der Existenz, uns Heutigen fast selbstverständlich, war grundsätzlich nicht gewährleistet; wirtschaftliche Not, Hunger, Krankheit und Kriegsgefahr drohten fast immer und fast jedem. Sicherheit ist ein höheres Gut als Freiheit, diese wird auch heute noch fast bedenkenlos gegen jene eingetauscht, aber wie die materielle Lage der Menschen verschieden ist, so auch ihr Freiheitsbedürfnis: Der Handwerker wird die Sicherung seiner »Nahrung« durch die Zunft schätzen, der wohlhabende Patrizier sich in spießbürgerlicher Enge gedrückt fühlen, sie vielleicht sogar verachten. Wir wollen nicht vergessen, daß wir es nicht mit einem goldenen Herbst Alteuropas zu tun haben: Nach Jahrhunderten schlimmer Kriege mit riesigen Zerstörungen und Massenverarmung hat das 18. Jahrhundert in Süddeutschland vier, fünf friedliche Jahrzehnte gebracht – zu kurz für eine tiefgehende Konsolidierung; im Goldglanz sehen konnte man die Zeit erst nach den Katastrophen der Napoleonischen Ära.

Diese Stadt der altständischen Gesellschaft wird schon vom Absolutismus aufgebrochen. Die Städte werden in den Staat eingegliedert, das heißt das bisherige individuelle Privilegiensystem durch landeseinheitliche Städteordnungen abgelöst. Die juristische Person »Stadt« wird rechtlich als unmündig eingestuft und unter die Kuratel staatlicher Beamter gestellt, was sich vor allem auf die Finanzverwaltung auswirkt. Die Fürsten versuchen, den Städten das Recht der Aufnahme oder Ablehnung von Neubürgern zu entwinden, das Zunftsystem wird unterminiert. Die Zahl der staatlichen Beamten in den Städten nimmt zu, und diese Leute haben kein Bürgerrecht, brauchen es auch nicht, sind sogar dem Einfluß der Bürgerschaft entzogen – alles schon eingreifende Neuerungen, und sie erfolgten nicht in einer Ära von Ruhe und Prosperität. Sie waren gut gemeint als Mittel zur Behebung von Notlagen und wirkten doch tief verunsichernd auf die Bürgerschaften. Die Stadt wird zunehmend verstaatlicht, das einstmals fundamental wichtige Rechtsgebilde wird allmählich obsolet, aber noch nicht durch andere Institutionen wirksam ersetzt.

Diese im Umbruch stehenden Städte müssen ausgerechnet in der Ära Napoleons, den endlosen Kriegen und wirtschaftlichen Zerrüttungen, während des Zusammenbruchs der alten Ordnung eine Revolution von oben über sich ergehen lassen, die alles Gewohnte umstößt. Kaum sind die Verhältnisse konsolidiert, beginnt unvorhergesehen mit der Frühindustrialisierung das Massenzeitalter, wo die Mobilisierung der Bevölkerung zu einem unerhörten Aufblähen der Städte führte. Anders formuliert: Kaum war die altständische Stadt beseitigt, war auch schon das Stadtmodell des Frühliberalismus überholt. Die zu schildernden Entwicklungen sind als Modernisierungskrise zu verstehen, die als Modernisierungsschock empfunden wurde. Reaktionäre Haltungen lagen psychologisch nahe und sind bis an die Schwelle der Gegenwart zu beobachten – »Agrarromantik« lautet das geläufige pejorative Schlagwort dafür.

Der absolutistische Zugriff auf die Stadt erlebt seinen Höhepunkt in rheinbündischer Zeit: Die Stadt wird jetzt voll in den Staat integriert und zur bloßen Verwaltungseinheit nivelliert. Zünfte und Erwerbsbeschränkungen fallen, die Selbstverwaltung wird in ihren letzten Resten beseitigt. Mit der Bereinigung der Staatenkarte entstehen neue, großräumigere Wirtschaftsgebiete, zahlreiche Städte verlieren ihre wirtschaftsgeographische Basis, so daß Reduktionen zur Landgemeinde angebracht gewesen wären. Aus innenpolitischen Gründen ist das selten geschehen, die Maßnahme war nicht dringend, weil der alte Unterschied von Stadt- und Landgemeinde rechtlich keine Rolle mehr spielte. Viele Städte erleben einen Bedeutungsverlust, wenige, die neuen Haupt- und Residenzstädte, eine Aufwertung. Aus den herabgestuften Städten, das sind vor allem die mediatisierten Reichsstädte oder auch aufgegebene Residenzen, wandert ein Teil der Oberschicht in die neuen Zentren ab, wo ihre Sozialchancen besser sind – von Nürnberg nach München, von Schwäbisch Hall nach Stuttgart, und Mannheim hatte schon nach dem bayerischen Erbfall einen Großteil seiner Oberschicht nach München ziehen sehen. Die Zeit trägt zunehmend ein städtisches Gepräge, aber kein bürgerliches im alten Sinne mehr. Was in und mit den Städten zwischen 1806 und 1830 geschieht, ist in erster Linie ein Beseitigen alter Strukturen; dies war dauerhaft, während die Versuche, ein neues Kommunalrecht zu schaffen, sich als kurzlebig erwiesen. Nach den Befreiungskriegen meldet sich der Frühliberalismus mit der Forderung nach politischer Partizipation zu Wort. Die etatistische Gängelung der Gemeinden wird angegriffen, zumal die Steinsche Städteordnung ein nicht mehr zu unterdrückendes Signal gesetzt hatte, doch wurde die politische Leidenschaft von der konstitutionellen Bewegung absorbiert und von der Kommune auf die Ebene der gesamtstaatlichen Politik gelenkt. So sind also die Jahre bis zu den ersten liberalen Gemeindegesetzen um 1830 intermediär.

Man spricht von den »liberalen Gemeindegesetzen«, und tatsächlich stammt der Grundgedanke aus der Welt des Liberalismus; erlassen wurden die Gesetze in der Zeit der Reaktion. Günstigstenfalls waren Männer federführend, die man dem »Geheimratsliberalismus« zurechnet, wie Ludwig Winter in Baden. Jedenfalls wurde die politische Diskussion im Parlament geführt, das heißt auf eher doktrinärer Ebene und kaum vor Ort in den Städten selbst. Wie sich das abstrakte Konzept in der kommunalen Realität auswirkte und von dem meist sehr beengt lebenden Bürgertum rezipiert wurde, ist noch zu wenig bekannt.

Der Freiherr vom Stein wollte den Städten die Selbstverwaltung zurückgeben, nicht die Selbstregierung; die Integration in den Staat durfte nicht in Frage gestellt werden. Selbstvertrauen und Erfahrung sollten die Bürger in der Wahrnehmung ihrer kommunalen Belange gewinnen, um den monarchischen Staat auf neue Weise zu stabilisieren. Die Ständegesellschaft war prinzipiell noch nicht in Frage gestellt, aber allzu beengende Verkrustungen wurden aufgebrochen: zwar noch kein Bürgerrecht aller Einwohner, aber doch nicht mehr als zwei Klassen, ohne diskriminierende Unterscheidung. Groß war das Zutrauen in die Initiative, die Leistungs- und Verantwortungsfähigkeit der Bürger für ihre persönliche und wirtschaftliche Existenz: Daher stammt die fast ersatzlose Beseitigung der Zwangskorporationen niedrigerer Ordnung. Als Erbe des Rationalismus des vorigen Jahrhunderts hielt man den Einfluß der Kirchen so klein wie möglich. Die katholische Kirche hatte sich ohnedies von der Katastrophe der Säkularisation noch nicht erholt, Bruderschaften und Kongregationen, sofern überhaupt noch bestehend, waren praktisch bedeutungslos; die evangelische Kirche hatte die Kirchenzucht als auch weltlich relevantes Mittel verloren und gewann sie nie wieder zurück. Man mag es drehen, wie man will: Dies ist das Werk einer aufgeklärten Reformbürokratie, hier werden bürgerliche Freiheiten verordnet, ohne daß sie von breiten Kreisen gefordert worden wären. Wir haben noch kein politisch selbstbewußtes Bürgertum, in dieser städtischen Gesellschaft genießt eine nicht-bürgerliche Schicht das höchste Sozialprestige, das Beamtentum – wir kennen das Phänomen unter dem Begriff des Bildungsbürgertums, denn die Beamtenschaft rekrutierte sich nicht geburtsständisch, sondern nach formalen Befähigungsnachweisen. Die Beamtenschaft ist »gebildet« und die »Bildung« verbeamtet – das Fehlen eines breiten Wirtschaftsbürgertums ist ein Signum unserer Geschichte.

Ich habe bisher Grundlinien skizziert – was ist 20 Jahre später in Süddeutschland daraus geworden, als die ersten liberalen Gemeindegesetze erlassen wurden? Das ist immer noch eine Frage an das Gesetz, nicht an die soziale Wirklichkeit. Es sei mir gestattet, in diesem Kreis von der badischen Gemeindegesetzgebung den Ausgang zu nehmen.

Wie damals selbstverständlich, kennt man noch nicht die »Einheitsgemeinde«: »Die Gemeinden teilen sich in Stadt- und Landgemeinden« (§ 1 I). Die altständische Gesellschaft ist nicht egalisiert, sondern nur vereinfacht. »Die Bewohner einer Stadt- oder Landgemeinde sind entweder Gemeindebürger, oder staatsbürgerliche Einwohner mit dem Recht des ständigen Wohnsitzes, oder Insassen« (§ 2 I). Aktives Wahlrecht haben, zunächst ohne weitere Einschränkung, alle Gemeindebürger, aber auch nur sie, während das passive Wahlrecht den Bürgern nach einem Dreiklassenwahlrecht zusteht (§ 28 I). Maßgebend ist allein der Beitrag zum Steueraufkommen, Zünfte oder andere noch bestehende Korporationen haben in der Verfassung der Gemeinden keine Funktion. Das ist vor allem in der Hinsicht bedeutsam, daß die Zünfte keine Möglichkeit mehr haben, aus Gründen der Nahrungssicherung Konkurrenten fernzuhalten. Der Erwerb des Bürgerrechts ist in einem eigenen Gesetz geregelt: Wer nicht Bürgerkind ist, kann die Annahme als Bürger beantragen, die Entscheidung wird vom Gemeinderat mit Zustimmung des Bürgerausschusses getroffen (§ 15), die jedoch § 17 des Gesetzes zu beachten haben: »Jeder badische Staatsbürger hat das Recht, die bürgerliche Aufnahme in jeder Gemeinde des Großherzogtums für sich und seine ... Kinder zu verlangen, wenn er die persönlichen Eigenschaften besitzt und die gesetzlichen Voraussetzungen erfüllt«.

Baden empfand sich im 19. Jahrhundert noch lange vorwiegend als Agrarstaat; als Impuls für die beginnende industrielle Entwicklung gilt der Deutsche Zollverein, dem das Großherzogtum 1835 beigetreten war. Erstaunlich früh schon witterte man vom »Aufschwung der fabrikmäßigen Industrie in nächster Aussicht« (Buß) Gefahren, denen man begegnen wollte. 1837 hielt der Abgeordnete Buß in der Zweiten Kammer seine hellsichtige Rede, die zunächst folgenlos blieb und erst später berühmt wurde, aber im selben Jahr zieht man vorbeugend im Kommunalrecht eine Bremse, die man auf der Ebene des Staates viel behutsamer betätigte: Für die Kommunalwahlen wurde zusätzlich zum Zensus das indirekte Verfahren eingeführt, und zwar mit voller Billigung des Kammerliberalismus. Jetzt wird unverbrämt der Grundsatz formuliert, an dem man das ganze Jahrhundert über unbeirrt durch die gesellschaftliche Entwicklung festhielt, um dessentwillen man schwerste Konflikte in der Kammer bis hin zum Versuch eines Ministersturzes hinnahm: Der »solide Mittelstand« sollte die politische Führung haben und dauerhaft behalten. Das wendet sich nicht gegen die Oberschicht, denn die war in Baden bedeutungslos schmal, sondern gegen die Unterschicht der Arbeiterschaft, deren Zunahme man besorgt registrierte.

Wir nehmen dieses politische Konzept zur Kenntnis, ohne es zu problematisieren, uns interessiert nicht das Ziel, sondern der Weg. Es ist der Weg des Liberalismus, man sieht und beachtet den einzelnen, man übersieht und vernachlässigt die Organisation der sozialen Interessen und Lagen.

Ein gutes Beispiel ist die Konstruktion der kommunalen Vertretungen. Nicht mehr die in Zünften organisierten Interessen werden nach irgendeinem Proporz berücksichtigt, es wählen und werden Einzelpersonen gewählt nach dem Gewicht ihres Geldbeutels. Natürlich werden diese höchst- und niedrigstbesteuerten Bürger und der Mittelstand mit bestimmten, von Ort zu Ort vielleicht verschiedenen Klassen zu identifizieren sein – die Mathematik des Zensus reagiert zuverlässig und schnell auf Änderungen. Die Klasse als solche wird weder sichtbar noch angesprochen, es ist heute auch fast unmöglich, die Art und Weise der Kandidatenaufstellung zu rekonstruieren. Die Kunst der Wahlkreisgeometrie wird damals für die Parlamentswahlen schon eingesetzt, noch rudimentär, im Blick auf die Zahl der Stimmen, den Bildungsstand, die Konfession und dergleichen. Es fällt auf, daß die Gemeinden, und zwar auch die größten, als einheitlicher, einziger Wahlkreis behandelt wurden – dabei ist es mit Modifikationen bis heute geblieben. Sicher hat es in den Städten des frühen 19. Jahrhunderts, wo die Kommunalwahlgesetze erlassen wurden, noch die altständische soziale Durchmischung gegeben, so daß die Bildung innerstädtischer Wahlkreise keine Artikulationsmöglichkeit für besondere Interessen geschaffen hätte. Aber immerhin hatte schon die Stein'sche Städteordnung die Bildung städtischer Wahlkreise für zulässig erklärt; in manchen preußischen Städten wurde davon Gebrauch gemacht, auch im Königreich Sachsen. Als während der Hochindustrialisierung die Städte stürmisch wuchsen und die soziale Segregation eintrat, wären eigene städtische Wahlkreise zumindest eine interessante politische Möglichkeit gewesen. Nach meiner Kenntnis hat man in Süddeutschland davon keinen Gebrauch gemacht. In der badischen Zweiten Kammer wurde die Frage einmal kurz angeschnitten, als es darum ging, ob die privilegierten Städte ihre mehreren Landtagsabgeordneten en bloc (sogenanntes Stimm-Scrutinium) oder in innerstädtischen Wahlkreisen wählen sollten. Der Grund für die Ablehnung ist plausibel, aber im Kontext vielleicht doch nur Vorwand: Man argumentierte, die Städte wüchsen in ihren verschiedenen Vierteln so schnell und ungleichmäßig, daß eine Wahlkreiseinteilung rasch überholt wäre. Getrennte Wahlkreise gab es nur in den sogenannten zusammengesetzten Gemeinden, aber davon hatte man im Großherzogtum noch am Ende des Jahrhunderts nur eine einzige – immerhin ist der Fall als Vorläufer der Teilortswahlen nach den Eingemeindungen der Gegenwart bemerkenswert. Die Frage innerstädtischer Wahlkreise verdiente vielleicht eingehendere Prüfung, als hier möglich ist. Wie gesagt, die Möglichkeit wurde gesehen, in Süddeutschland aber nicht genützt. Es scheint ein Schwanken gegeben zu haben, das publizierte Material läßt die Gründe nicht recht erkennen. In Bayern war nach der Gemeindeordnung für die Landesteile rechts des Rheins von 1869 die Bildung solcher Wahlkreise ausdrücklich zugelassen, die Wahlordnung von 1908 hat sie dann ebenso ausdrücklich verboten; so ist die Rechtslage noch heute. Nach der Ansicht von Helmuth Croon spielte im 19. Jahrhundert die wahltaktische Überlegung herein, in den Arbeitervierteln der Sozialdemokratie keine Hochburgen zu schaffen.

Das bis hierher gezeichnete Bild von der Stadt des (frühen) 19. Jahrhunderts als einer ungegliederten Einheit bedarf einer gewissen Korrektur. Man hat aus der älteren Zeit gewohnte administrative Strukturen nicht überall beseitigt. Die preußische Städteordnung von 1808 ließ die Bildung von Bezirken und die Wahl von Bezirksvorstehern zu, ähnlich das bayerische Kommunalrecht. So wurden in Königsberg 48, in Berlin 102 Bezirke gebildet, und die Vorsteher waren durchaus mit Kompetenzen ausgestattet. Aus Berlin wird 20 Jahre später berichtet, man habe Schwierigkeiten, Personen für dieses Ehrenamt zu finden, in Nürnberg soll es begehrt gewesen sein. Die Institution wirkte aber nicht integrativ, denn der Bezirksvorsteher war Unterbehörde des Magistrats mit polizeilicher Funktion, nicht Repräsentant und Sprachrohr seines Bezirks gegenüber dem Magistrat. Modern gesprochen: dislozierte Verwaltung, aber keine Ortschaftsverfassung.

Es gibt noch den einen oder anderen Versuch, zu einer Aufgliederung der großen Städte zu kommen. Zu nennen ist die Organisation der Armenpflege. Vorbildlich wirkte seit der zweiten Hälfte des Jahrhunderts das »offene Elberfelder System«. Man bildete beim Magistrat einen Armenpflegschaftsrat, gliederte die Stadt in Armenbezirke und übertrug die Arbeit im Bezirk einem Armenpflegschaftsrat als Vorsitzendem und einer gewissen Zahl gewählter Armenpfleger als Beisitzer; dies war ein gemeindliches Ehrenamt. Daran konnte die Sache gerade in den drängendsten Problemfällen scheitern: In Berlin war die Segregation so weit fortgeschritten, daß man in den echten Armenvierteln fast keine ehrenamtlichen Pfleger mehr fand.

Bevor wir zusehen, wie diese Städte den mit der Industrialisierung einsetzenden enormen Bevölkerungsstrom bewältigten, wüßte man gern, wie bis dahin die Bürger die ihnen verordnete Lebensform akzeptiert und praktiziert haben. Man könnte vermuten, daß das individualistische Konzept der Liberalen die freie Assoziation der Bürger begünstigte. Da ist aber sofort auf das politisch repressive Vereinsrecht der Zeit hinzuweisen, das schließlich bis ins Bürgerliche Gesetzbuch von 1900 hineinwirkte, und im Augenblick untersuchen wir die Zeit des Vormärz! Ganz offenkundig ist es, daß das Klein- und Mittelbürgertum seinen aufgelösten oder entmachteten Organisationen nachtrauerte. Es hing vor allem an den Zünften, und über die Einführung der Gewerbefreiheit hinaus (in Baden 1862) versuchte die sogenannte Handwerkerbewegung, in ganz Deutschland Grundsätze der korporativen Gewerbeverfassung zurückzugewinnen. Die Behörden reagierten empfindlich und unnachgiebig. Ein eigentümlicher Fall wird aus Freiburg berichtet: Vordergründig geht es um Medizinalpolizei, um das Bestattungswesen. 1822 tritt eine neue »Leichenordnung« in Geltung, die Gemeinde beschafft einen Leichenwagen und ordnet Benutzungszwang an. Bislang hatten die Zünfte ihre verstorbenen Mitglieder zu Grabe getragen, womit die soziale Stellung des Toten wie die Bedeutung der Zünfte dokumentiert wurden. Alle Freiburger Zünfte widersetzten sich der Neuerung und wollten weiterhin »ihre Mitzünftige ... tragen, wie es ihnen gebräuchlich war«. Der Magistrat stellte sich hinter die Zünfte. Das Direktorium des Dreisam-Kreises erteilte eine scharfe Rüge. Bitten einzelner Leute, man möge sie zu Grabe tragen, wurden öfter gestellt und prinzipiell abgelehnt. Als die Rebleutezunft die Anordnung schlicht übertrat, gab es eine überaus harte Sanktion; es war eine gnadenweise Milderung, daß die Hauptschuldigen mit zwölf Stunden Arrest bei Wasser und Brot davonkamen! Ich glaube nicht, daß es den Behörden in erster Linie um Medizinalpolizeiliches ging: Noch vor ihrer formellen Auflösung sollten die Zünfte auf ihren engsten Wirkungskreis beschränkt, aus dem sozialen Leben im weiteren Sinne verdrängt werden.

Seit dem Mittelalter war die Kirche mit ihren Institutionen eingetreten, wenn sich in der bürgerlichen Gemeinde Probleme ergaben: Pfarreien, Bruderschaften und städtische Klöster, vor allem der Bettelorden, hatten wichtige integrative Funktionen; reiche Stiftungen hielten die benötigten Mittel bereit. Hier hatte schon der Absolutismus des 18. Jahrhunderts schwer eingegriffen, und das 19. Jahrhundert brachte im Gefolge der Säkularisation mit der Schließung der meisten Klöster und dem Einzug der Stiftungen diese Werke fast gänzlich zum Erliegen. Im Protestantismus hatten sich Zustände herausgebildet, die heute unglaublich erscheinen: Die Städte wurden formalrechtlich zunächst als je einzige Pfarrei behandelt. Es gab oft mehrere Kirchengebäude und immer mehrere Pfarrer, aber keine Abgrenzung und Zuweisung von Seelsorgebezirken. Für den Hauptgottesdienst, den Religionsunterricht, die Kasualien und natürlich für die Aufteilung der Stolgebühren brauchte man eine Ordnung, aber die war ganz äußerlich. Nach der Union von 1821 zerfiel Heidelberg in zwei evangelische Gemeinden mit zwei Pfarrern. Jede Gemeinde wurde durch die Hauptstraße in zwei Hälften geteilt, und in der Pastorierung wechselten sich die Pfarrer jährlich ab – um die unterschiedlich anfallenden Stolgebühren auszugleichen! Mannheim hatte in der inneren Stadt zwei Pfarreien mit je eigener Kirche und je zwei Pfarrern, dazu kam eine Vorstadtpfarrei. Der Ordnungssinn der Mannheimer Kaufleute wußte die Verhältnisse praktikabel zu machen, ich zitiere eine Schrift der Zeit: »In der Woche 1 ... hält der Pfarrer A sämtliche Beerdigungen der Viererpfarrei; in der Woche 2 tut dies der Pfarrer B, in Woche 3 Pfarrer C, in Woche 4 Pfarrer D. Der Pfarrer A, welcher in der Woche 1 alle Beerdigungen abhielt, ist Woche 2 (abgesehen von Predigt und Unterricht) völlig dienstfrei; in Woche 3 dagegen hat er alle vorkommenden Taufen und Trauungen zu halten und in der 4. kann er dann wieder für sich studieren, seelsorgerliche und Dankvisiten abstatten oder auch sonst spazierengehen« (Zittel). Auf diese geniale Weise wurden über 20000 Mannheimer seelsorgerlich »betreut« und ihre Stolgebühren korrekt unter die geistlichen Herren verteilt. Wieder ein bißchen anders war es in Karlsruhe: Hier gab es für die rund 30000 Protestanten fünf sogenannte Stadtpfarrer und zwei Kirchen. Jedem Pfarrer war sehr vage ein Pfarrbezirk zugewiesen, der aus 400 bis 1200 Häusern bestand. Es ist bezeichnend, daß es in den Bezirken keine Pfarrhäuser gab; jeder Pfarrer wohnte, wo er wollte. Wichtig war der Grundsatz: Es »verbleibt ... jedem volljährigen Gemeindeglied das ... Recht, sich seinen Seelsorger aus der Zahl der fünf Pfarrer jederzeit frei zu wählen«. Das nannte man Prinzip der »Personalpfarrei« und hielt es der Freiheit eines Christenmenschen für einzig angemessen. Die mehreren Pfarrer konkurrierten miteinander wie die Ärzte oder Rechtsanwälte, jeder bildete einen lockeren Kreis um sich, der sofort zerfiel, wenn dieser Pfarrer nicht mehr zur Verfügung stand. Es hat enorme Mühe gekostet, bis die Landeskirche an der Schwelle unseres Jahrhunderts diesen Zustand überwand. Bei beiden Konfessionen ist im frühen 19. Jahrhundert eine Entfremdung von der Kirche zu beobachten, dann stellt sich heraus, daß man ein Vakuum erzeugt hatte, in das nun sektiererische Elemente strömten, von denen im Protestantismus die Erweckungsbewegung der offiziellen Kirche noch am nächsten blieb, wenngleich sie schwer zu integrieren war.

Unter diesen Bedingungen kann das kleine und mittlere Bürgertum, können Menschen in einigermaßen stabilen Verhältnissen leben. Bestehende Sozialbedürfnisse werden von dem biedermeierlichen Vereinswesen befriedigt; Lesegesellschaften, Freimaurerlogen, Gesangvereine, auch Bürgervereine sind unter diesem Namen schon früh da, ohne daß wir genau wüßten, ob hier kommunalpolitische Fragen besprochen wurden.

Die Lage ändert sich, als mit der Industrialisierung die Stadtbevölkerung in teilweise enormer Geschwindigkeit und in enormen Massen anschwillt. Bekannt, allerdings auch singulär ist der Fall Mannheims: 1840 noch 23200 Einwohner, 1871 schon 39600, bis 1890 steigt die Zahl auf 79100, bis 1900 auf 141000, bis 1910 auf 193900, um schließlich 1939 mit 280400 einen Zuwachs von 608,1% gegenüber 1871 zu erreichen. Immerhin: In Karlsruhe betrug der Zuwachs von 1871 bis 1939 409,3%, in Heidelberg 321,5%, in Pforzheim 299%, und selbst nordbadische Kleinstädte wie Lauda und Mosbach schafften 94,5% beziehungsweise 63,1%.

Wie wurden die Menschen aufgenommen und integriert? Daß der benötigte Wohnraum, wenn auch teilweise mehr schlecht als recht, zur Verfügung gestellt und die technische Infrastruktur geschaffen werden konnte, ist eine Leistung, die Bewunderung verdient. Unzulänglich war die soziale Planung. Man hat wenig phantasievoll die Ausfallstraßen verlängert und auf einem Schachbrettraster Mietshäuser gebaut. An verkehrsgünstiger Stelle mochten Fabriken entstehen und in deren Nachbarschaft Arbeiterwohnviertel, nur in den seltensten Fällen als Werkssiedlungen. In stadtnahen Dörfern, vorbereitend oder nachfolgend eingemeindet, ließ sich Industrie nieder, der Zuzug der Arbeiterschaft überfremdete dann meist die ansässige Bevölkerung und zerstörte die gewachsene Sozialstruktur. In den meisten Städten kommt es zur Herausbildung einer City, wenn nicht in einer Residenz wie Karlsruhe Hof und Behörden das alte Zentrum besetzt halten und seine Funktion perpetuieren. Nicht aufzuhalten ist die soziale Segregation, unterstützt durch veränderte Wohnbedürfnisse von Oberschichten: Das Wohnen am Stadtrand, die Villa im Grünen, wird chic und verkehrsmäßig praktikabel, damit sinken alte gehobene Quartiere ab. In den Stadterweiterungsgebieten wie in umfunktionierten alten Quartieren ist die soziale Infrastruktur durchweg nicht zufriedenstellend, das geht von den Einkaufsgelegenheiten über die Schule bis zur Kirche. Von der Kirche war schon die Rede, deshalb ein Wort über die Schule: Man hatte längst die allgemeine Schulpflicht eingeführt, aber die Schulsprengel waren riesig, wir würden unseren Kindern solch lange Schulwege nicht mehr zumuten. Wer es sich nur einigermaßen leisten konnte, schickte seine Kinder aber nicht in die kostenlose städtische Volksschule, sondern in eine Privatschule; über diese sind wir sehr schlecht informiert, obgleich sie bis zur Weimarer Republik bestanden. So wurde die Volksschule zur Klassenschule, ein Ruch, der ihr fast bis zur Gegenwart haften blieb. Man muß sich einmal den Plan einer heutigen Großstadt vornehmen, die Wachstumsphasen einzeichnen, bei Kirchen und Schulen die Erbauungsjahre angeben! Mängel der Sozialplanung, Defizite an sozialer Infrastruktur – das sind auch Defizite an Kommunikationsmöglichkeiten, Ursachen der Anonymität der großen Stadt. Wie gelingt oder mißlingt also die Integration der Menschen?

Vorweg muß man sich klarmachen, daß die Wanderungsbewegung spontan, unkoordiniert einsetzte, die Menschenmassen wurden nicht in darauf vorbereitete Räume angeworben und geleitet. Wir wissen noch kaum, wie die Menschen ihre Entscheidung für bestimmte Ziele trafen, maßgebend waren offenbar zufällige, informelle Kontakte zum jeweiligen Ort (Wolfgang Kromer). Die Wanderung war auch keine einmalige Ortsveränderung, etwa nach dem geläufigen, zu einfachen Schema der »Landflucht«, sondern ein Jahrzehnte dauerndes Hin- und Herwogen von Menschenmassen vom Land in die Stadt, von einer Stadt zur anderen, von der Stadt zurück aufs Land, dazu Wohnungswechsel innerhalb der Großstadt. Man konnte dies annähernd quantifizieren: Zwischen 1880 und 1914 betrug der Wanderungsstrom jährlich (!) ein Viertel bis ein Drittel der Einwohnerschaft der deutschen Großstädte. Befremdlich auch die Zahl der Umzüge innerhalb der Städte: Als Minimum wird für Preußen Halle angegeben, wo 1890 nur 221‰ der Einwohner umzogen, das Maximum scheint Königsberg erreicht zu haben mit 644‰. In Berlin schwankten die Zahlen von 1890 bis 1905 zwischen 329 und 403‰, und generell sollen damals 28–32% aller Wohnungen weniger als ein Jahr lang vom selben Mieter bewohnt gewesen sein. Ich vermute, daß nicht nur der Zwang zur billigeren Wohnung hinter diesen Zahlen steht, sondern auch der Arbeitsplatzwechsel: Bei der langen Arbeitszeit mußten lange Wege vermieden werden, und die Benutzung öffentlicher Verkehrsmittel war auch ein Kostenproblem.

Menschenströme fluten also in die Städte und durch sie hindurch; viele blieben nur relativ kurz, in Hamburg waren 1910 nicht weniger als 82% der Zuzügler der letzten 20 Jahre wieder weggezogen. Die Menschen bleiben in schlecht konzipierten Vorstädten hängen, wenn nicht in abgesunkenen zentralen Quartieren. Das Kommunalrecht leistet gar nichts für eine Integration: Nur die allerwenigsten erfüllten die Voraussetzungen eines Bürgerrechtserwerbs, aber selbst wenn die Hürde hätte genommen werden können, gab es noch eine unüberwindliche zweite, die vor allem wichtig wurde, als die deutschen Staaten von der Bürger- zur Einwohnergemeinde übergingen (Baden 1874): Bürgerrecht konnte erst nach längerem Aufenthalt erworben werden, in Baden nach zwei Jahren (Städteordnung §7), und dann griff noch der Zensus! Unzählige Menschen lebten in diesen großen Städten deshalb ohne Aktivbürgerrecht; sie gehörten rechtlich nicht dazu; wenn sie verarmten, mußten sie mit der Abschiebung in ihre

Heimatgemeinde rechnen. Erst in den sechziger Jahren ging man zum Prinzip über, daß Armenunterstützung am faktischen Wohnort zu leisten sei. Nur polizeilich waren sie erfaßt, das aber stimuliert eher negativ als positiv. Der »solide Mittelstand« sollte nach dem Willen des Gesetzgebers eben das Sagen haben: Das war kommunalrechtlich sichergestellt, Wahlrecht hatte nur die seßhafte Bevölkerung, das liberale Bürgertum, oft eine Minderheit. Es gehört an sich nicht zum Thema, soll aber hier angefügt werden: Das Wahlrecht lief bis zum Ersten Weltkrieg auf den verschiedenen Ebenen kraß auseinander, bis zu 80 % der Bürger (auch in Preußen) durften fürs Parlament, aber nicht für ihren Stadtrat wählen.

Wir kennen die drückenden sozialen und politischen Probleme der frühen Industriegesellschaft – weshalb blieb es in den Gemeinden verhältnismäßig ruhig? Die Probleme wurden damals von niemandem übersehen. Bismarck empfahl eine Radikalkur: »Die großen Städte müssen verschwinden!« In Anspielung auf dieses Wort stellte Engels fest: »Die modernen großen Städte werden ... beseitigt erst durch die Abschaffung der kapitalistischen Produktionsweise.« Konsequent lehnte der orthodoxe Flügel der Arbeiterbewegung kommunalpolitisches Engagement ab; da die Entscheidung im Kampf zwischen Arbeit und Kapital auf der Ebene des Staates falle, wäre ein Einlassen auf Kommunalpolitik Prinzipienverrat, weil Kooperation mit dem System. Eine Änderung bahnt sich zaghaft seit 1868 an, etwas stärker seit 1890, die Wende hat jedoch erst Hugo Lindemann auf dem Münchner Parteitag 1902 bewirkt. Das hatte freilich nicht nur ideologische Gründe: Die Fluktuation der Arbeiterschaft behinderte nicht nur den Erwerb des Bürgerrechts, sondern auch eine stabile ortsgebundene Organisation in Partei oder Gewerkschaft; hinzu kommt das alte Problem der Abkömmlichkeit. Da es noch keine Diäten gab, tat sich die Partei schwer, Repräsentanten aus dem Kreis der Arbeiterschaft zu finden.

Die Integration der zuziehenden Menschen in der großen Stadt wurde auf verschiedenen Wegen versucht und zum Teil geleistet; auf formellen wie informellen Wegen, jedoch nicht vom Kommunalrecht. Relativ früh erkannten die Kirchen, daß sie gefordert waren. Bei den evangelischen Kirchen gibt es Versuche, die aus dem Dorf in eine Stadt übersiedelnden Menschen von einer Kirchengemeinde an die andere weiterzureichen; das scheitert am System der Personalpfarrei und wird später als deren Mangel scharf herausgestellt. Davon abgesehen, hat sich die innerstädtische Mobilität als ein Phänomen erwiesen, das die evangelische Kirche bis heute nicht bewältigt hat und von der jeweiligen Konstruktion der Gemeinde unabhängig ist. Freie Caritas wird geübt, um Notfälle zu beheben; systematisch geht man erst im letzten Drittel des vorigen Jahrhunderts an die Aufgabe, als die »Stadtmission« aufkommt, die neben den Pfarreien – und von diesen zunächst argwöhnisch beobachtet – sich den unbeheimateten Menschen zuwendet. Die katholische Kirche hat seit der Mitte des 19. Jahrhunderts ihr Vereinswesen zielstrebig ausgebaut. Franz Schnabel hat beschrieben, wie der »soziale Katholizismus« sich der wachsenden Not in den Arbeitervierteln der Städte annahm. Anders als der Normaltyp des Vereins, von dem gleich zu sprechen sein wird, entstehen hier Organisationen, deren Zielgruppe die nicht fest oder dauerhaft ansässigen Menschen, die nach der rechtlichen Definition der Zeit Heimatlosen und Unbehausten, waren. Es genügt, das Kolping-Werk zu nennen (seit 1846), die Vinzenzvereine (zuerst in München 1845), den Dienst der Barmherzigen Schwestern. Hier geht es nicht nur um Linderung individueller Not, sondern um gesamtgesellschaftliche, sozialreformerische Ziele, wobei häufig noch korporative Modelle vertreten wurden. Das unterscheidet diese Organisationen von den Aktivitäten auf protestantischer Seite, eines J. H. Wichern, Wilhelm Fliedner oder Wilhelm Löhe. Der Vorwurf der Proselytenmacherei kam dann nicht nur von seiten des liberalen Bürgertums, auch pietistische Kreise der evangelischen Kirche lehnten derartiges als »katholisch« ab.

Nun ist das Stichwort »Verein« schon gefallen. Spätestens seit der Studie Thomas Nipperdeys von 1972 hat sich die Sozialgeschichte diesem Thema intensiv zugewendet; wir wissen, was sich hinter der oft und billig ironisierten »Vereinsmeierei« des 19. Jahrhunderts verbirgt. Der Verein, die freie Assoziation von Menschen und Interessen, war im Jahrhundert des liberalen Bürgertums das systemkonforme Mittel, die amorphen Massen der großen Städte in Kleingruppen aufzugliedern und die Menschen zu sozialisieren (Freudenthal). Freilich muß betont werden, daß dieser Weg der Sozialisierung Ansässigkeit voraussetzt, das Ansässig*werden* allenfalls psychologisch, jedoch kaum materiell förderte. Das Vereinswesen, das seinen Sitz ursprünglich im Bürgertum hatte, wurde mit dessen eigener Unterstützung in die Massen getragen und tendierte zu extremer Spezialisierung und Aufsplitterung: In einer Stadt wie Nürnberg, die 1900 rund 260000 Einwohner hatte, zählte man damals 550 gesellige und über 1200 andere Vereine (Endres); Mehrfachmitgliedschaften müssen also häufig gewesen sein. Die nähere Aufgliederung dieser Vereine interessiert uns nicht, bis auf eine Ausnahme: Da wir nach der Strukturierung der großen Stadt fragen, ist die Erscheinung des Stadtteilvereins von Bedeutung. Wo und wie intensiv organisieren sich die Sonderinteressen von Stadtteilen wenigstens vereinsmäßig, wenn schon politisch die Bildung eigener Wahlkreise unterblieb? Nach der Entstehung von Vorstädten wie nach der Eingemeindung stadtnaher Dörfer scheint in den meisten Städten irgendwann der Zeitpunkt gekommen zu sein, wo sich die Menschen der peripheren Quartiere von den Organisationen der Kernstadt nicht mehr genügend berücksichtigt fühlten, sei es gesellschaftlich, sei es kommunalpolitisch. Die Gründung derartiger Vereine beginnt in München 1837 in Haidhausen und setzt sich verstärkt nach der Jahrhundertmitte fort (Tornow). In dem sich rasch industrialisierenden Nürnberg erfaßt die Entwicklung seit 1874 (Wöhrd) eingemeindete Vororte, die entweder seit alters oder um diese Zeit Gewerbestandorte mit Arbeiterwohnsiedlungen waren (1880 Gostenhof, 1881 und 1882 Süd- und Südoststadt), während das mehr bürgerliche Quartier der Nordvorstadt erst 1905 seinen Verein gründete (Hirschmann). Die alte Kernstadt, die nie ganz zur City wurde, hatte keinen Bürgerverein. Ein Blick auf unseren Tagungsort Karlsruhe: Am Vorabend der Gebietsreform – weiter möchte ich nicht gehen – gab es hier nicht weniger als 18 Stadtteilvereine. Die älteste Assoziation, der bis in die Mitte des 19. Jahrhunderts zurückreichende »Bürgerverein der Residenz-Stadt Karlsruhe«, war schon längst erloschen, wir haben es durchweg mit relativ jungen Gründungen zu tun, die etwa 8% der Bevölkerung erfaßten. Ich habe selber hier gelebt, diese Vereine traten nicht sehr ins Bewußtsein der Bürger – mit einer Ausnahme: die 1888 gegründete »Bürgergesellschaft Südstadt«. Das ist die alte, früher sogenannte Eisenbahn-Vorstadt, seit 1870 angelegt als Arbeiter- und Eisenbahnersiedlung, von der Kernstadt bis zum

Ersten Weltkrieg durch die Bahnanlagen getrennt, umgeben mit einem Kranz heute verschwundener Fabriken. Noch ohne theoretische Fundierung wurde hier ein sehr vitaler Sozialraum geschaffen mit ausgeprägter Individualität: Man hat als Kommunikationszentrum einen Platz mit Wirtschaften und Einkaufsgelegenheiten, auch die evangelische Johannis-Kirche wurde 1887 hier errichtet. Wenig später hat man eine katholische Kirche gebaut, die Südstadt bekam auch ihre Volksschule usw. Weitgehende soziale Homogenität der Bewohner, ihre Herkunft vorwiegend aus dem südbadischen, alemannischen Gebiet trugen das Ihre dazu bei, wir haben in diesem Fall sogar einen unterscheidbaren Dialekt und eine besondere Stadtteilkultur, die in dem jedem Karlsruher bekannten bemerkenswerten »Indianerverein« kulminiert. Für eine Organisation von Stadtteilinteressen sind hier Rahmenbedingungen erfüllt wie kaum anderswo in Karlsruhe. Der Stadtteil hat eine eigenartige Attraktion, heute ist er stark von Ausländern bewohnt. Ein letzte Bemerkung zum Vereinswesen: Es gehört dem vorkommunalen Bereich an, doch können diese freien Assoziationen fast nahtlos ins Kommunale übergehen. Die Bürgerwehren haben seit ihren Anfängen ein Doppelgesicht, zu denken ist auch an die freiwilligen Feuerwehren, die manchmal in einem Zusammenhang mit Turnvereinen stehen (so in Karlsruhe).

Etwa um die Wende unseres Jahrhunderts wurde das Problem der Großstadt zum ideologischen Zankapfel und ist es bis heute geblieben. Der Zeitpunkt des Ausbruchs der Kontroverse ist merkwürdig, denn damals ist die große Wanderungsbewegung schon abgeebbt, die Bevölkerung mit der heute als normal geltenden Mobilität seßhaft geworden. Wertfrei formuliert, stehen sich Urbanisten und Antiurbanisten gegenüber; falsch ist es, wenn die eine Position als fortschrittlich, die andere als sozialromantisch oder reaktionär etikettiert wird. Große und kleine Dichter, so entgegengesetzte Literaten wie Rilke, Stefan George und Georg Heym haben die Entfremdung des Menschen in der großen, durch ihre Anonymität bedrohlichen Stadt beschrieben, und doch ist keiner von ihnen aufs Land gezogen. Soziologen und Politiker bezeichnen die unpersönliche, schnelle Lebensart der Großstadt wahlweise als Befreiung vom Sozialdruck der kleinen Gemeinschaften oder als Streß-Faktor und kriminogenes Phänomen. Das Recht, in erster Linie das Kommunalrecht, blieb in der Diskussion abstinent. Die Gemeindegesetze schweigen, rechtspolitisch relevante Aussagen finden wir in den Eingemeindungsverträgen: In großer Monotonie wird vereinbart, daß für eine knapp bemessene Übergangszeit, die man aus verwaltungstechnischen Gründen braucht, einige Ratsmitglieder der aufgenommenen Gemeinde in das Vertretungsgremium der übernehmenden Stadt eintreten – nach Ablauf dieser Zeit ist die Rechtseinheit hergestellt, die Nivellierung vollzogen, sofern nicht etwa für längere Frist den Vereinnahmten der Weiterbezug alten Bürgernutzens zugesichert wird. Klar ist: Das »Dorf in der Stadt« – um eine später aufkommende Formulierung zu verwenden – wollte man nicht haben. Wollten es auch die Bürger nicht?

Das behaupteten immerhin manche Theoretiker und Sozialpolitiker, und sie versuchten, es zu beweisen. Seit Howards Vision der »Neuen Stadt« von 1902 erfaßt die Gartenstadtbewegung nicht nur Deutschland, sondern große Teile Nordwesteuropas. Hier in Karlsruhe wie in dem nicht fernen Mannheim haben wir beachtliche Versuche einer Realisierung dieser Idee eines hierarchischen Stadtmodells, die freilich nur zur

Anlage neuer Vorstädte führten. Neben dieses im Grunde sozialistische Modell tritt seit Ende des Ersten Weltkriegs die juristisch und ideologisch abweichend konzipierte Heimstättenbewegung. In allen Fällen ging es nicht nur um wohnungspolitische Belange, sondern darüber hinaus um gesamtgesellschaftliche, um den antiurbanistischen Versuch, kleine Sozialräume zu schaffen, in denen sich die Menschen geborgen fühlen sollten: »Gemeinschaft« statt »Gesellschaft«. Man hat es als kleinbürgerlich diffamiert, immerhin konnten gar nicht so viele derartige Siedlungen gebaut werden, wie man hätte brauchen können. Über das Soziale gelangten diese Bewegungen in Deutschland nicht hinaus, auch in den geglücktesten Fällen ergab sich keine neue Form der politischen Partizipation.

Der Gedanke der Aufschließung, Aufgliederung der großen Städte in überschaubare, erlebbare Sozialräume bewegte intensiv das erste Drittel unseres Jahrhunderts. Im Dritten Reich wurde von Staats wegen versucht, dies zu realisieren: Der Neubau oder auch nur architektonische Umbau ganzer Städte verbot sich, aber was auf diesem Wege nicht ging, versuchte die NSDAP mit dem Netz ihrer Parteiorganisationen zu erreichen – die andere totalitäre Bewegung unseres Jahrhunderts, die kommunistische, beschritt den gleichen Weg. Im Falle Wolfsburg hat man versucht, diese Gedanken auch städtebaulich in die Tat umzusetzen, wurde aber durch den Krieg an der Vollendung gehindert: Die »Stadt des K.d.F.-Wagens« sollte in sich hierarchisch gegliedert sein, eine Umsetzung des Ortsgruppensystems der Partei ins Architektonische unterblieb jedoch (Kautt). Immerhin hat diese nicht kommunalrechtliche Gliederung der Stadtbevölkerung soziale Effizienz erlangt, wobei die Extremsituation des Krieges nicht vernachlässigt werden darf – in der Not rückt man zusammen.

Es ist fast selbstverständlich, daß nach der Katastrophe des Dritten Reiches auch auf dem Gebiet der Städtepolitik das Pendel in die entgegengesetzte Richtung ausschlug: In Deutschland setzte sich für einige Jahrzehnte der Urbanismus durch, der sein Programm schon 1927 in der Charta von Athen niedergelegt hatte. Wie sich dies auf Städtebau und Stadtentwicklung auswirkte, ist bekannt, auf dieses Szenario bezieht sich das eingangs erwähnte Pamphlet Mitscherlichs. Ein Höhepunkt wurde mit der Gebietsreform erreicht, mit der größten Eingemeindungswelle, die jemals über unser Land gegangen ist. Ich rufe einige Zahlen ins Gedächtnis: Im Bundesdurchschnitt nahm die Zahl der Gemeinden um 65 % ab, in Baden-Württemberg um 67 %, in Bayern um 71 %, oder in absoluten Zahlen: Von den baden-württembergischen 3379 Gemeinden des Jahres 1968 gab es 1980 noch 1111, für Bayern lautet das Ergebnis 7077 zu 2048. Abnahme der Gemeinden heißt zugleich Reduzierung politischer Kommunikationsmöglichkeiten; betroffen waren nicht nur großstädtische Regionen, sondern auch die kleineren Gemeinden des flachen Landes. Nun markiert die Gebietsreform aber auch eine Peripetie: es ist ohnedies erstaunlich, daß sie in dieser Form durchgezogen wurde, als die Kritik von Soziologen und Sozialpsychologen bereits sehr laut war. Die Gesetze, denen keine umfassende Neukonzeption des kommunalen Bereichs zugrunde lag (Wahl), versuchten immerhin, eine Aufgliederung dieser jetzt noch größer gewordenen Großstädte wenn nicht zu erzwingen, so doch zu ermöglichen. Vor einer Föderalisierung der großen Städte, die inzwischen – wie zum Beispiel München – zur Regionalstadt tendieren, schreckte man zurück, das Modell des Groß-Berlin-Gesetzes von 1920 blieb ohne Nachfolge; angeboten wurde die sogenannte Ortschaftsverfassung mit echter oder unechter Teilortswahl – hier taucht der alte Gedanke innerstädtischer Wahlkreise neuerlich auf –, die Schaffung von Bezirks-Beiräten und die Dislozierung der Verwaltung. Wie und wo diese Möglichkeiten realisiert wurden, hat vor einigen Jahren Rudolf Schäfer in den Schriften des DIFU zusammengestellt. Es ist interessant, daß die Zahl der Großstädte mit Stadtteilverfassung von drei im Jahr 1921 über 26 im Jahr 1955 auf 62 im Jahr 1978 stieg und bis 1981 auf 59 zurückging. Neben gesamtstädtischer Stadtteilvertretung – in Baden-Württemberg nur in Stuttgart und Mannheim zu finden – sind die Stadtteilvertretungen in einzelnen Bezirken häufiger, hier im Lande sind Karlsruhe, Heilbronn, Heidelberg, Freiburg und Pforzheim zu nennen. Diese Konstruktion weist darauf hin, daß man bislang selbständigen Kommunen nur den Übergang erleichtern wollte; das Stadtgebiet der Zeit vor der Eingemeindung wird von dieser Organisation ausgenommen. Auch wenn die Lösung nicht ausdrücklich befristet ist, besteht die Gefahr, daß diese Repräsentanz wieder einschläft. Ich habe nicht genügend empirisches Material und will von mehreren denkbaren Gründen nur einen vermutungsweise nennen: Eingemeindete Dörfer oder Kleinstädte wurden oft schnell mit neuen Wohnanlagen bebaut; die altansässige Bevölkerung, die auf eigene Artikulation Wert gelegt hatte, geriet in die Minderheit gegenüber Zuzüglern, welchen der ursprüngliche Zustand gleichgültig ist. – Stadtteilvertretungen oder Ortschaftsbeiräte kommen nicht selten in Konflikt oder Konkurrenz mit Stadtteilvereinen, die homogenere Interessen vertreten. Unseren Kommunen ist die Aufgliederung der Stadt wenig sympathisch, sie bevorzugen eine Dislozierung der Verwaltung. Man könnte Beispiele bringen, wo Bürgervereine und Stadtteilvertretungen kommunalpolitisch gegeneinander ausgespielt werden oder wo man den Bürgerverein hätschelt – früher, um die Bildung einer Freien Wählervereinigung zu verhindern, jetzt, um die Forderung nach Gewährung der Ortschaftsverfassung abzublocken. Diese Möglichkeit einer Aufgliederung und Strukturierung der Großstadt hat nicht die Hoffnungen erfüllt, die manche in sie setzten. Mit dem Aufkommen der Bürgerinitiativen, neuen Nachbarschaften und dergleichen zeigte sich, daß das Instrumentarium den Bedürfnissen wohl nicht entspricht: Die Konstruktion gilt vielen jetzt als zu formal, zu schwerfällig, zu wenig basisdemokratisch. Richtig wird sein, daß der Stadtteil als Bezugsgröße selber schon zu groß und zu wenig homogen ist. Das wird man empirisch nachprüfen und die soziologischen Bedingungen der neuesten Phänomene eruieren können – für den Juristen kein Trost, denn es zeichnet sich vorerst nicht ab, wie die gewünschte Partizipation und die Strukturierung der in ihrer Anonymität angeblich unzufriedenen Menschenmassen bewerkstelligt werden könnte.

Es ist faszinierend, daß sich auf diesem Gebiet die Entwicklung in den Schritten strenger Dialektik vollzieht. Von der altständischen Einbindung der Bürger schlug die Entwicklung in eine atomisierte, anonym werdende Massengesellschaft um. Gegenläufige Bestrebungen wurden im 19. Jahrhundert als illiberal, in den zwanziger und fünfziger Jahren unseres Jahrhunderts als sozialromantisch denunziert, in der Gegenwart als Vollendung der Demokratie gefordert. Politische Etikettierungen sind also irreführend. Noch immer sind unsere großen Städte atomistisch aufgebaut und werden zentralistisch regiert, das Modell hat sich von seinem ursprünglichen Wurzelgrund des

Liberalismus gelöst. Ich könnte jetzt mit der rhetorischen Frage schließen, ob der gegenwärtige Zustand Dauer verspricht. Lassen Sie mich statt dessen mit einer Hypothese schließen: Die gegliederte Stadt des Ancien Régime, deren Untergang aus ganz verschiedenen politischen Erwägungen bedauert wurde, starb an ihrem Funktionsverlust. Sie wurde zu einer staatlichen Verwaltungseinheit reduziert. Solange ihre alten wirtschaftlichen und sozialen Aufgaben von niemandem mehr wahrgenommen wurden, weil der Staat des Liberalismus die Menschen auf sich selbst verwies, ertönte die Forderung nach korporativer Neuordnung, wurden augenblickliche Mißstände übermäßig betont. Dann findet die Industriegesellschaft zu neuen Organisationsformen ihr gemäßer Art, vom bürgerlichen Verein über die kirchliche Organisation bis zu den Gewerkschaften. Als der Staat in unserem Jahrhundert seine sozialen Aufgaben erkannte und aufgriff, war die altständische Lebensform definitiv ersetzt. Was bleibt, sind letztlich Probleme sozial-psychologischer Art, entstanden aus der Dichte des Zusammenlebens, vor allem aus dem Nicht-mehr-Übereinstimmen des architektonischen Gehäuses mit dem darin pulsierenden Leben. Wichtig dürfte aber die wohl nicht mehr bestrittene Feststellung sein, daß es zwischen räumlicher Struktur und sozialem Verhalten keine lineare Verbindung gibt (Bertels). Diese Probleme sind drängend, ich halte es aber für ein Mißverständnis, sie mit Mängeln des Kommunalrechts oder Defiziten an demokratischer Struktur in Verbindung zu bringen. Auch wenn es unbequem ist: Die pluralistische Gesellschaft des Industriezeitalters kann weder insgesamt noch in ihren Teilen strukturiert sein. Für niemand wird eine bergende Struktur vorgehalten, jeder kann und muß sein Netzwerk sozialer Beziehungen selber aufbauen, er kann nur erwarten, daß er darin nicht behindert wird. Das ist nicht der vermeidbare Fehler einer punktuellen Lebensform, sondern Prinzip unserer Gesellschaft.

Der Stadtteil als Planungsebene

VON HARALD RINGLER

Der städtische Teilraum in der jüngeren Planungsgeschichte

Die moderne Stadtplanung hat in Deutschland ihren Beginn in der zweiten Hälfte des 19. Jahrhunderts. Mit den Ortsstraßen- beziehungsweise Fluchtliniengesetzen steht in Baden (1868) und Preußen (1875) ein neues rechtliches Instrumentarium zur Verfügung. Das von Reinhard Baumeister verfaßte Buch »Stadt-Erweiterungen in technischer, baupolizeilicher und wirtschaftlicher Beziehung« (1876) stellt für die Stadtplanung das erste wissenschaftlich orientierte Werk dar. Ein Beispiel für erste konzeptionelle Überlegungen zur Stadtentwicklung in Deutschland veröffentlicht Ernst Bruch 1870 als Kritik auf den sogenannten Hobrecht-Plan von 1862, einem Bebauungsplan für die Stadterweiterung Berlins[1]. Er entwickelte die Idee, städtische Teilräume als eigenständige Siedlungskörper im Rahmen des Großstadtverbandes zu schaffen. Heute würden wir die Idee von Bruch als Satelliten- oder Regionalstadtmodell bezeichnen (siehe Abbildung 1). Stadtwachstum findet im 19. Jahrhundert aber weiterhin als Addition von neuen Bauflächen an die bestehenden Städte, in der Regel im orthogonalen Raster, statt. Diese Stadterweiterungsgebiete bilden heute vielfach die innenstadtnahen Stadtteile mit dichter Bebauung (Abbildung 2). Die Planung von städtischen Teilbereichen ist mit dem Ziel der Auflösung der Großstädte in Zellen, Trabanten oder Entlastungsstädte verbunden. Eine Ausnahme bilden die Überlegungen von Otto Schilling in seiner bereits 1915 vorgelegten Dissertation über die »innere Stadtentwicklung«. Erst seit den siebziger Jahren unseres Jahrhunderts erhält in der Politik die »Stadterneuerung« als »innere Stadtentwicklung« Vorrang vor der Stadterweiterung auf der grünen Wiese.

Haben Bruch und ihm folgend weitere Kritiker des ungeordneten Stadtzuwachstums regionale, teilweise noch undifferenzierte Modelle entworfen, so stellt die von Clearance A. Perry konzipierte »Nachbarschaftsidee« in den zwanziger Jahren das erste differenzierte theoretische Konzept für Siedlungen als Teil einer Stadt dar[2]. Damals stellten die amerikanischen Sozialforscher Park, Burgess und McKenzie ständige Segregationsprozesse, also Sortierungsvorgänge, in Form der von ihnen bezeichneten

1 Ernst BRUCH, Berlin's bauliche Zukunft und der Bebauungsplan, in: Deutsche Bauzeitung, 4. Jg. 1870.
2 Clarence Arthur PERRY, The Neighbourhood-Unit-Plan. Regional Survey of New York and its Environs, Band 7, New York 1929; zit. in: Zur Ordnung der Siedlungsstruktur. Forschungs- und Sitzungsbericht der Akademie für Raumforschung und Landesplanung, Band 85, Hannover 1974.

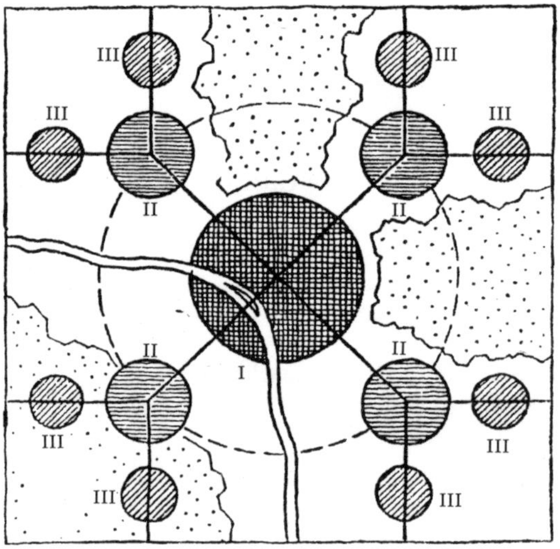

Abb. 1: Dezentralisierung der Stadt als Zielvorstellung von E. Bruch (1870); aus: E. KABEL, Baufreiheit und Raumordnung, Tübingen 1947

»natural areas« oder »neighbourhoods« in den amerikanischen Großstädten fest[3]: Der einzelne Wohnbereich gewinnt im Bewußtsein seiner Bewohner und im Bewußtsein der Einwohner benachbarter Stadtteile eine eigene Physiognomie. Zusätzliche Gemeinsamkeiten der Bewohner verstärken die Eigenart dieses Stadtbereichs. Räumlich bedeutsame Faktoren wie Nähe, gemeinsam genutzte Einrichtungen, natürliche und künstliche Elemente der Stadtlandschaft wie eine Talsituation, begrenzende Verkehrsanlagen, große Vegetationsflächen fördern dies zusätzlich.

Perry formuliert aus diesen Feststellungen ein Siedlungsmodell, das bis in die fünfziger Jahre aktuell bleibt (siehe Abbildung 3). Er erhebt den Grundschuleinzugsbereich mit circa 5000 Einwohnern zur Idealgröße einer Siedlungseinheit. Um die Zahl der Verkehrsunfälle von Schülern drastisch zu senken, fordert er einen möglichst verkehrsfreien Einzugsbereich der Grundschule. Die Hauptverkehrsstraßen liegen an der Peripherie dieser Zelle. Dort sind auch die Gewerbegebiete und an den Kreuzungen die Geschäftszentren angesiedelt. Die Forderung nach einem maximalen Schulweg von ¼ bis ⅓ Meile (400 bis 530 m) ergibt bei einer quadratischen Form eine Fläche der »Nachbarschaftseinheit« von etwa 160 acre (ca. 65 ha = 800 × 800 m). Perry überträgt nun auf diese räumlichen Bedingungen die Annahme eines sich daraus ergebenden Gemeinschaftsgeistes. Haben die drei Forscher vor ihm die Homogenität einer Bevölkerungsgruppe als gemeinschaftsfördernd erkannt, so fordert er Heterogenität in dieser

3 Helmut KLAGES, Der Nachbarschaftsgedanke und die nachbarliche Wirklichkeit in der Großstadt, Stuttgart 1968, S. 13 ff.

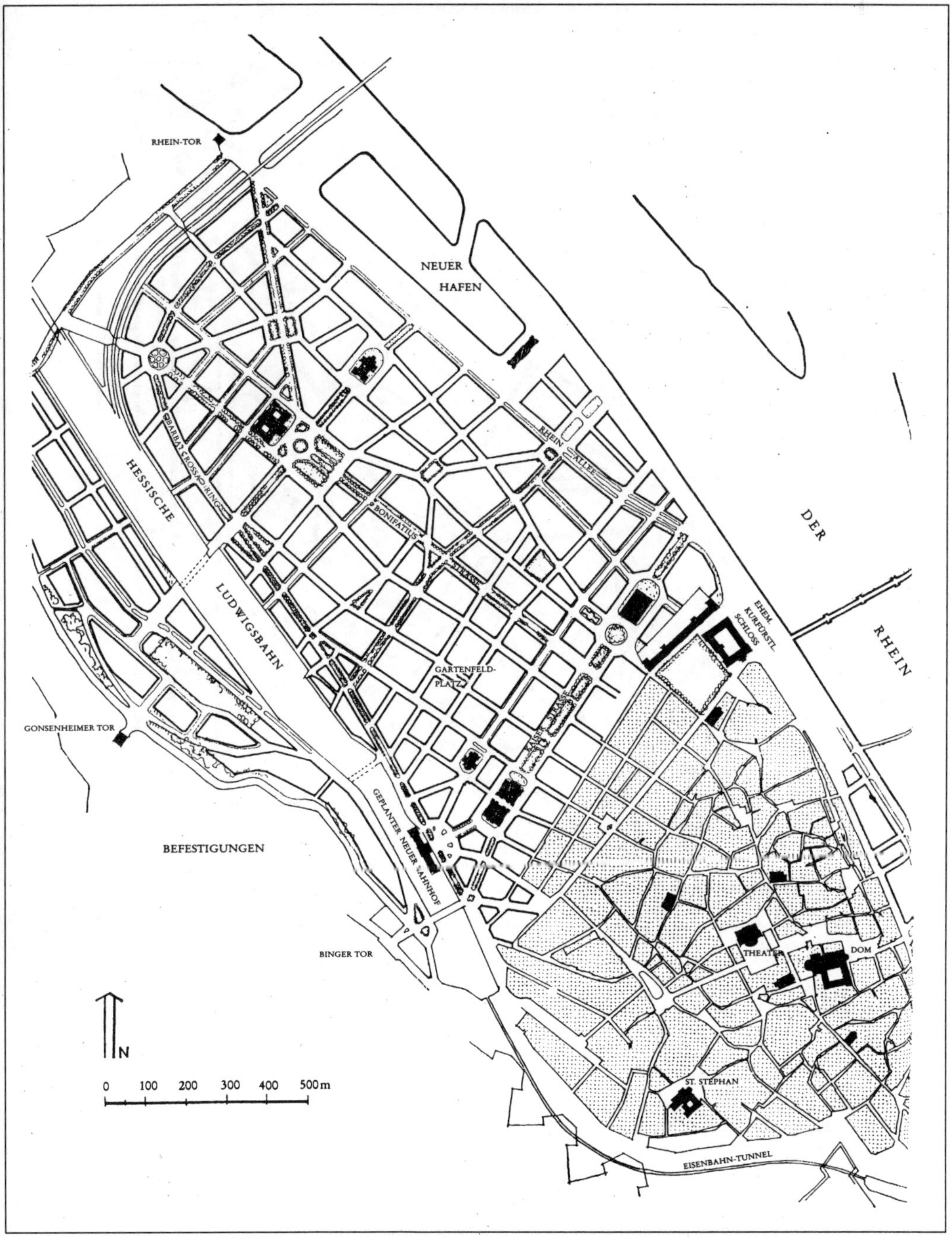

Abb. 2 Mainz, Alt- und Neustadt 1877. Beispiel für eine Stadterweiterung im 19. Jahrhundert, aus: Rudolf HARTOG, Stadterweiterungen im 19. Jahrhundert, Stuttgart 1962

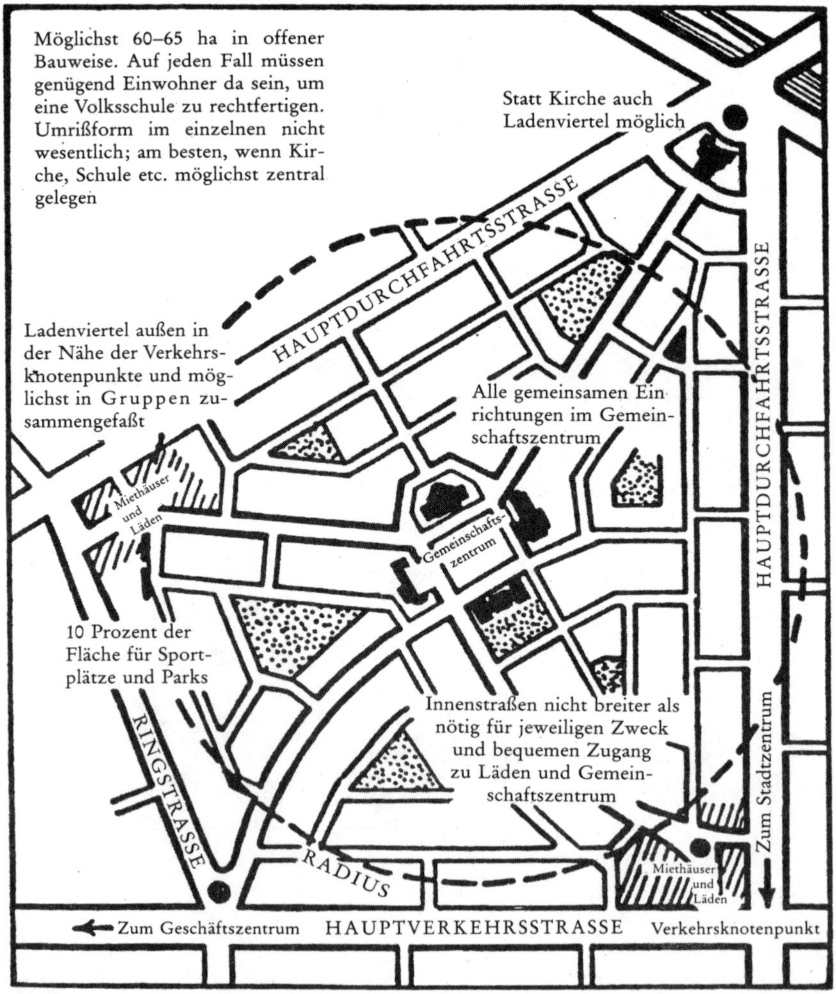

Abb. 3 Nachbarschaftseinheit nach Perry, aus: Peter Breitling, Die Untergliederung von Stadtteilen nach planerischen Gesichtspunkten. Akademie für Raumforschung und Landesplanung, Forschungs- und Sitzungsberichte 42, Hannover 1968

Einheit[4]. Die »Durchmischung« ist seither ein immer wieder formuliertes, aber noch nie erreichtes Ziel von Stadtplanern. Die Theorie der »Siedlungszellen« oder »Nachbarschaften« auf der Basis von Grundschuleinzugsbereichen wird als Gliederungsmodell für die Planung neuer Siedlungen und Städte in der folgenden Zeit übernommen.

Heute wissen wir, daß die Menschen eines Wohnbereichs unterschiedliche Aktionskreise haben, teilweise bedingt durch Lebensalter, Ausbildung und Standort der

4 Dazu Elisabeth Pfeil, Großstadtforschung, Hannover 1972, S. 343ff.

Arbeitsstätte, womit die Inanspruchnahme von Dienstleistungen, Läden und Freizeiteinrichtungen verbunden ist. Hinzu kommt, daß das Auto Entfernungen »verringert«. Dadurch wird die Identifikation mit dem Stadtbereich als Lebensraum schwieriger und die Grenzziehung subjektiv. Kevin Lynch[5] weist dies anhand von Befragungen aus Boston nach (Abbildung 4).

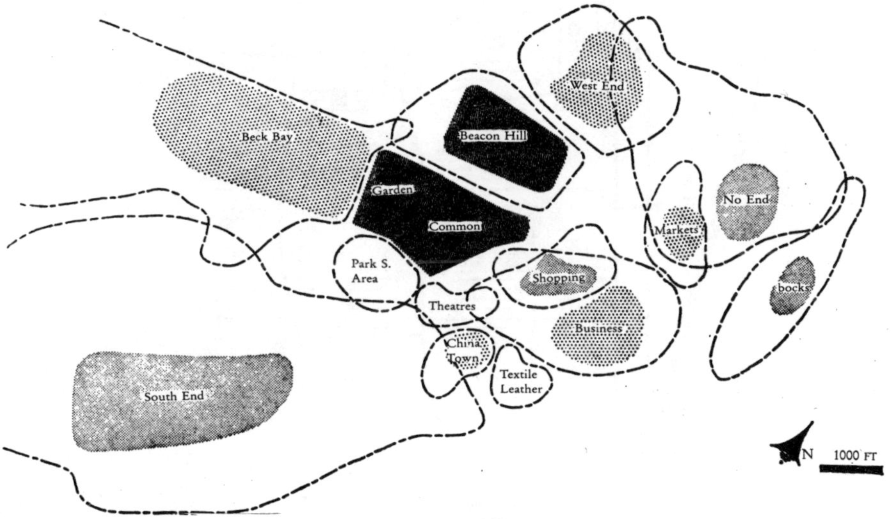

Abb. 4 Die sich überschneidenden Begrenzungen der Bostoner Bereiche, aus: Kevin LYNCH, 1963

Im nationalsozialistischen Deutschland formuliert Gottfried Feder die Nachbarschaftseinheit als »organisches Gliederungselement für die Volksgemeinschaft«, entsprechend der räumlichen Parteiorganisation[6]. Soziale Kontrolle wird erweitert zur Gesinnungskontrolle. Hans Bernhard Reichow publiziert mit seinem Buch »Organische Stadtbaukunst« (1948) ein Zellenmodell, dessen Grundlagen er ebenfalls während des Dritten Reichs entwickelt hat, eines von vielen Beispielen der »Kontinuität« in der deutschen Stadtplanung. Der Aufbau der Stadt wird durch die Siedlungszelle (1000 bis 1500 Einwohner), die Nachbarschaft und den Stadtbezirk bestimmt.

In England verbinden die Planer etwa zeitgleich den »Nachbarschaftsgedanken« mit der Gartenstadtidee von Ebenezar Howard und richten Jahrzehnte später die Planung der ersten »new towns« danach aus. Der Flächennutzungsplan von Harlow (1947) enthält diese Nachbarschaftseinheiten in einer Größe zwischen 5000 und 10000 Einwohner (Abbildung 5). Howard hat in seinem 1898 erschienenen Buch »To-Morrow, a peaceful path to a real Reform«[7] Siedlungen zur Entlastung von London gefordert, die die Vorteile der Stadt mit denen des ländlichen Raumes vereinen. Die von ihm

5 Kevin LYNCH, Das Bild der Stadt, Berlin, Frankfurt/M., Wien 1965.
6 Gotfried FEDER, Die neue Stadt, Berlin 1938.
7 Deutsche Ausgabe: Gartenstädte von morgen, Frankfurt/M., Wien 1968.

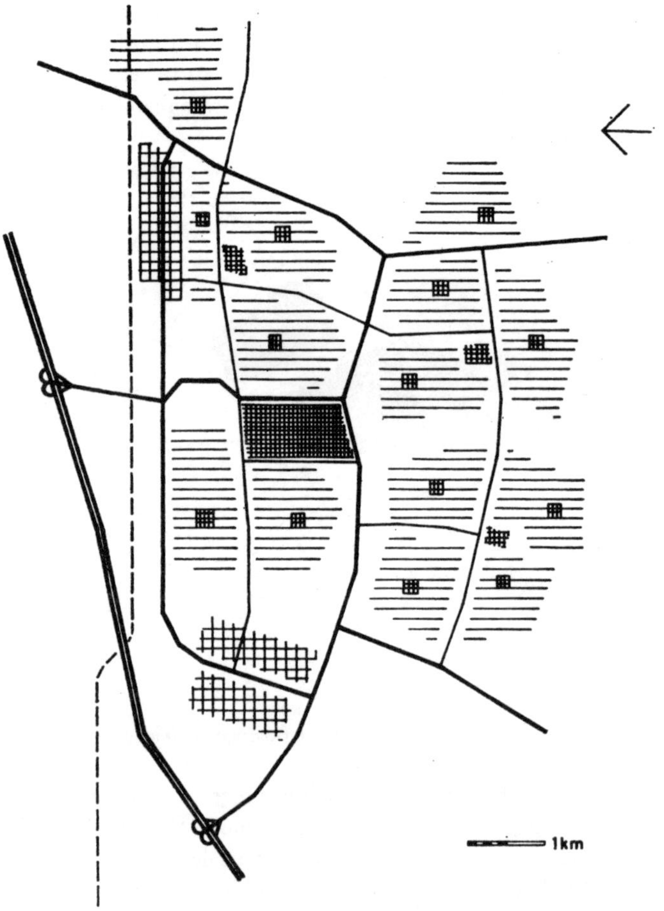

Abb. 5 Gliederungsschema der neuen Stadt Harlow (England), aus: Gerd ALBERS, Modellvorstellungen zur Siedlungsstruktur in ihrer geschichtlichen Entwicklung. Akademie für Raumforschung und Landesplanung, Forschungs- und Sitzungsberichte 85, Hannover 1974

Grundgedanke: Aus hierarchisch gestuften Teilen aufgebautes, räumlich klar gegliedertes Stadtgefüge mit großzügiger Flächenbemessung.

Nutzungsverteilung: Nachbarschaftseinheiten auf Schuleinzugsbereiche bezogen, gruppieren sich jeweils zu Stadtteilen mit Ladenzentren und Höheren Schulen. Das Hauptzentrum liegt räumlich streng getrennt in der Mitte, sonstige Arbeitsstätten in eigenen Bereichen am Rand. Großzügige Freiflächen trennen die Baugebiete.

Verkehrssystem: Weitmaschiges Netz von anbaufrei in Grünflächen zwischen den Stadtteilen geführten Hauptverkehrsstraßen, in die Haupterschließungsstraßen der Stadtteile – zwischen Nachbarschaftseinheiten geführt – eingehängt sind. Erschließungssystem in Nachbarschaften verhindert Durchgangsverkehr.

Größenordnung und Dichte: Zunächst auf 80 000 Einwohner bemessen (Zielzahl später erhöht); Nachbarschaftseinheiten mit 5000 und 10 000 Einwohnern. Bruttosiedlungsdichte rd. 33 E/ha, Nettowohndichte 125 E/ha.

initiierten und gegründeten Gartenstädte Letchworth und Welwyn Garden City sind letztlich nicht erfolgreiche Umsetzungsversuche dieser Idee. In Deutschland wird die Bezeichnung »Gartenstadt«, nicht aber deren Grundidee übernommen. Nicht neue Städte, sondern Vorstadtsiedlungen auf Genossenschaftsbasis entstehen. In Karlsruhe liegt eine der ältesten dieser Siedlungen, die 1911 begonnene »Gartenstadt Rüppurr«.

Das Konzept der »gegliederten und aufgelockerten Stadt«[8] bildet in den sechziger Jahren die Grundlage vieler Trabantenstädte. Auch hier orientiert sich der Aufbau der Stadt nach der Grundschuleinheit (Abbildung 6).

Auf die immense Siedlungstätigkeit an der Peripherie der Stadt folgt als Entwicklungsziel die forcierte Verdichtung um die Stationen des schienengebundenen Personennahverkehrs – geleitet von der Vorstellung, Dichte bedeute Urbanität[9]. Das »Hamburger Dichtemodell« (1969, 1980) stellt das erste politisch beschlossene Konzept als Grundlage für die Ausarbeitung der Bauleitpläne dar.

Die amerikanische Journalistin Jane Jacobs fordert in ihrem 1961 erschienenen, inzwischen zu einem »Klassiker« der Städtebauliteratur gewordenen Buch »The Death and Life of Great American Cities«[10] die Planung auf Stadtteilebene. Hierin sieht sie die einzige Möglichkeit einer erfolgreichen Sanierung der Slums. Dezentralisierung der Verwaltung und die nur auf unteren räumlichen Ebenen einer Großstadt möglichen Artikulationsmöglichkeiten der Bürger sind dafür Voraussetzungen.

Seit Mitte der achtziger Jahre rufen einzelne wieder nach dem in früheren Jahrzehnten propagierten »großräumigen Leitbild« für die Stadtentwicklung. Leitbilder bergen aber immer die Gefahr in sich, daß sie als statische Modelle nicht den vielschichtigen Zusammenhängen auf allen Ebenen und Sachgebieten in einem Gemeinwesen »Stadt« und den Lebensbereichen der Menschen eine planerische Grundlage liefern können. Notwendig sind daher Zielvorgaben für die Stadtregion, basierend auf der Sicherung der Lebensgrundlagen und festgeschrieben in wenigen, aber restriktiven Vorgaben sowie Projekten. Erforderlich ist aber auch die ständige dezentralisierte Planungstätigkeit für die Teilräume der Stadt als Stadtteilplanung. Die kleinräumig orientierte Stadtplanung beginnt in der Bundesrepublik, abgesehen von den ersten Überlegungen in den zwanziger Jahren, mit den großangelegten Stadtsanierungen Mitte der sechziger Jahre.

Die Praxis der Stadtplanung in der Bundesrepublik Deutschland

Die Instrumente der Stadtplanung und deren Anwendung in unserer Zeit entwikkeln sich seit Ende des 19. Jahrhunderts. Die Probleme der Industrialisierung mit ihren Folgen auf die Großstädte hatten eine restriktiv angelegte, meist reagierende Planung zur Folge. Fluchtlinienpläne, Bauordnungen mit Höhenbeschränkungen, teilweise mit Nutzungsfestlegungen, bilden die Vorläufer unserer »Bauleitplanung«, wie sie heute im

8 Johannes GÖDERITZ, Roland RAINER, Hubert HOFFMANN, Die gegliederte und aufgelockerte Stadt, Tübingen 1957.

9 Dazu Hans LINDE, Urbanität, in: Handwörterbuch für Raumforschung und Raumordnung, Hannover 1970.

10 Jane JACOBS, Tod und Leben großer amerikanischer Städte, Frankfurt/M., Berlin 1963.

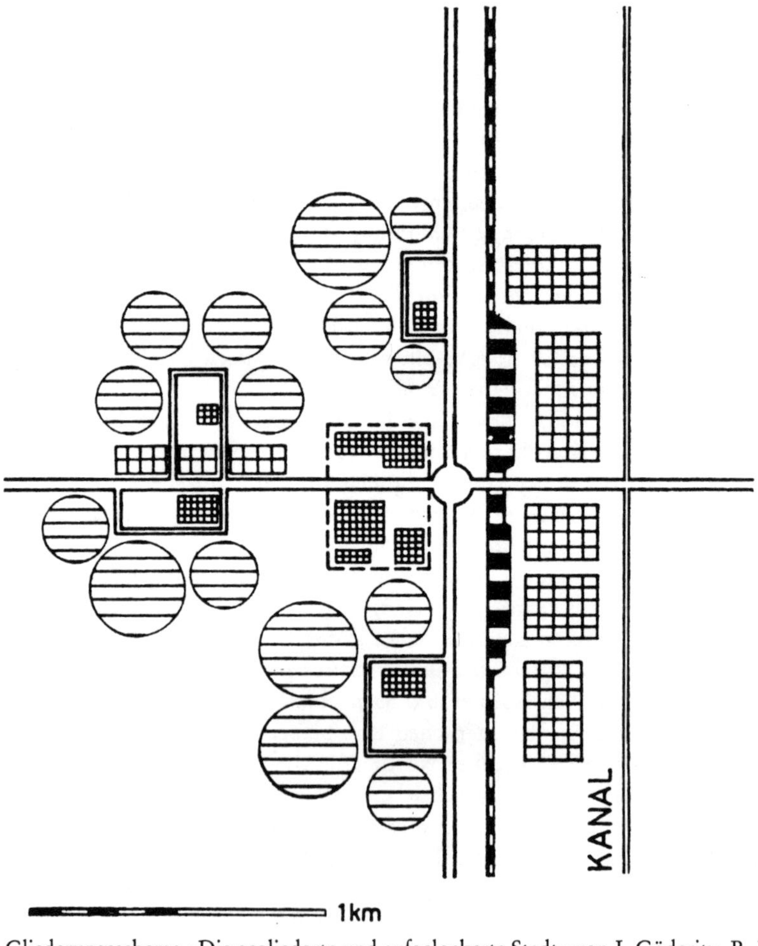

Abb. 6 Gliederungsschema »Die gegliederte und aufgelockerte Stadt« von J. Göderitz, R. Rainer, H. Hoffmann, Tübingen 1957, aus: ALBERS, 1974

Grundgedanke: Aus hierarchisch gestuften Teilen aufgebautes, räumlich klar gegliedertes Stadtgefüge. Die Darstellung bezieht sich zwar nur auf eine »Stadtzelle«, doch sind auch höhere Gliederungsstufen ins Auge gefaßt (s. u.).

Nutzungsverteilung: Die um das Zentrum der Stadtzelle gruppierten Nachbarschaften gliedern sich ihrerseits in traubenförmig um das Nachbarschaftszentrum angeordnete Wohnbereiche. Arbeitsstätten im wesentlichen räumlich zusammengefaßt am Rand der Stadt. Trennung durch großzügige Freiflächen.

Verkehrssystem: Reduzierung auf das Schema eines anbaufreien Straßenkreuzes, an das Nachbarschaften über Straßenschleifen angeschlossen sind.

Größenordnung und Dichte: Ausgehend von 4 E/Whg. werden vorgeschlagen für den Wohnbereich 1000 E, die Nachbarschaft 4000–6000 E, die Stadtzelle rund 16 000 E und den Stadtbezirk rund 48 000 E. Empfohlene Dichte 40–60 Whg/ha Nettowohnbauland, also rund 200 E/ha. Bruttofläche einer Nachbarschaft von 4000 E auf dieser Grundlage rund 30 ha.

»Baugesetzbuch«[11] definiert ist. Das Instrument der »vorbereitenden Bauleitplanung« ist der Flächennutzungsplan: »Im Flächennutzungsplan ist für das ganze Gemeindegebiet die sich aus der beabsichtigten städtebaulichen Entwicklung ergebende Art der Bodennutzung nach den voraussehbaren Bedürfnissen der Gemeinde in den Grundzügen darzustellen«[12]. Die »verbindliche Bauleitplanung« stellt sich in Bebauungsplänen für Teile des Gemeindegebietes dar: »Der Bebauungsplan enthält die rechtsverbindlichen Festsetzungen für die städtebauliche Ordnung ...«[13]. Für den Flächennutzungsplan ist also das gesamte Gebiet einer Gemeinde die Planungsebene, für den Bebauungsplan meist eine zur Bebauung anstehende Fläche, die in Ausnahmefällen das Ausmaß einer Siedlung annehmen kann. Für die Planung eines Stadtteils, eines Quartiers, gibt es in der Bauleitplanung kein spezielles Instrument.

Erst mit Beginn der Sanierungen werden diese abgrenzbaren (Stadt-)Teile und Milieugebiete innerhalb der Großstädte Gegenstand einer querschnittsbezogenen Stadtplanung, das heißt, viele öffentliche Aufgaben wie Wohnungsversorgung, soziale Fürsorge, Kulturförderung, Ver- und Entsorgung und Verkehrsorganisation werden auf der Basis eines Gesamtkonzepts für Teile einer Stadt geplant. Das 1971 erlassene und nun im Baugesetzbuch aufgegangene Städtebauförderungsgesetz machte damals bereits »vorbereitende Untersuchungen« notwendig, um »Beurteilungsunterlagen über die Notwendigkeit der Sanierung, die sozialen, strukturellen und städtebaulichen Verhältnisse und Zusammenhänge sowie die anzustrebenden allgemeinen Ziele« zu gewinnen. Damit beginnt in vielen Städten eine Planungstätigkeit zwischen der Flächennutzungsplanung und der Bebauungsplanung. Das Alltagsleben der Menschen gewinnt für die Stadtplanung an Bedeutung.

Mit der Entdeckung dieser städtischen Teilräume für Politik, Sozialwissenschaften und Planungsakteure wird auch der Städtebau, ähnlich wie heute die Kulturpolitik, modisch. Unscharfe Begriffe wie »Urbanität«, »Milieu«, »Quartier« werden zu Zielvorstellungen und Strategie zugleich, obwohl die Definition und ihre davon abgeleitete Instrumentalisierung letztendlich willkürlich sind[14]. Aktuell geworden ist das »Quartier«, »als Architekten und Planer ihre Liebe zu Chinatown, Schwabing und ›Zille sein Milljö‹ entdeckten und verzweifelt dahinterzukommen suchten, was denn sein ›Milieu‹ sei und wie man es herstellen könne ... Der Begriff wurde zwischen den ästhetischen Vorstellungen der Architekten und den sozialpolitischen der Soziologen zerrieben, bevor er seine Fruchtbarkeit entfalten konnte«[15].

11 Baugesetzbuch i. d. F. d. Bekanntmachung vom 8. 12. 1986 (BGBl. I S. 2253).
12 Ebd., § 5.
13 Ebd., § 8.
14 Erika Spiegel, Das Wohnquartier in der Stadterneuerung. Dokumentation des gleichnamigen internationalen Kongresses, Hamburg 1981.
15 Ebd.

Stadtteilplanung

Die Notwendigkeit, Planungen für Teilräume der Großstädte zu betreiben, ist heute unbestritten. Aktionsschwerpunkte der Kommunalpolitik wie Sanierung, Modernisierung und Verkehrsberuhigung bedürfen der kleinräumig bezogenen planerischen Vorbereitung. Die Einbeziehung der betroffenen Menschen in diese Maßnahmen – in der Bauleitplanung als gesetzlich geregelte Verpflichtung der Gemeinde geregelt – kann ebenso nur für diese Teilräume erfolgreich sein. In Karlsruhe fing die Beschäftigung mit der Stadtteilplanung mit der in jedem Stadtteil 1975 und 1976 durchgeführten Bürgerbeteiligung für den Flächennutzungsplan-Entwurf an. Der abstrakte Flächennutzungsplan mußte den Bürgern durch unterschiedliche Darstellungsweisen nähergebracht werden. Die Vorstellung der Planung, für jeden Stadtteil getrennt, erleichtert das Verstehen. Illustrationen wie Situationsfotos, perspektivische Skizzen und Modellaufnahmen von Projekten im Stadtteil konkretisieren die Planungsabsichten. Stadtteilentwicklungsplan und Bereichsplan – es gibt dafür keine einheitliche Bezeichnung und Festlegung der Planungsinhalte – eignen sich auch als Überbrückungs- und Interpretationshilfe zwischen dem Flächennutzungsplan im Maßstab 1:10000 bis 1:20000 und dem Bebauungsplan im Maßstab 1:1000.

Stadtteilplanung ist aber mehr als die Summe von Einzelplanungen für ein Gebiet oder als ein Forum für die Bürgerbeteiligung in der Bauleitplanung. Wie für die Region oder die Gesamtstadt ein Konzept für die räumliche Entwicklung, nämlich der Flächennutzungsplan, erarbeitet werden muß, so erfordern die Belange der Stadtteile auch ein Gesamtkonzept als Rahmen für die oben erwähnten Projekte. Den kommunalpolitischen Hintergrund dafür bildet das in den letzten Jahren immer stärker werdende »Stadtteilbewußtsein«, das heißt der Aufbau von »Identität« der Menschen mit ihrem näheren Umfeld. Die Komplexität der Großstadt ist für die Menschen nicht mehr begreifbar, die Großstadt als Lebensraum ist nicht mehr überschaubar. Die Anteilnahme an der »res publica« ist nur mehr in dem näheren Lebensumfeld möglich.

Die Identität eines Raumes kann durch folgende Kriterien beschrieben werden:
- räumlich erfahrbare Grenzen (wie Hauptverkehrsbänder, Gewässer, Brachflächen, monostrukturierte Zonen wie Parkanlagen, Industrieflächen),
- historisch bedingte Grenzen von Gebietseinheiten, oft mit Eigennamen,
- statistische Grenzen und die damit verbundene Zuordnung von Einzugsbereichen für öffentliche Einrichtungen,
- politische Autonomie eines Raumes (Bezirksverfassung und politische Gremien),
- Funktionen eines Raumes,
- Bevölkerungshomogenität,
- lokale Kultur (Stadtteilveranstaltungen, Vereinsleben),
- Wirtschaftsstruktur,
- Homogenität der Baustruktur (Baualter, Bebauungsdichte und -formen),
- signifikante Merkmale der Stadtgestalt (dominierende öffentliche Bauten, Platzanlagen, stadtbildprägende Ensembles),
- städtebauliche Problemzonen (Sanierungsbedarf).

Diese Kriterien dienen der Abgrenzung beziehungsweise Überprüfung der Planungsräume.

Die Ausarbeitung von Stadtteilplänen – die Begriffspalette kann beliebig erweitert werden auf »Städtebaulicher Rahmenplan«, »Bereichsplan«, »Stadtteilkonzept«, »Stadtteilentwicklungsplan« – soll folgende Teilkonzepte umfassen: Flächennutzung, Erholung und Freizeit, Modernisierung und Wohnumfeldverbesserung, Infrastruktur, Verkehr, Stadtgestalt. – Die Erarbeitung der Planungsgrundlagen und des Entwicklungskonzeptes muß von den spezifischen Vorgaben der einzelnen Stadtteile innerhalb einer Großstadt ausgehen.

Folgende »Stadtteiltypen« bestimmen die räumliche Struktur der heutigen deutschen Großstadt:

- die historische Innenstadt,
- die Stadterweiterungsgebiete früherer Jahrhunderte, insbesondere des späten 19. Jahrhunderts,
- ehemalige, in den innenstadtnahen Zonen aufgegangene Dörfer,
- ehemalige Vorstadtgebiete, Villenviertel,
- Großsiedlungen, die meist nach dem Zweiten Weltkrieg entstanden sind,
- Dörfer, die im Zuge der kommunalen Neugliederung in den siebziger Jahren zu Stadtteilen wurden.

Idealstadt(teil)modelle, wie sie in der Vergangenheit erstellt wurden, erfassen die Komplexität in der Stadtplanung nicht. Die angestrebte räumliche Ordnung für den städtischen Teilraum wird aus dem übergeordneten Flächennutzungsplan abgeleitet und präzisiert. Graphische Darstellungen und schriftliche Erläuterungen sind dafür notwendig. Die vorgeschlagenen Maßnahmen werden nach Prioritäten festgelegt und mit Umsetzungsstrategien auf rechtlicher Ebene (Bebauungspläne, Gestaltungssatzungen, Modernisierungsgebote etc.) und auf der Ebene der Finanzierung versehen. Die Information der Menschen, die im Stadtteil wohnen und arbeiten, und deren Beteiligung und konstruktive Einbindung sollen frühzeitig geschehen. Musterhafte Modelle und Planungen als nachahmenswerte Beispiele gibt es nicht, da jede Stadt und jeder Stadtteil spezifische Anforderungen an die Planer und Kommunalpolitiker stellt.

Vom Stadtquartier zum Stadtteil
Eine topographisch-soziologische Untersuchung am Beispiel der Stadt Frankfurt am Main

VON WOLFGANG KLÖTZER

Die Frankfurter Quartiereinteilung[1], die das ummauerte Stadtgebiet beiderseits des Mains, also Frankfurt und Sachsenhausen, zu Anfang des 17. Jahrhunderts in 14 Bezirke gliederte, war weder eine echte Viertelung, noch deckte sie sich mit der organisch gewachsenen Stadterweiterung, die man aus den älteren Stadtplänen, ja selbst noch aus dem heutigen Stadtplan ablesen kann.

Frankfurter Stadtkern ist der Domhügel, eine diluviale, bis zu sechs Meter über Normalwasser ansteigende Schotterinsel zwischen dem Hauptstrom des Mains und einem alten Nebenarm, der Braubach, die den Siedlungskern landseitig schützte[2]. Im Westen war die feuchte Römerbergsenke ursprünglich wohl Schiffslände, im Osten das sumpfige Fischerfeld kaum begehbar. Der Platz, den wir heute Römerberg nennen, ist also gar kein Berg und hat seinen Namen nur vom westlichen Anstieg zum Karmeliterhügel, wo Anfang des 14. Jahrhunderts das Haus »Ad romanum«, der heutige Römer,

1 Eines Erbarn Raths Der Statt Franckfurt am Mayn Quartir-Ordnung, Frankfurt a. M. 1614, unveränderter Nachdruck 1708 (noch in der »Sammlung der Verordnungen der Reichstadt Frankfurt« von Johann Conradin BEYERBACH, 9. Teil, 1799, S. 1683–1687, ist die »Quartierordnung« der gleiche Text von 1614); Johann Anton MORITZ, Versuch einer Einleitung in die Staatsverfassung der Oberrheinischen Reichsstaedte, Frankfurt a. M. 1785, 1. Teil, S. 305 ff., 2. Teil, S. 168 f., 438 ff.; Anton KIRCHNER, Ansichten von Frankfurt am Main und seiner Umgegend, 2 Bde., Frankfurt a. M. 1818, Neudruck 1982, Bd. 1, S. 56 f.; Carl Ludwig FRANCK, Topographischer Überblick der Stadt Frankfurt am Main nach ihren Quartieren ..., Frankfurt a. M. 1821; ANONYM, Ueber die Entstehung des Instituts der Quartiervorstände, in: Frankfurter Jahrbücher 7, 1836, S. 261–263, 271–272; Benedict Jacob RÖMER-BÜCHNER, Die Entwickelung der Stadtverfassung und die Bürgervereine der Stadt Frankfurt am Main, Frankfurt a. M. 1855; Hermann GROTEFEND, Diarium des Officier-Corps des löblichen XI. Stadt-Quartiers von 1797–1812, in: Archiv für Frankfurts Geschichte und Kunst (AFGK), 3. Folge 1, 1888, S. 55–201; Rudolf JUNG, Das Frankfurter Bürgermilitär im XVIII. Jahrhundert, in: Alt-Frankfurt 4, 1912, 2. Heft, S. 40–50; Friedrich BOTHE, Geschichte der Stadt Frankfurt am Main, Frankfurt a. M. 1913, Neudruck 1966, S. 436; Paul HOHENEMSER, Der Frankfurter Verfassungsstreit 1705–1732 und die kaiserlichen Kommissionen, Frankfurt a. M. 1920; Isidor KRACAUER, Das Militärwesen der Reichsstadt Frankfurt a. M. im XVIII. Jahrhundert, in: AFGK, 3. Folge 12, 1920, S. 1–180; Gerald Lyman SOLIDAY, A community in conflict. Frankfurt society in the seventeenth and early eighteenth centuries Hanover/New Hampshire 1974, S. 122–138; Rainer KOCH, Grundlagen bürgerlicher Herrschaft. Verfassungs- und sozialgeschichtliche Studien zur bürgerlichen Gesellschaft in Frankfurt am Main 1612–1866 (Frankfurter Historische Abhandlungen 27), Wiesbaden 1983, S. 17 ff.

2 Karl NAHRGANG, Die Entstehung und Entwicklung Frankfurts im Frühmittelalter (Schriften des Dreieich-Museums 4), Langen 1932; DERS., Die Frankfurter Altstadt (Rhein-Mainische Forschungen 27), Frankfurt a. M. 1949; Marianne SCHALLES-FISCHER, Pfalz und Fiskus Frankfurt (Veröffentlichungen des Max-Planck-Instituts für Geschichte 20), Göttingen 1969, S. 237 ff.; Fred SCHWIND, Frankfurt vom frühen Mittelalter bis zur Mitte des 17. Jahrhunderts, Marburg/L. 1984.

entstand. Die Platzanlage datiert nicht vor die zweite Hälfte des 13. Jahrhunderts und bildete sich erst, nachdem die hier an der Südwestecke der alten Siedlung errichtete staufische Pfalz ihre Bedeutung verloren hatte und ein mächtiger Rundturm von 26 Meter Durchmesser zugunsten der Platzanlage abgebrochen worden war[3]. Mit der Zeit verschwand der alte Name Samstagsberg für den Westabfall der Domhügelsiedlung zugunsten der heute üblichen banalen Bezeichung »Ostzeile Römerberg« für die 1983 dort wiederaufgebauten Fachwerkhäuser.

Dieses älteste karolingische bis frühstaufische Frankfurt auf dem Domhügel, wo schon Römer und Alemannen Spuren hinterlassen haben und die fränkische Pfalz stand, wurde im 10. Jahrhundert ummauert[4]. Als Hafen dürfte die Bucht der Römerbergsenke gedient haben. Die Furt, die Frankfurt den Namen gab, ist wenig oberhalb zu suchen, wegen der verschiedentlichen Ausbaggerung des Flußbetts für den Schiffsverkehr aber heute nicht mehr genau zu orten. Erst die um 1200 entstandene Brücke lenkte den Durchgangsverkehr östlich am Kern der Siedlung vorbei, die sich in der Stauferzeit zur Stadt entwickelt hatte.

Sachsenhausen[5], auf der anderen Mainseite, zwar erst 1193 zuerst genannt, aber sicher als Brückenkopf viel älter, war von Anfang an Stadtteil, gehörte also nie zum Kreis der reichsstädtischen Dörfer minderen Rechts. Die Sachsenhäuser waren, sofern sie die persönlichen Voraussetzungen erfüllten, stets Bürger wie die Frankfurter. Nannte man diese »Hibbdebächer«, so die Vorstädter südlich der Mainlinie »Dribbdebächer«. Zwar lagen hier auch Adelshöfe, deren einer im 13. Jahrhundert zum Deutschherrnhaus wurde, aber in der Mehrzahl wohnten hier Fischer, Gärtner und Gerber und über den Main pendelnde Dienstboten. So war der soziale Status der »Dribbdebächer« um einiges tiefer gestellt als derjenige auf Frankfurter Seite. Die Sachsenhäuser galten als derb, rauflustig, zungenfertig und dabei direkt. Von ihrem Selbstbewußtsein zeugt der noch heute zitierte Slogan: Sie seien zwar Frankfurter, die Frankfurter aber noch lange keine Sachsenhäuser. Selbst einen eigenen, in Nuancen vom Frankfurterischen abweichenden Dialekt hatten sie sich bis ins 19. Jahrhundert bewahrt[6].

Markt und Messe seit dem 12. Jahrhundert und der damit verbundene Wirtschaftsaufschwung, der offensichtlich starke Zuzug von Neubürgern in die Stauferstadt und die zahlreichen Reichsversammlungen und Wahlhandlungen seit der spektakulären Wahl Friedrichs I. von 1152 bezeugen, daß Frankfurt seine alte Reichsbedeutung – Frankfurt war in der Karolingerzeit immerhin eine der drei ostfränkischen Residenzen neben Aachen und Regensburg – wiedergewonnen und mit neuen Inhalten verstärkt

3 Wolfgang KLÖTZER, War Frankfurt wirklich stauferfreundlich? In: Hermann BANNASCH und Hans-Peter LACHMANN (Hg.), Aus Geschichte und ihren Hilfswissenschaften. Festschrift für Walter Heinemeyer zum 65. Geburtstag (Veröffentlichungen der Historischen Kommission für Hessen 40), Marburg 1979, S. 544–563.

4 Hans Jürgen HUNDT und Ulrich FISCHER, Die Grabungen in der Altstadt von Frankfurt am Main 1953–1957, in: Neue Ausgrabungen in Deutschland, Berlin 1958, S. 391–408; SCHALLES-FISCHER (wie Anm. 2), S. 229f., Karte nach S. 32.

5 Alexander DIETZ, Alt-Sachsenhausen, Frankfurt a. M. 1935.

6 KIRCHNER, Ansichten (wie Anm. 1), Bd. 2, S. 139f.; Franz LERNER, Die Frankfurter. Eine soziographische Studie, Frankfurt a. M. 1965; Frankfurter Wörterbuch, 1. Lieferung, Frankfurt a. M. 1971, S. 48f.

hatte. So entstanden noch im 12. Jahrhundert rasch neue Stadtviertel. Schon damals griff die Besiedlung nach Westen auf den Karmeliterhügel über, wo 1219 die Leonhardskirche und nach 1246 das Karmeliterkloster entstanden. Es bildete vorläufig die westliche Eckbastion der jungen Stadt.

Es waren vor allem königliche Ministerialen, die sich hier in burgartigen Stadthäusern, Steinbauten zumal, niederließen, sich mit den Fernkaufleuten beiderseits des »Kornmarkts« in connubium und commercium vermischten und so den Grund legten für das Frankfurter Patriziat, das die Stadt de facto bis 1866 regierte. Wenn der Staufer Friedrich II. 1219 den Grund und Boden für die Leonhardskirche den Frankfurter Bürgern, die hier zum ersten Mal genannt werden, schenkt, so mag er an diese seine Meliores gedacht haben, die unmittelbar darauf die Kirche stifteten. Für die enge Bindung an die damaligen ritterbürgerlichen »Westendbewohner« spricht auch St. Georg als ursprünglicher Patron neben Maria[7]. Auf dem Karmeliterhügel war somit nicht nur ein neues Stadtviertel entstanden, sondern auch ein Gegengewicht gegen den Altfrankfurter Kern auf dem Domhügel um das Salvatorstift, das als ursprünglich karolingische Pfalzkapelle längst dem Reich entglitten, unter Mainzer Einfluß geraten und besonders in spätstaufischer Zeit Heimstatt einer antistaufischen Partei geworden war. Dabei hat die Forschung nie klären können, wie das ursprüngliche Pfalzgebiet um den Dom dem Reich entfremdet werden konnte. Dort hatten Handel und Handwerk bereits um 1100 alle karolingischen Grundrisse überbaut, so daß die Staufer sich für ihre Reichsburg einen neuen Platz, den heutigen Saalhof, an der Südwestecke der sich etablierenden Stadt suchen mußten.

Frankfurt ist damals aber nicht nur nach Westen, sondern auch nach Norden und Nordosten gewachsen, wo das Gelände zu einer ersten Terrasse ansteigt, die etwa durch Liebfrauenberg und Töngesgasse bezeichnet wird. Der natürliche, älteste Stadtgraben, der den Domhügel nordwärts schützende Mainarm der Braubach, wurde zugeschüttet oder richtiger überbaut, denn eine cloaca maxima, die sogenannte »Antauche«, blieb als mittelalterliche Kanalisation erhalten und ist auch heute noch Trasse für den Frankfurter Hauptsammler. Im Osten griff die staufische Stadterweiterung nur geringfügig über den Domhügel hinaus, da hier das Gelände rasch in die sumpfige und besonders hochwassergefährdete Niederung des Fischerfeldes überging, das erst im letzten Jahrzehnt der Reichsstadt für ein klassizistisches Stadtviertel aufgeschüttet wurde.

Die Hauptstraßen dieser ums Fünffache vergrößerten, um 1200 ummauerten spätstaufischen Stadt waren in Nord–Süd-Richtung von Ost nach West: Fahrgasse, Neue Kräme und Kornmarkt, von Süd nach Nord parallel zum Main: Mainzer Gasse/Saalgasse, Sandgasse/Schnurgasse und der vom Hirschgraben über die Bleidenstraße zur Töngesgasse längs der Mauer ziehende Straßenzug. Die wichtigsten Tore waren die Katharinenpforte (heute vor der Hauptwache), die Bornheimer Pforte (heute vor der Konstablerwache), der Brückenturm und das Fahrtor zum Römerberg. Die alte Mainzer Pforte im Südwesten wurde wegen der Nähe des hier später entstandenen Bollwerks schon bald geschlossen.

7 Wolfgang Klötzer und Gottfried Frenzel, St. Leonhard zu Frankfurt am Main, Königstein i. Ts. 1982, S. 4 ff.

Die staufische Stadt war eng bebaut, sie hatte wenig Plätze und so gut wie kein Stadtgrün. Schon nach wenigen Jahrzehnten war sie abermals zu eng geworden; Suburbien entstanden an den Ausfallstraßen, namentlich beiderseits der Eschersheimer und der Friedberger Straße. Gärtner fanden hier Platz für ihre Kulturen, und noch lange hießen die Vorstädter nur »ortulani« und die Neustadt selbst nur »in ortis«. Aber auch die aufblühende Tuchindustrie kam hier mit ihren Rahmhöfen (von »Rahmen« zum Aufspannen der Tücher) unter. Für Aufmärsche und militärische Übungen fand sich Gelände, das heute in Hauptwache und Roßmarkt weiterlebt, und für Viehmärkte, zum Beispiel auf der Zeil, die ursprünglich wegen des Glacis der Altstadtmauer nur nordseitig (Zeile!) bebaut werden durfte; aber auch Platz für Volksfeste gab es in der weiträumigeren Vorstadt, zum Beispiel vor der Bornheimer Pforte auf dem »Tanzplan«, aus dem später der Platz an der Konstablerwache wurde.

Hatte man gewiß um 1200 innerhalb der Staufermauer schon zwischen Alt- und Neustadt unterschieden, wofür wir nur keine Belege haben, so übertrug sich der Begriff »Neustadt« nun aber auf die Stadterweiterung des 14. Jahrhunderts, die nach der königlichen Privilegierung 1333 in der Ausdehnung der heutigen City ummauert wurde. Diese spätmittelalterliche Mauer, noch ohne das Zickzack der späteren bastionären Befestigung, die man im Verlauf des heutigen Anlagenrings erkennt, wurde 1428 mit dem Eschenheimer Tor und Turm abgeschlossen. Spätere Erweiterungen Frankfurts gehören der jüngeren Geschichte an. Wiederum drängte die Bevölkerung, vereinzelt im 18., stärker nach dem Fall der Befestigungswerke zu Anfang des 19. Jahrhunderts, massiert nach Aufhebung der Torsperre 1864 in die Gärten vor der Stadt, bis seit 1877 durch die Eingemeindungen von – bis 1974 – schließlich 31 Vororten die städtischen Wachstumsspitzen sich mit der Ausdehnung der Nachbargemeinden vereinigten.

Hatte Frankfurt am Main als Reichs- wie auch noch als Freie Stadt mit dem bebauten Gebiet von Frankfurt und Sachsenhausen und der bis etwa drei Kilometer vor die Stadt an die Landwehr reichenden Gemarkung 3197 Hektar, wozu noch 3508 Hektar Stadtwald und 3569 Hektar von acht Frankfurter Dörfern kamen, also insgesamt etwas über 10000 Hektar, so umfaßt die Stadtfläche heute 24900 Hektar oder 249 Quadratkilometer. Die Gliederungs- und Einteilungsprobleme sind mit wachsender Gebietsgröße nicht geringer geworden. Sie bestanden auch schon im 14. Jahrhundert. Wenden wir uns nun nach dieser Kurzbetrachtung der historisch-topographischen Entwicklung Frankfurts seiner Einteilung in die historischen Quartiere zu.

In der Frankfurter Sozialrevolution des frühen 17. Jahrhunderts plünderte eine aufgebrachte Menge am 22. August 1614 die Judengasse. Wieder einmal hatte sich der latente Antisemitismus der Bürgerschaft wie schon 1240 und 1349 in einem Pogrom entladen, das, wenn es diesmal auch kein Menschenleben kostete, doch, wie später errechnet wurde, jüdische Habseligkeiten im Wert von 170000 Gulden vernichtete[8]. Erst nach Stunden war die bürgerliche Miliz willens oder in der Lage, die Ruhe wiederherzustellen, Grund genug für den Rat, die Ordnung des städtischen Aufgebots

8 Friedrich BOTHE, Beiträge zur Wirtschafts- und Sozialgeschichte der Reichsstadt Frankfurt, Altenburg 1906, S. 98; Matthias MEYN, Die Reichsstadt Frankfurt vor dem Bürgeraufstand von 1612 bis 1614. Struktur und Krise (Studien zur Frankfurter Geschichte 15), Frankfurt a. M. 1980, S. 37 ff.

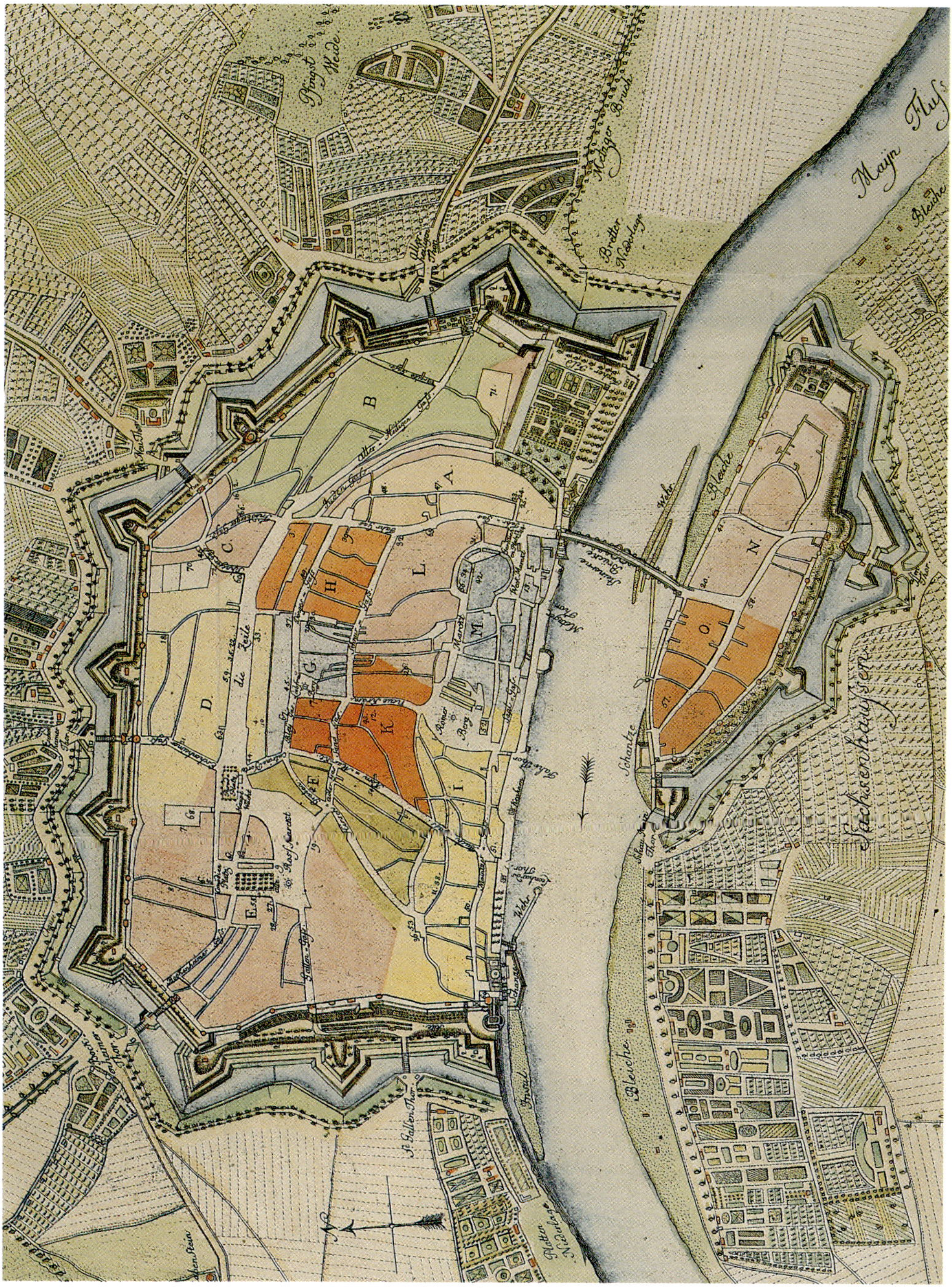

Abb. 1 Die Quartiere der Stadt Frankfurt am Main im Stadtplan von J. S. Walwert, 1792

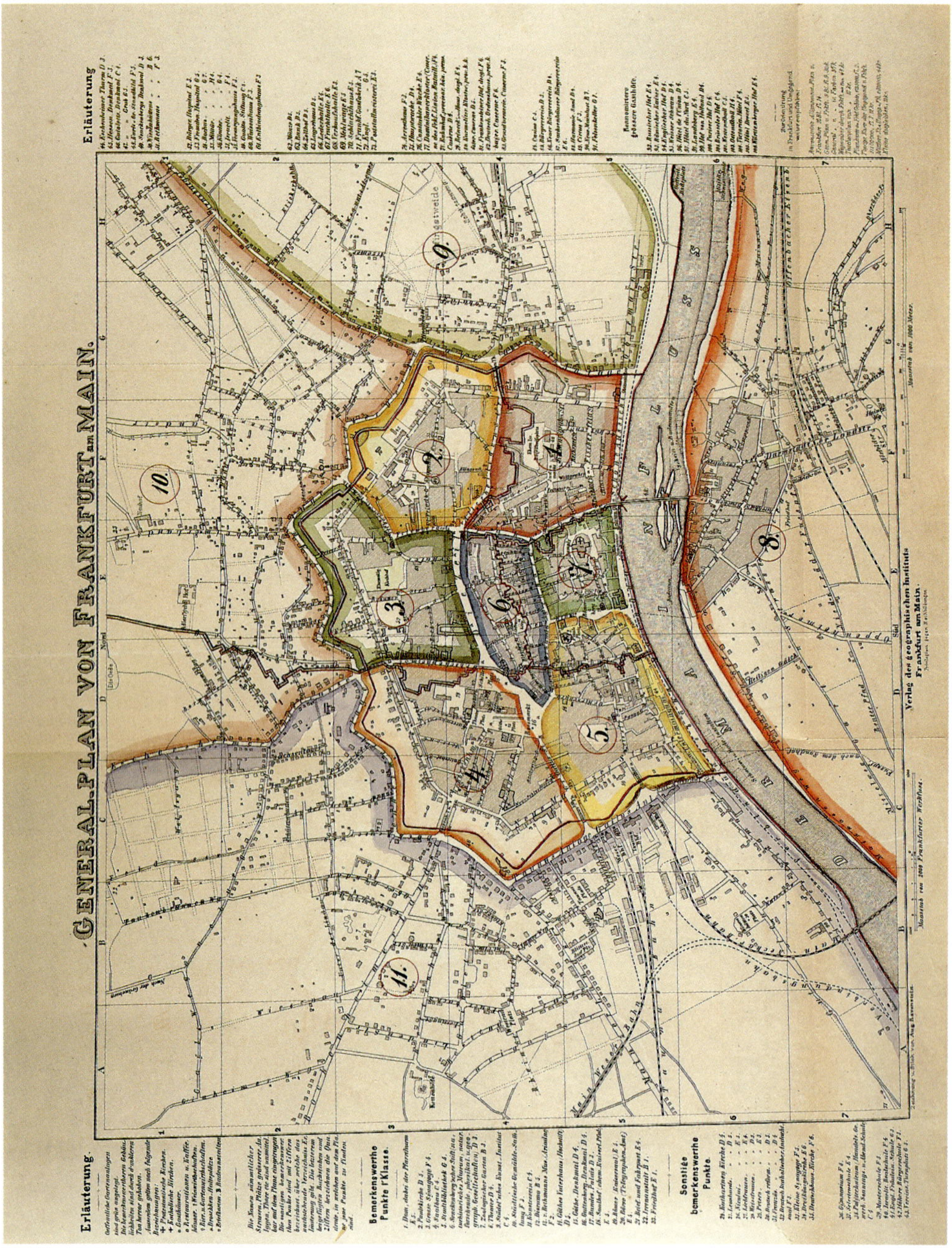

Abb. 2 Wahlbezirke 1868

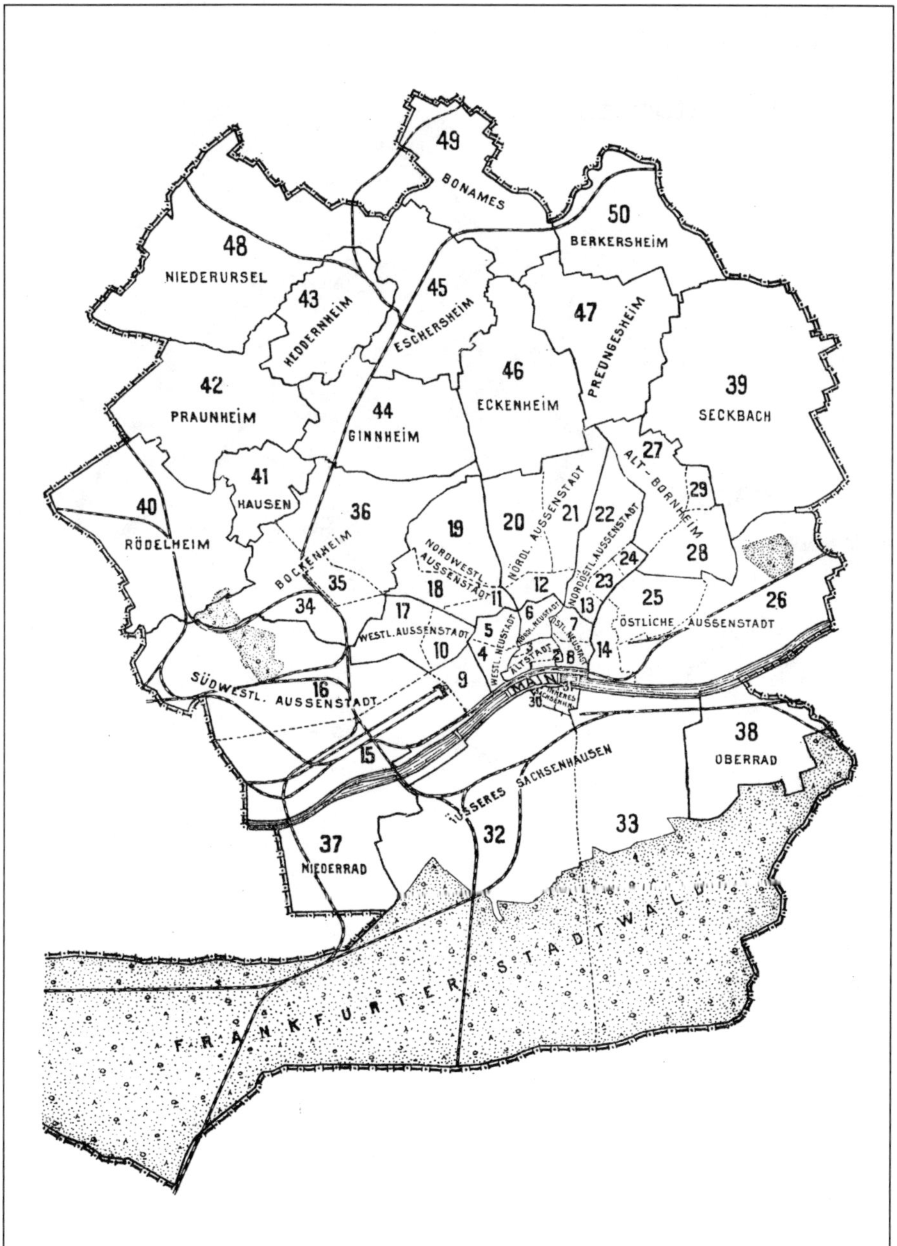

Abb. 3 Stadtbezirke 1910

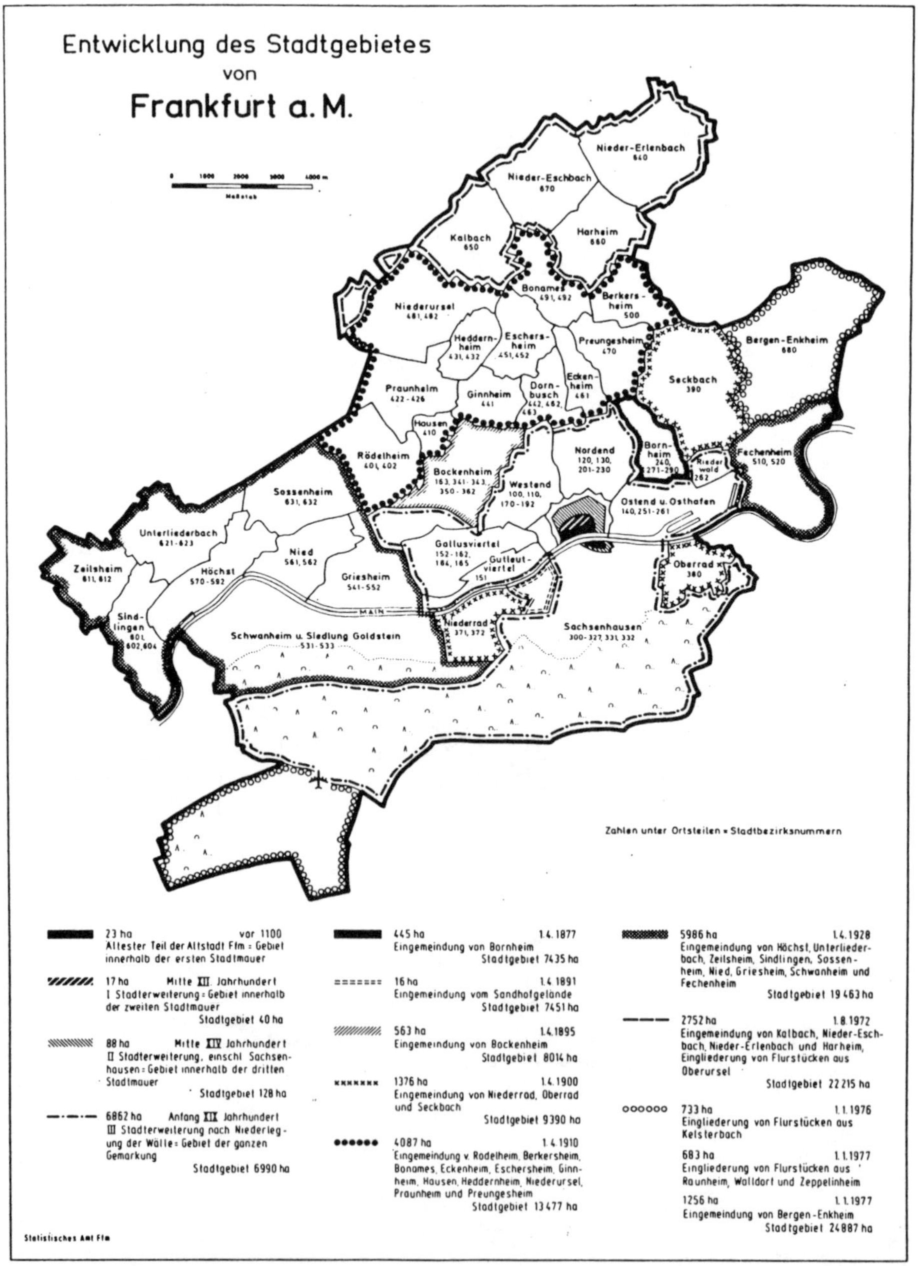

Abb. 4 Entwicklung des Stadtgebietes von Frankfurt am Main

Abb. 5 Stadtteile 1985

auf eine andere Grundlage zu stellen. Bisher war die Stadt innerhalb ihrer Mauern aus steuerlichen, polizeilichen und wehrtechnischen Gründen in nur wenige topographische Bezirke eingeteilt, die Altstadt und die Neustadt jeweils in eine Ober- und Niederstadt, Sachsenhausen in Ober- und Niederhausen, entsprechend sprach man von Ober- oder Niederstädtern beziehungsweise von Ober- oder Unterhäusern[9]. Die willkürliche Trennungslinie verlief in der Altstadt vom Fahrtor am Rententurm zur Katharinenpforte an der Hauptwache und durch die Neustadt weiter zum Eschenheimer Turm, in Sachsenhausen längs der Brückenstraße vom Brückenturm zur Elisabethenkapelle. Einzig die Sachsenhäuser Linie blieb in der späteren Quartiereinteilung erhalten, wie überhaupt Ober- und Unterhausen sich auch in ihrer sozialen Schichtung bis ins 19. Jahrhundert unterschieden, indem dort mehr Gärtner und Fischer, hier mehr Gerber (Löher) ansässig waren.

Die Scheidung in obere und untere Stadtteile begegnet zuerst in den Zinsbüchern des Bartholomäusstiftes aus der Mitte des 14. Jahrhunderts[10], wo die Neue Kräme nur als vicus dividens, als Schiedsgasse, erscheint. Sie wird aufgegriffen von Bürgerbüchern und städtischen Gesetzen wie der Kriegsordnung von 1428[11], wo sich die Altstädter auf dem Samstagsberg, die Sachsenhäuser an der Elisabethenkapelle, in beiden Fällen also auf der Stadtteilgrenze, die oberen Neustädter vor der Bornheimer, die unteren vor der Katharinenpforte versammeln. Im städtischen Aufgebot führte der Schultheiß unter dem Reichsbanner die reisigen Söldner an, der Ältere Bürgermeister unter dem Stadtbanner aber die Bürgerschaft der oberen Altstadt, der Jüngere Bürgermeister die der unteren Altstadt, während der Oberstrichter die Sachsenhäuser befehligte. Die Neu-

9 Johann Georg BATTONN, Oertliche Beschreibung der Stadt Frankfurt am Main, 7 Bde., Frankfurt a. M. 1861–1875, hier Bd. 1, S. 130ff., Bd. 7, S. 24ff.; auch die Bürgerbücher verwenden mitunter die Zuordnung nach Ober- und Niederstadt, so z. B. 1378: Dietrich ANDERNACHT und Otto STAMM (Hg.), Die Bürgerbücher der Reichsstadt Frankfurt 1311–1400 und das Einwohnerverzeichnis von 1387 (Veröffentlichungen der Frankfurter Historischen Kommission 12), Frankfurt a. M. 1955, S. 104; Niederstadt und Oberstadt begegnen noch in den Gesetzen und Ratsverordnungen der frühen Neuzeit: BOTHE, Beiträge (wie Anm. 8); vgl. auch Harry GERBER, Die Stadt Frankfurt am Main und ihr Gebiet, in: Heinrich VOELCKER (Hg.), Die Stadt Goethes. Frankfurt am Main im XVIII. Jahrhundert, Frankfurt a. M. 1932, S. 17–50, hier S. 17f.

10 BATTONN (wie Anm. 9), Bd. 1, S. 131; die im Bartholomäusbuch I/19 des Stadtarchivs Frankfurt a. M. (StA Ffm.) enthaltene Stadtbeschreibung zuletzt hg. von Heinrich VON NATHUSIUS-NEINSTEDT, in: AFGK, 3. Folge 5, 1896, S. 1–54.

11 Abgedruckt bei Anton KIRCHNER, Geschichte der Stadt Frankfurt am Main, 2 Teile, Frankfurt a. M. 1807/10, Teil 1, S. 641f.; in anderem Zusammenhang (um 1435) bei Armin WOLF (Hg.), Die Gesetze der Stadt Frankfurt am Main im Mittelalter (Veröffentlichungen der Frankfurter Historischen Kommission 13), Frankfurt a. M. 1969, S. 309–317. Über die Einteilung der Stadt in bürgerliche Rotten vgl. einen Vermerk zu 1373 im Gesetzbuch 1 (WOLF, ebd., S. 129f.): *Auch hatte man vor cziiden die staid geruttet unde iglichen scheffen eynen gaszen oder me zu siner rutten gegebin*, anschließend die Klage, daß kaum zwei oder drei Mann im Ernstfall gekommen seien. Über die (recht willkürliche) Einteilung der Stadt in sieben Gerichtsbezirke vgl. WOLF, ebd., S. 270f. (etwa 1420). Die »Richter«, ein oberster und sechs andere, waren Polizeiorgane. Sie konnten in ihren »Pflegen« (Stadtbezirken) Bagatellsachen mittels Geldbuße selbst richten (zurechtrücken), hatten aber »Unfug und Frevel« dem eigentlichen Gericht, das den Schöffen oblag, zu melden (Armin WOLF, Gesetzgebung und Stadtverfassung, Frankfurt a. M. 1968, S. 19f.).

stadt war unter mehrere Hauptleute verteilt[12]. Diese frühe topographische Gliederung der Stadt überdeckten im späteren Mittelalter und in der frühen Neuzeit indes die Personalverbände der patrizischen Stubengesellschaften und der nach politischem Einfluß strebenden Zünfte, die unter der Zunftfahne auszogen, so daß für nichtzünftige Bürger und Beisassen in der Miliz nur wenige Rotten blieben. Diese hatten wie die Zünfte die ganze Stadt als Einzugsbereich, wodurch das rasche Aufgebot, namentlich bei Tumult und Aufruhr, an Effektivität verlor.

Damit argumentierte auch der Rat, als er am 25. Oktober 1614, nur zwei Monate nach dem verspäteten Eingreifen der Verbände in das Judenpogrom, *Eines Erbarn Raths Der Statt Franckfurt am Mayn Quartir Ordnung* erließ[13], die mit dazu beitrug, in Frankfurt die Macht der Zünfte endgültig zu brechen. Nach der Niederschlagung des Bürgeraufstandes und der Hinrichtung der Rädelsführer 1616 sanken sie zu bloßen Gewerbevereinen herab. Der Zusammenbruch der bürgerlichen Emanzipationsbewegung zu Anfang des 17. Jahrhunderts, auch bekannt als Fettmilchaufstand nach ihrem Führer, dem Lebküchler Vinzenz Fettmilch, hat den Rat denn auch gründlich den 1612 geschlossenen, 1613 vom Kaiser bestätigten Bürgervertrag vergessen lassen und die politischen Bestrebungen der bürgerlichen Basis im ganzen 17. Jahrhundert niedergehalten[14]. Was aber die Quartiereinteilung betrifft, so haben andere Städte schon früher ihren Vorteil erkannt, wie Basel 1388 beziehungsweise 1392 oder Straßburg zu Anfang des 15. Jahrhunderts. Andere Städte wie Nürnberg, Lübeck, Rostock und Hildesheim kannten überhaupt nur die Einteilung in Viertel, die wieder in Gassenhauptmannschaften zerfielen[15].

Schon gleich bei der Verhaftung Vinzenz Fettmilchs Ende November 1614 bewährte sich die neue Quartiereinteilung mit Feuersignalen und Straßensperren, so daß sich Fettmilch, seines Anhangs nicht mehr sicher, in seinem Hause, wo er sich verbarrikadiert hatte, ergab. Unbehelligt konnte man ihn am 2. Dezember in erzstiftisch-mainzischen Gewahrsam verbringen[16].

Wie können wir diese Quartiere fassen, zunächst topographisch, dann funktionell? Die Verordnung vom 25. Oktober 1614 besagt lediglich, daß *die Burgerschafft sowol in Franckfurt als zu Sachsenhausen in gewisse Quartir und in jedem Quartir je zehen Häusser oder Personen, die nehest aneinander wohnen, in ein Rott getheilt und unter derselben und anderen Rotten in jeder ein Rottmeister, auch sonsten in dem gantzen Quartir insonderheit Capitain und Befelchshaber verordnet werden sollen.* Aus Beschreibungen und Karten des 18. Jahrhunderts kennen wir indes die Bezirke[17], die

12 Kirchner, Ansichten (wie Anm. 1), Bd. 1, S. 217; Jung, Bürgermilitär (wie Anm. 1), S. 40; Martin Romeiss, Die Wehrverfassung der Reichsstadt Frankfurt am Main im Mittelalter, in: AFGK 41, 1953, S. 5–63, hier S. 13f.

13 Vgl. Anm. 1.

14 Soliday (wie Anm. 1), S. 13f.

15 Romeiss (wie Anm. 12), S. 14, 27.

16 Bothe, Geschichte (wie Anm. 1), S. 432f.

17 Vgl. Abb. 1: Plan der Roemisch kayserlichen freyen Reichs Wahl und Handel Stadt Franckfurth am Mayn und Gegend, 1792, kol. Kupferstich von J. S. Walwert (Ausschnitt); Friedrich Krug, Historisch-topographische Beschreibung von Frankfurt a/M. und seiner Umgegend, Frankfurt a. M. 1845, S. 148ff., mit den Häuser- und Einwohnerzahlen von 1840.

Abb. 6 Stadtbezirke 1985

sich – und das gilt es festzustellen – weder konsequent an die Wachstumsringe der Stadt noch – Sachsenhausen ausgenommen – an die Unterscheidung von oberen und unteren Stadtteilen anschlossen. So war die Stadt seit dem 17. Jahrhundert in 14 Stadtquartiere unterteilt, zwölf in Frankfurt, zwei in Sachsenhausen, die im 18. Jahrhundert mit den Buchstaben A bis O bezeichnet wurden, als im Siebenjährigen Krieg die Häuser innerhalb der Quartiere durchnumeriert wurden. A bis M lagen also rechts, N und O links des Mains. Das Quartier A umfaßte die Altstadt östlich der Fahrgasse, Quartier B das Allerheiligenviertel der Neustadt, jedoch beide nicht die Judengasse, die sich seit 1462 als Ghetto außenseitig an der staufischen Stadtmauer hinzog. Quartier C begriff die nördliche Neustadt um die Friedberger Gasse, D die nördliche Neustadt beiderseits der Zeil, E die Neustadt-West bis zum neuen Bockenheimer Tor (heute Opernplatz), F Alt- und Neustadt beiderseits des Hirschgrabens, G Altstadt-Nord um den Liebfrauenberg, H Altstadt-Nordost beiderseits der östlichen Töngesgasse, I den Karmeliterhügel, jedoch über den Römerberg hinaus, K das Gebiet um und nördlich der Barfüsser-, heute Paulskirche, L die staufische Erweiterung über die Braubach-Ost bis zur Schnurgasse, jedoch schon am Alten Markt beginnend, M den reduzierten Altstadtkern auf dem Domhügel, N Ober- und O Unterhausen, das heißt die beiden Teile Sachsenhausens.

Die Quartiergröße war sehr unterschiedlich und schwankte zunächst um 200 Häuser und 800 Seelen bei einer Bevölkerungszahl von wenig mehr als 10000, die in Frankfurt für die frühe Neuzeit anzusetzen ist. Frauen, Kinder, Privilegierte, Gebrechliche und Kranke abgezogen, waren in einem Quartier jedoch kaum mehr als 150 einsatzfähige Männer auf die Beine zu bringen. So ist der anonyme Zettel zu verstehen, der einer Akte[18] des 18. Jahrhunderts beiliegt und folgendermaßen lautet: *In dem löblichen 4. Quartier (D) seindt in allem 216 Häußer, darunter ist begriffen der Darmstädtische Hoff, der Viehhoff, daß Rothe Hauß, die 3 Könige, das fürstlich Taxische Hauß, daß alte von Caybische Hauß, daß Stertzbachische Hauß, daß Catharine Closter, von dennen viellen Rathsherrn undn Junckerische Häußer will nichts melden. Seindt aber 79 gantz freye Häußer, darinnen 105 Fammillien, so keine Servies Gelt geben, auch keine Wacht tuhn, ferner 37 Mann, so Reuther, Constabel und der bürgerlichen Wachten befreyet sein. Weiter seindt 78 Witweiber in dießem Quartier. Nun gebe einem jeglichen vernünfftigen Menschen ein solches zu überlegen!* Trotzdem, der Ansatz war gut, zumal Mittelstand und Unterschichten sich bald mit ihrem Quartier identifizierten, was gemeinschaftsbildend wirkte und sich vor allem in den Verfassungskämpfen des 18. Jahrhunderts, wovon noch zu sprechen sein wird, auszahlte.

In den Quartieren vermischten sich polizeiliche Aufgaben mit dem Feuerschutz, verwaltungstechnische mit militärischen, politische mit genossenschaftlichen. Auf die

18 StA Ffm., Akten der 51er, 1116.

Brunnengenossenschaften[19] einzelner Straßen und auf die Bruderschaften[20] an einzelnen Kirchen, beides Vehikel der Nachbarschaftspflege und Sozialgemeinschaft, will ich hier nicht näher eingehen.

Die Organisation der in einem jeden Quartier aufgestellten Bürgerkompanien war die einer paramilitärischen Miliz, die administrativ und finanziell mit dem Kriegszeugamt kooperierte, im Kriegseinsatz aber nie Verwendung fand. Wo die Stadt in der Neuzeit ihre Matrikularpflichten erfüllen mußte, tat sie es mit Söldnern. Selbst in den Bedrängnissen französischer Okkupationen des späteren 18. Jahrhunderts haben die Bürgerkompanien keinen einzigen Schuß abgegeben. Sie verschossen ihr Pulver lediglich im Repräsentieren bei festlichen Anlässen. An der Spitze des Quartiers und somit der Bürgerkompanie stand der Bürgerkapitän, ihm zur Seite Leutnant und Fähnrich, alles honorige Mittelstandsbürger, die der Anciennität nach aufstiegen, wenn sie nur erst einmal den Sprung ins Oberoffizierskorps als Fähnrich geschafft hatten, was mit großem finanziellem Einstand verbunden war. 1803 kostete eine Fähnrichsmahlzeit, ein großes Quartiersgelage, womit die Charge erkauft wurde, nicht weniger als 2000 Gulden[21]. In der Regel wurde nach dem Tode des Kapitäns der älteste der Unteroffiziere, die als richtige Offiziere galten, gefragt, ob er als Fähnrich nachrücken wolle. Konnte oder wollte er nicht, war der nächstjüngere Unteroffizier an der Reihe und so weiter. Die eigentlichen Unteroffiziere waren die Rottmeister. Während Offiziere und Unteroffiziere in Montur und Waffen, für die sie selbst aufkamen, glänzten, taten die Gemeinen meist in Zivilkleidern Dienst, die Leibschützen, das waren die Ordonnanzen, Adjutanten, Tamboure (bis zu vier) und der Fahnenjunker ausgenommen. Dieser trug die Quartiersfahne, von denen einige schöne Beispiele des 18. Jahrhunderts, auf Seide gemalt, mit Stadtadler, Devise und Wappen der Offiziere erhalten sind[22]. Der Fähnrich bewahrte sie lediglich in seinem Hause auf.

19 Siegfried NASSAUER, Was die Frankfurter Brunnen erzählen, Frankfurt a. M. 1921; Friedrich BOTHE, Brauch und Sitte im alten Frankfurt, Frankfurt a. M. 1941, S. 28 ff.; Heinz LENHARDT, Feste und Feiern des Frankfurter Handwerks (AFGK, 5. Folge 1, Heft 2), Frankfurt a. M. 1950, S. 101 ff.; William Freiherr VON SCHRÖDER, Alt-Frankfurter Brunnenfahrten, in: DERS., Das Geheimnis der Bethmännchen und andere Frankfurter Merkwürdigkeiten, Frankfurt a. M. 1966, S. 45–48.

20 LENHARDT (wie Anm. 19), S. 107; Frank GÖTTMANN, Handwerk und Bündnispolitik. Die Handwerkerbünde am Mittelrhein vom 14. bis zum 17. Jahrhundert (Frankfurter Historische Abhandlungen 15), Wiesbaden 1977, S. 282 f.; Kurt WESOLY, Lehrlinge und Handwerksgesellen am Mittelrhein. Ihre soziale Lage und ihre Organisation vom 14. bis ins 17. Jahrhundert (Studien zur Frankfurter Geschichte 18), Frankfurt a. M. 1985, S. 306 ff. Gemeinschaftsbildend wirkten auch die mehr schlecht als recht geführten Quartierschulen, die erst 1824 aufgelöst wurden. Zuweilen waren auch Frauen Leiterinnen solcher Schulen (Hermann DECHENT, Kirchengeschichte von Frankfurt am Main seit der Reformation, Bd. 1, Frankfurt a. M. 1913, S. 252).

21 GROTEFEND (wie Anm. 1), S. 59. Eine solche Fähnrichsmahlzeit beschreibt eingehend Johann Heinrich Merck in einem Brief an Anna Amalia von Weimar vom 7. Februar 1780. Sie wurde im Ersten Hotel der Stadt, im Roten Haus auf der Zeil, von dem Tapetenfabrikanten Johann Andreas Benjamin Nothnagel gegeben: Hans Gerhard GRAF (Hg.), Johann Heinrich Mercks Briefe an die Herzogin-Mutter Anna Amalia und den Herzog Carl Heinrich von Sachsen-Weimar, Leipzig 1911, S. 33–38.

22 Die Fahne des 8. Quartiers von 1743 abgebildet in: Bernhard MÜLLER, Bilderatlas zur Geschichte der Stadt Frankfurt am Main. Frankfurt a. M. 1916, Neudruck 1976, S. 123, beschrieben bei Franz LERNER, Bilder zur Frankfurter Geschichte, Frankfurt a. M. 1950, S. 220. Die Fahne

Eine Monturvorschrift des 11. Quartiers ist aus dem Jahr 1797 auf uns gekommen[23]. Dort bestand die Uniform aus einem blauen Klappenrock mit gelben Knöpfen, auf der rechten Schulter eine goldene Epaulette, paille-gelber, das heißt strohgelber Weste mit daumenbreiter goldener Tresse, schwarzen Beinkleidern, weißen seidenen Strümpfen, einem Hut mit goldener Rosette und goldener Schleife und Knopf mit schwarzer Kokarde. Weiter heißt es: *Denen Herren Oberofficiers bleibt die Auszierung ihrer Uniformen nach beliebigem Geschmack überlassen, jedoch bleibt die Farbe des Rockes blau und die der Weste paille-gelb festgesetzt, Adjutant und Fahnenjunker tragen zum Unterschied 2 Epaulettes und paille-gelbe Beinkleider.* Wer diese Herren waren, die als Honoratioren unterhalb der Privilegiertenschicht ihrem Quartier vorstanden, verdeutlicht die Offiziersordnung[24] des 11. Quartiers vom 6. Juli 1797: Kapitän ist ein Bäckermeister, Fähnrich der Wirt zum Großen Faß. Das Unteroffizierskorps setzt sich zusammen aus drei Bierbrauern, zwei Gastwirten, zwei Manufakturwarenhändlern und je einem Tabakfabrikanten, Bäckermeister, Schneidermeister, Uhrmacher, Zinngießer, Schuhmacher, Glaser, Bender, Konditor und Bürstenbinder.

Wie sehr sich diese Quartiervorstände als wirkliche, auch politische Repräsentanten der Bürgerschaft fühlten, nachdem erst einmal die politischen und wirtschaftlichen Depressionen des 17. Jahrhunderts überwunden waren, zeigt nicht nur die Rolle, die sie in der Verfassungsreform[25] des 18. Jahrhunderts spielten, sondern noch ihre Vorstellung bei Kaiser Franz II., als er 1813 Frankfurt besuchte, und ihr Appell an den zuletzt 1792 in Frankfurt Gekrönten, er möge als deutscher Kaiser die Frankfurter Verfassung restituieren[26].

War der Erfolg der Quartiere von Anfang an in militärischer Hinsicht mehr als fragwürdig, so rückten sie durch die gern gepflegten Repräsentationsaufgaben schon im 18. Jahrhundert gefährlich in die Nähe heutiger Karnevalkorps, die ja auch tatsächlich in ihnen wurzeln. Aber im Wachdienst und Feuerschutz haben sie wichtige Gemeindeaufgaben wahrgenommen und erfüllt. Auch zu Schanzarbeiten, jedoch gegen Lohn, wurden die Quartierbürger und -beisassen, zeitweilig auch Frauen und Kinder, beim Ausbau der bastionären Befestigung im Dreißigjährigen Krieg eingesetzt. 1632 waren täglich zwei Quartiere am Fischerbollwerk beschäftigt[27], doch verschwanden viele der Eingesetzten während der Arbeit und vergnügten sich auf dem nahen Schießplatz. Deshalb erhob der Rat zu Zeiten lieber eine Kopfsteuer zur Anstellung von Lohnarbeitern.

des 11. Quartiers von 1745 abgebildet und beschrieben in: Adolf Feulner, Der Frankfurter Adler, Frankfurt a. M. 1935, S. 32, 50. Die Fahne des 10. Quartiers von 1790 in Farbe abgebildet in dem Lieferungswerk »Frankfurt-Archiv«, Braunschweig 1981–89, F 05026, und beschrieben von Bernhard Reichel.

23 Grotefend (wie Anm. 1), S. 60.

24 Ebd., S. 63.

25 Römer-Büchner, Hohenemser, Soliday, Koch (wie Anm. 1).

26 Jung, Bürgermilitär (wie Anm. 1), S. 50; ausführlich mit den Texten bei Georg Ludwig Kriegk, Geschichte von Frankfurt am Main in ausgewählten Darstellungen, Frankfurt a. M. 1871, S. 538 ff.; vgl. auch Richard Schwemer, Geschichte der Freien Stadt Frankfurt am Main, Bd. 1, Frankfurt a. M. 1910, S. 6 f.

27 Emil Padjera, Die bastionäre Befestigung von Frankfurt a. M., in: AFGK, 3. Folge 12, 1920, S. 256.

Strenger als das Schanzen, wo man längere Pausen und selbst Tanzvergnügen nachsah, *um das Gesindlein lustig und willig zur Arbeit* zu erhalten[28], war der Wachdienst geregelt. Die Quartiere wachten abwechselnd an den Toren, in Kriegszeiten, wenn die Stadtsoldaten ausgezogen waren, auch auf den Wällen und patrouillierten nächtlich, vor allem winters, in den Quartierstraßen. Nach der Wachordnung[29] des Kriegszeugamts vom 28. Dezember 1799 trifft sich das Kommando um 9 Uhr abends in der Wachstube des Quartiers, wo die Einteilung vorgenommen wird. Um 10 Uhr rückt die erste Patrouille aus *und durchgeht sowohl die Hauptstraßen als Nebengäßchen des Quartiers. Haben die Patrouillen besonders darauf Acht zu geben, daß kein liederliches Gesindel auf der Straße sich aufhalte, sowie sie denn auch diejenigen, welche die nächtliche Ruhe durch Lärmen und andern gefährlichen Unfug stören, nötigenfalls in Arrest zu nehmen und auf die Hauptwache zu bringen hiermit befehligt werden.* Sie versehen aber auch Dienste, die heute den Wach- und Schließgesellschaften überlassen bleiben: Sie achten darauf, daß Häuser und Läden verschlossen sind, achten auf schlecht verwahrtes Feuer und Licht und betätigen im Winter die Pumpen, damit sie nicht einfrieren. *Haben die Patrouillen darauf zu sehen, ob die Nachtwächter munter auf ihrem Posten sind und ihre Schuldigkeit tun, desgleichen ob die Türmer alle Viertelstunden richtig pfeifen, die Uhr präzise anschlagen und ob auf den Straßen die Laternen ordentlich brennen.* Kommt eine Patrouille in die Wachstube zurück, macht sich die nächste auf, und so fort, bis der Offizier den Nachtdienst aufhebt.

Bis zur Einrichtung einer stadtübergreifenden Feuerwehr 1812 unter Großherzog Dalberg oblag den Quartieren auch der aktive Feuerschutz, wobei die Anschaffung einer Feuerspritze in den Quartieren finanziell recht hoch zu Buche schlug und nur durch Quartierumlagen und Spenden bewerkstelligt werden konnte. Die Feuerordnung[30] sah vor, daß im Falle eines Brandes nicht das betroffene Quartier selbst löschte, da die Quartiereinwohner zunächst für die Sicherheit ihrer Häuser sorgen sollten. Es

28 Ebd.

29 BEYERBACH (wie Anm. 1), S. 1687ff.; vgl. GROTEFEND (wie Anm. 1), S. 86. Wachordnungen gab es seit 1621 und wurden mehrmals renoviert. Die 1688 erneuerte von 1669 abgedruckt bei Achilles Augustus VON LERSNER, Der Weit-berühmten Freyen Reichs-, Wahl- und Handels-Stadt Franckfurt am Mayn Chronica, Bd. 1, Frankfurt a. M. 1706, S. 419ff.; vgl. auch MORITZ (wie Anm. 1), S. 443. – Das als Ablösung erhobene Wachgeld war nicht leicht einzufordern, und viele Einwohner sträubten sich unter den fadenscheinigsten Gründen, Wachgeld zu zahlen (StA Ffm., 51er Akten, 1116, hier auch die Liste eines Quartiers Anfang des 18. Jahrhunderts). Andererseits wurde der Wachdienst mit 6 Gulden im Quartal bezahlt (1729). Bürgerliche Wachen standen 1726 an folgenden Punkten: Brückenturm (1), Leinwandhaus (4), Falken (4), Weißer Hirsch (4), Kornmarkt (4), Liebfrauenberg (4), Goldenes Herz (4), Johanniterhof (4), Wolsches Haus (4), Pfarreisen (4), Mainzer Turm (1), Sachsenhausen (4), Eschenheimer Turm (1), Katharinenpforte (4), Zeil (4), Galgenturm (1), Roßmarkt (4) (ebd.), wobei man bedenken muß, daß die neuralgischen Punkte überhaupt bzw. außerdem von Stadtsoldaten besetzt waren. – Über den Nachtdienst vgl. auch BOTHE, Brauch (wie Anm. 19), S. 95.

30 Eines Hoch-Edlen und Hochweisen Raths des Heil. Reichs Stadt Franckfurth anderweith erneuerte und verbesserte Feuer-Ordnung. Franckfurth a. M. 1728, bes. § 59. – MORITZ (wie Anm. 1), 2. Teil, S. 244. Betreffs der Kollekte des 13. Quartiers zu einer Feuerspritze vgl. StA Ffm., 51er Akten, 1116 (1726). 1801 verlangt das 2. Quartier eine Feuerpumpe an den Rechneigraben (StA Ffm., Rechnei vor 1816, 222). Hier wird das Quartier auch »Nachbarschaft des Allerheiligentors« genannt.

war aber veranlaßt, daß sich aus den übrigen Quartieren im Wechseldienst ständig zwei Kapitäne, zwei Leutnants, zwei Fähnriche und 250 Mann als freiwillige Feuerwehr bereithielten und im Brandfall alsbald anrückten.

Auch Verwaltungsaufgaben erfüllten die Quartiervorstände ähnlich den mittelalterlichen Bedemeistern und den späteren Bezirksvorstehern: Sie führten die Quartierrolle, das heißt ein Einwohnerverzeichnis, und hielten sie auf dem laufenden. Dem Schatzungsamt dienten die Quartierrollen als Grundlage zur Erhebung der Schatzung, der Vermögenssteuer. Die Rollen waren aber auch Melderegister; so wurden die Fremden, die sich im Quartier einmieteten, kontrolliert und veranlaßt, sich alsbald zur »Permission« beim Rat anzumelden. Für die Verwaltungsaufgaben kassierte der Quartiervorstand eine Abgabe, das Quartiergeld, teils als eigene Revenue, das heißt Aufwandsentschädigung, teils zur Abführung an das Kriegszeugamt. Von dem Batzen, den man dem Leibschützen monatlich einfach aus dem Fenster warf, hieß der Quartiervorstand des 19. Jahrhunderts, der für seine Person mit Errichtung der kasernierten Stadtwehr 1812 die Auflösung der Bürgerwehr überstanden hatte, nur noch der Batzenmajor[31]. Zu dieser Zeit aber hatte auch das 1821 uraufgeführte bürgerliche Lustspiel[32] von Karl Malß, »Der Bürgerkapitän oder die Entführung«, eine Institution dem Belächeln preisgegeben, die zwei Jahrhunderte lang das Frankfurter Bürgertum an der Basis organisiert und selbst zu politischem Kampf ermuntert hatte.

Das Präsentationsgehabe bei den verschiedensten Solennitäten des 18. Jahrhunderts, wie Wahl und Krönung, Besuch hoher Herrschaften usw. – wobei die Quartiere jeweils Spalier standen –, mochte aber auch damals schon ans Komische grenzen, wenn man sich die spießbürgerliche Undisziplin – denn Exerzierübungen gab es kaum – und die Überalterung der Chargen vorstellt. Den jungen Goethe hat 1764 *auf dem großen Platze, dem Römerberg, die sämtliche Bürgerschaft nach ihren verschiedenen Graden, Abstufungen und Quartieren, und zu letzt das übrige Militär* beeindruckt[33], und er meint auch die Formationen der Quartiere, wenn er *das von der Bürgerschaft in den Gassen aufgestellte Spalier* erwähnt[34]. Aber welch ein Bild mußte die Vertretung des 3. Quartiers 1790 bei der Krönung Leopolds II. abgegeben haben, als der Kapitän 90 Jahre und blind war, der Leutnant 87 und der Fähnrich 77 Lenze zählten. Doch Leutnant und Fähnrich befanden sich, wie die betreffende Nachricht ausdrücklich hervorhebt[35], bei ihren Jahren noch ziemlich munter und haben ihren Dienst möglichst versehen.

31 BOTHE, Brauch (wie Anm. 19), S. 110; Frankfurter Wörterbuch (wie Anm. 6), S. 282. Der Frankfurter Maler Karl Theodor Reiffenstein beschreibt in seinen Jugenderinnerungen anschaulich, wie noch in den dreißiger Jahren des 19. Jahrhunderts das Quartiergeld eingesammelt wurde: Hans LOHNE, Frankfurt um 1850, Frankfurt a. M., S. 16.

32 Carl Balthasar MALSS, Die Entführung oder der alte Bürger-Capitain. Ein Frankfurter Heroisch-Borjerlich Lustspiel, Frankfurt a. M. 1820, Neudruck in: Waldemar KRAMER (Hg.), Ausgewählte Frankfurter Mundart-Dichtung, Frankfurt a. M. 1966, S. 127–182; vgl. auch Eduard BEURMANN, Frankfurter Bilder, Mainz 1835, S. 326 ff.

33 Johann Wolfgang VON GOETHE, Aus meinem Leben. Wahrheit und Dichtung, in: Karl GOEDECKE (Hg.), Goethes Sämmtliche Werke, Bd. 9, Stuttgart 1872, S. 146 (Erster Teil, 5. Buch).

34 Ebd., S. 149; vgl. auch Heinz SCHOMANN, Kaiserkrönung, Dortmund 1982, S. 17.

35 JUNG, Bürgermilitär (wie Anm. 1), S. 46.

Voller Stolz berichtet das Protokoll des 11. Quartiers von seinem hundert Mann starken Auszug zum Spalier für Napoleon und Josephine, als das Kaiserpaar im Dezember 1806 Frankfurt besuchte und die Offiziere des 11. Quartiers sogar vor dem Schlafgemach der Kaiserin im Thurn-und-Taxis-Palais Ehrenwache halten durften[36], oder vom »Bürgerlichen Offiziersfest« im April 1808 zu Ehren des Fürsten Dalberg, als man im Theater und in der hinzugenommenen Reitbahn in einer rauschenden Ballnacht 2000 Gäste bewirtete[37], oder aber auch vom Leichenbegängnis des Bürgerkapitäns Willemer[38]: Man trug Florschärpen und Degenmanschetten; Kreuzträger war der Adjutant, den links und rechts ein Tambour mit bedecktem Haupt und langem Flor am Hut begleitete. *Der Leichenwagen, an beiden Seiten der Degen mit Porte-Epée nebst der Ober-Officiers-Degen-Koppel und dem Stock angeheftet; im Leichenwagen über dem Sarg war der militärische Hut aufgestellt; zu beiden Seiten des Wagens die zwei Leibschützen mit bedecktem Haupt und langem Flor am Hut; hierauf folgten zwölf Officiere als Träger, etwas geschlossener als bei gewöhnlichen Leichen.* Es war wirklich die Elite der nichtprivilegierten Bürgerschaft, die sich innerhalb der Quartiere so zur Schau stellte. Im 19. Jahrhundert entstanden in Vereinen und Parteien andere Strukturen[39], obschon der ehemalige Bürgerkapitän nunmehr als Quartiervorstand im Majorsrang mit statistischen und fremdenpolizeilichen Aufgaben betraut war und vor allem als Wahlvorstand bei den Urwahlen zur Gesetzgebenden Versammlung bis zum Ende der freistädtischen Zeit erhalten blieb[40].

Nur einmal in ihrer zweihundertjährigen Geschichte sind die Quartiere politisch aktiv gewesen, und zwar mit nachhaltigem Erfolg, nachdem sie schon mehrfach zuvor, da aber vergeblich, die Einlösung des Bürgervertrags von 1612/13 angemahnt hatten.

Als der Rat Anfang des 18. Jahrhunderts im 8. Quartier die Einsetzung eines Bürgerkapitäns erzwingen wollte, scheute sich die Frankfurter Bürgerschaft nicht, bis vor den Reichshofrat zu gehen und dabei auch auf eine allgemeine Reform der Frankfurter Verwaltung zu dringen[41]. Die Gravamina prangerten vor allem an: Nichtbeachtung des Bürgervertrags und der Judenstättigkeit, Kauf und Erschleichung von Ämtern, Günstlingswirtschaft, Bestechlichkeit, Verschleuderung städtischen Gutes, Verweigerung der Justiz, Willkür in der Besteuerung und schließlich auch Begünstigung der Juden. Der so vehement gegen den Rat focht, war der Sachsenhäuser

36 GROTEFEND (wie Anm. 1), S. 136ff.

37 Ebd., S. 164f.

38 Am 6. Januar 1810; S. 181ff.; vgl. allgemein BOTHE, Brauch (wie Anm. 19), S. 89.

39 Vgl. Heinrich MEIDINGER, Frankfurts gemeinnützige Anstalten, 2 Bde., Frankfurt a. M. 1845/56.

40 Abschaffung der Quartiervorstände durch Ratsbeschluß vom 1. Juni 1866 (Robert SCHROTZENBERGER, Francofurtensia. Aufzeichnungen zur Geschichte von Frankfurt am Main, 2. Aufl., Frankfurt a. M. 1984, S. 193), also noch vor der preußischen Okkupation am 16. Juli 1866. Vgl. auch KRUG (wie Anm. 17), S. 149f.

41 Der Frankfurter Verfassungskampf des 18. Jahrhunderts ist vielfach dargestellt und analysiert worden; vgl. RÖMER-BÜCHNER, HOHENEMSER, SOLIDAY, KOCH (wie Anm. 1), aber auch die Zusammenfassungen bei BOTHE, Geschichte (wie Anm. 1), S. 476ff., und Otto RUPPERSBERG, Der Aufbau der reichsstädtischen Behörden, in: VOELCKER (wie Anm. 9), S. 51–82. Viele Einzelheiten bei Paul HOHENEMSER, Bürgerkapitän Fritsch und der Beginn des Frankfurter Verfassungskampfes 1705–1712, in: Alt-Frankfurt 2, 1910, S. 1–13.

Bürgerkapitän Johann Wilhelm Fritsch, Wirt und Gasthalter im Goldenen Rad, der eigens für vier Jahre nach Wien ging, um dort das Eisen im Feuer zu schüren, und nach eigenem Bekennen 40000 Gulden an persönlichen Mitteln für den Kampf »Frankfurt gegen Frankfurt« ausgegeben hat. Als er 1711 starb, war der zunächst gar nicht so sichere Sieg gewonnen: Durch Dekret vom 26. September 1712 wurden zwei kaiserliche Kommissionen, die politische und die Rechnungskommission, zur Untersuchung der Frankfurter Mißstände eingesetzt. Das Ergebnis zweijahrzehntelanger Untersuchungen bis 1732 war vor allem die Einsetzung von vier bürgerlichen Kontrollinstanzen sowie der bürgerlichen Gegenschreiber in den Ratsverwaltungsämtern.

Das Kolleg der Neuner, schon 1717 eingesetzt, erhielt die Aufgabe, alle Stadtrechnungen zu revidieren, Unstimmigkeiten dem Rat anzuzeigen und – *bei nicht erfolgter unverweilter Remedur* – an den Kaiser zu berichten. Dabei hatten je drei Vertreter eines jeden Quartiers mit ihren Bürgeroffizieren dem Rat 18 Kandidaten zu präsentieren, der aus ihnen neun Kollegsmitglieder auf sechs Jahre wählte. Später ging das Vorschlagsrecht auf die Einundfünfziger über, und die Amtszeit wurde auf 18 Jahre verlängert. Alle Jahre schieden drei Vertreter aus, für die Ersatz gewählt wurde.

Bedeutendere Zuständigkeiten erhielten die 1732 eingesetzten Einundfünfziger, der »Bürgerausschuß«, der schon in die Nähe eines Parlaments rückte. Auch seine Mitglieder wurden wie die Neuner zunächst aus der Bürgerschaft, das heißt durch die Aktivität der Quartiere, lebenslänglich gewählt, doch wurde bald Selbstergänzung zugestanden. Das Kollegium beaufsichtigte die gesamte städtische Verwaltung in allen Finanzfragen und deputierte seine Mitglieder in alle Ämter, die mit Geldeinnahme und -ausgabe zu tun hatten, und in die Stadtkanzlei. Die Einundfünfziger beorderten aber auch in jedes in Betracht kommende Amt einen oder zwei »Gegenschreiber« zur laufenden Überwachung der Amtsbücher und Rechnungen[42].

1725 entstand ein Dreierkolleg, die bürgerlichen »Dreier«, bestehend aus einem Graduierten und zwei anderen Bürgern, die die Rechtmäßigkeit von Rats- und Ämterwahlen zu kontrollieren und darüber den Einundfünfzigern zu berichten hatten. Auch sie wurden zunächst durch die Bürgeroffiziere und Quartiere, später durch die Einundfünfziger in doppelter Anzahl vorgeschlagen, aber nur für ein Jahr gewählt.

Zum Achtundzwanzigerkolleg, ebenso wie die Einundfünfziger zuletzt, 1732, eingesetzt, wählten die bürgerlichen Offiziere aus jedem Quartier zwei Personen. Ihnen hatten die Neuner jährlich über ihre Revisionen und die Einundfünfziger über den Zustand der Verwaltung zu berichten, und sie hatten zu entscheiden, ob neu bewilligte Steuerauflagen noch weiter notwendig waren. Zwar verblaßte ihre Institution im Laufe

42 Die 51er, jetzt »Bürgerrepräsentation« genannt und auf 61 vermehrt, übten in freistädtischer Zeit alle Kontrollfunktionen aus und deputierten zum Rechnungsrevisionskolleg. Für ihre Ergänzungswahlen wurden nach der Konstitutionsergänzungsakte (Constitutions-Ergänzungs-Acte zu der alten Stadt-Verfassung der freien Stadt Frankfurt, Frankfurt a.M. 1817, § 51) wieder die Quartiere zuständig. Die Bürgerschaft eines jeden Quartiers wählte unter ihrem Quartiervorstand auf der Grundlage der Quartierlisten aus jedem Quartier drei Wahlmänner, alle Quartiere zusammen also 42. Diese, unter dem Vorsitz des Älteren Bürgermeisters und des Seniors der 51er (die jedoch kein Stimmrecht hatten), schlagen für jede vakante Stelle der 51er acht Kandidaten vor, darunter einen Gelehrten, einen Kaufmann, einen Rentner oder Ökonom, einen Handwerker, sonst nach freiem Ermessen. Es wählen die 51er. Die 42er werden alle zwei Jahre neu aufgestellt.

des 18. Jahrhunderts, indem die Quartiere einfach ihre ältesten Sergeanten zu den Achtundzwanzigern bestimmten, doch hat sie Dalberg im Zuge einer beabsichtigten Quartierrenovation nochmals zu einer wahrhaft demokratischen Institution aufgewertet. Wie das Protokoll des 11. Quartiers überliefert[43] – was auch für die andern Quartiere gilt –, wurde auf Anordnung des Fürsten die Liste der 272 stimmfähigen Bewohner des Quartiers erneuert. Alle Wähler des Quartiers wurden für den 21. Mai 1807 auf den Römer bestellt, wo sie in anderthalbstündigem Wahlakt in Gegenwart des Fürsten mit ihren Stimmzetteln, die sie in einen roten Beutel warfen, die zwei Quartiersabgeordneten zu den Achtundzwanzigern wählten – gewiß eine späte Blüte quartierbürgerlicher Mündigkeit! Und die Achtundzwanziger selbst waren in der Tat eine Art Parlament, wenn auch ohne die Konsequenz unbestrittener Legislative. Aber sie wurden nach dem Dekret vom 26. Mai 1807 vom Fürsten zu bestimmten Sessionen auf den Römer berufen, um dort über Gegenstände zu beraten, welche das allgemeine Wohl der Frankfurter Bürgerschaft betrafen.

Es ist bekannt, daß Frankfurt am Main 1866 seine Freiheit verlor. Am 16. Juli 1866 besetzten preußische Truppen die Freie Stadt, obwohl sie in der Auseinandersetzung zwischen Preußen und Österreich keinen Schuß abgegeben hatte: Bismarck wollte die Mainlinie. Am 8. Oktober 1866 wurde Frankfurt auch verfassungsrechtlich in den preußischen Staat integriert. Nach anfänglicher Depression löste sich die Spannung im einzigartigen wirtschaftlichen Aufschwung Frankfurts zur Weltstadt im Deutschen Reich, den Bismarck vorausgesagt hatte. Aber die Zeichen standen schon früher auf Reform. Zwar war die demokratische Konstituante 1848/49 mit einer Frankfurter Verfassungsreform am Mißerfolg der bürgerlichen Revolution gescheitert, aber eine Reihe Organischer Gesetze beschritt in den fünfziger und sechziger Jahren den Weg zu einer Reform an Haupt und Gliedern, welche die verkrustete Gesellschaft der Freien Stadt so bitter nötig hatte[44].

Auch die Quartiervorstände, in denen die alten Bürgerkapitäne weiterlebten, hatten nun endlich ausgedient. Noch vor dem Einmarsch der Preußen wurden sie durch Ratsbeschluß vom 1. Juni 1866 aufgehoben[45]. Polizei- und Wahlrechtsreform hatten sie entbehrlich gemacht. Der letzte Bürgerkapitän, Schneidermeister Ignatz Rudolph, starb 1878, 77 Jahre alt. Derweil hatte das historisch-satirische, 1821 uraufgeführte Lustspiel von Carl Balthasar Malß, »Der alte Bürgerkapitän oder Die Entführung«, unter dem Hauptdarsteller Samuel Friedrich Hassel Hunderte von Aufführungen erlebt. Die Frankfurter erkannten darin ihre ebenso bürgerlich-behäbige wie beschaulich-idyllische Vergangenheit und belachten sich selbst[46].

Die moderne, sich rapide in einer Generation aufs Vierfache ausdehnende Groß-

43 GROTEFEND (wie Anm. 1), S. 152. Vgl. Maria BELLI-GONTARD, Leben in Frankfurt am Main, Bd. 9, Frankfurt a. M. 1850, S. 75 ff.

44 BOTHE, Geschichte (wie Anm. 1), S. 667 ff.; Wolfgang KLÖTZER, Die Freie Stadt Frankfurt am Main, in: Thomas KLEIN (Hg.), Grundriß der deutschen Verwaltungsgeschichte 1815–1945, Reihe A: Preußen, Band 11: Hessen-Nassau, Marburg 1979, S. 234–284, hier bes. S. 277 ff.

45 Vgl. Anm. 40.

46 Vgl. den »Nachbericht« von Carl GEBHARDT im Neudruck des »Bürgerkapitäns«, Frankfurt a. M. 1921, S. 129–194.

stadt konnte indes der topographischen und administrativen Gliederung nicht entbehren. Schon 1867 wurde Frankfurt in sieben Polizeireviere eingeteilt[47], wenn auch ohne größere Rücksicht auf organische Grenzen und gewachsene Strukturen. Immerhin deckten sich die Reviere 1–4 mit der Innenstadt einschließlich Altstadt; 5 und 6 teilten sich in die Außenstadt beiderseits des Oeder Wegs; 7 lag in Sachsenhausen. An die Grenze der Polizeireviere schlossen sich die durch § 67 des Gemeindeverfassungsgesetzes 1867 eingeführten sieben Ortsbezirke an, die aus statistischen, wahltechnischen und steuerpraktischen Gründen gebildet wurden[48]. Sie machten auch die Grenzänderungen und Vermehrung der Polizeireviere 1874 und mit der Eingemeindung von Bornheim 1877 die Vermehrung auf neun mit. Als aber 1888 die völlige Neugliederung der Polizeireviere anstand[49], koppelte sich die Verwaltung ab. 1891 wurde die Stadt völlig neu in 33 Stadtbezirke eingeteilt[50], die sich mit den folgenden Eingemeindungen und der Zunahme der Bevölkerung rasch vermehrten, so daß Stadtteile und Vororte nicht mehr mit den Stadtbezirken übereinstimmten. Nur bei den zuletzt eingemeindeten Vororten decken sich heute Stadtteil und Stadtbezirk. Sonst sind die Stadtteile meist in zwei bis fünf Stadtbezirke unterteilt, je nach Bevölkerungszahl oder organisatorischen Bedürfnissen, die Altstadt damals in drei dem Main parallele Schichten, die Neustadt in fünf Bezirke von West nach Ost. Heute bilden – wegen des Bevölkerungsschwunds – Altstadt und Innenstadt wieder nur je einen Bezirk.

Über ihre vom Magistrat am 31. März 1868 erlassene Geschäftsordnung[51] (»Instruction für die Bezirksvorsteher der Stadt Frankfurt a. M.«) würden sich die heutigen Politiker, vor allem aber der Datenschutzbeauftragte, die Haare raufen. So hatte der Bezirksvorsteher als Organ des Magistrats nicht nur *die Prüfung der Verhältnisse der neuanziehenden Personen vorzunehmen, damit nicht bereits verarmte oder der Stadtgemeinde voraussichtlich in Bälde zur Last fallende Personen aufgenommen werden*, sondern auch *in Steuerangelegenheiten … über die in seinem Bezirk wohnenden Gewerbetreibenden Listen anzulegen …, die persönlichen Verhältnisse des Gewerbetreibenden zu erforschen* und *Nachrichten über die Vermögens- und Einkommensteuerverhältnisse der Steuerpflichten* des Bezirks *durch Erkundigung bei anderen glaubhaften, mit den Verhältnissen der betr. Steuerpflichtigen bekannten Personen* einzuziehen. *Dabei soll jedoch jedes lästige Eindringen in die Verhältnisse der Steuerpflichtigen und*

47 Heinrich BLEICHER, Statistische Beschreibung der Stadt Frankfurt a. M. und ihrer Bevölkerung, Bd. 1, Frankfurt a. M. 1892, S. 4.
48 Schon eine Fortentwicklung zeigt Abb. 2, die Wahlbezirke zur Stadtverordnetenversammlung 1868 (StA Ffm., Mag R 1130/I.).
49 BLEICHER (wie Anm. 47).
50 Ebd.; vgl. Abb. 3 (StA Ffm., Mag R 493/I) von 1910 mit bereits weiteren Stadtbezirken nach Eingemeindungen; vgl. auch StA Ffm., Stat. Amt, 105. – Die Eintheilung der Stadt nach Bezirken, Frankfurt a. M. 1898, 7. Aufl. 1924; Statistisches Handbuch der Stadt Frankfurt a. M., Frankfurt a. M. 1928, S. 15; Satzung über die Bildung von Stadtbezirken. Geschäftsanweisung für die Bezirksvorsteher, Frankfurt a. M. 1935; Magdalene TRAUB, Bezirke, Ortsteile und Stadtteile, Frankfurt a. M., Masch. 1959; Hubert DELVOS, Stadtbezirke müssen mündig sein, in: Frankfurter Allgemeine Zeitung, 13. 8. 1955, S. 33; Paul MENNE, Die Stadt Frankfurt am Main und ihr Raum, Frankfurt a. M. 1964, S. 245 ff.; Karl H. ASEMANN, Frankfurt a. M. Ortsbezirke, Ortsteile, Stadtbezirke, Frankfurt a. M. 1975.
51 StA Ffm., S 3/L 780.

daher jedes directe oder indirecte Veranlassen derselben zu eigener Auskunft über ihre Einkommensverhältnisse vermieden werden.

Frankfurt am Main hatte 1866 mit dem Verlust der Dörfer, die den preußischen Landkreisen zuwuchsen, sich auf seine Gemarkung beschränken müssen, aber mit den Eingemeindungen seit 1877 – bis 1974 waren es 31 – neue Stadtteile, auch Ortsteile genannt, gewonnen, die bis heute ihre Eigenart bewahrten, wie die dezentralen Bürgervereine, Bürgerinitiativen, Heimatmuseen und Volksfeste beweisen[52]. Zwischen den eingemeindeten Vororten und dem altbebauten Stadtgebiet sind in der ehemaligen Frankfurter Gemarkung, im 19. Jahrhundert auch Außenstadt genannt, aber weitere Stadtteile entstanden[53], gewissermaßen aus wilder Wurzel auf der grünen Wiese, nämlich den ehemaligen Gärten und Feldern, mit erfreulichen Erscheinungen wie Villen- und sozialem Siedlungsbau, aber auch unerfreulichen wie Spekulation und Zweckentfremdung. Am bekanntesten sind das Bahnhofsviertel und das Westend zwischen Frankfurt und Bockenheim, aber auch das Nordend gegen Bornheim sowie das Ostend mit der Industriebegleitung des Hafens. Auch Gallus und Gutleut als Erweiterung des Bahnhofsviertels, ursprünglich typische Arbeiterquartiere, sind mittlerweile zu Problemgebieten geworden, und schon wird auch um das Dornbuschgebiet nördlich der ehemaligen Feldgemarkung spekuliert. Über diese organisch gewachsenen Stadtteile, mittlerweile 46 (wobei einige ältere unterteilt sind), hat sich gemäß der Hessischen Gemeindeordnung §§ 81 und 83 seit 1972 eine neue, weiträumigere Gliederung geschoben, die der 16 Ortsbezirke[54], die mit ihren demokratisch gewählten Ortsbeiräten mehr denn je eine bürgernahe Dezentralisierung anstreben, ortsgebundene Bürgerinitiativen unterstützen und gewachsene Strukturen pflegen wollen.

Die neunköpfigen Ortsbeiräte[55], geführt vom Ortsvorsteher, sind ehrenamtliche Hilfsorgane der Stadtverordnetenversammlung und werden alle vier Jahre im Rahmen einer Kommunalwahl von den Bürgern des Bezirks auf Parteibasis gewählt. Der Ortsbeirat nimmt zu allen Angelegenheiten, die den Ortsbezirk betreffen und die ihm von der Stadtverordnetenversammlung oder seitens des Magistrats zugeleitet werden, Stellung und hat seinerseits das Recht, zu Angelegenheiten des Ortsbezirks der Stadtverordnetenversammlung Vorschläge zu unterbreiten. Der Ortsbeirat entscheidet über die Benennung von Straßen, Plätzen, Siedlungen und anderen kommunalen Einrichtungen. Er hat Vorschlagsrecht und ist zu allen wichtigen Angelegenheiten des Ortsbezirks, wie zum Beispiel Bauleitplänen, Verkehrsplanung und -führung, Stadtbereichserneuerungen und Standortfragen städtischer Einrichtungen wie Schulen, Bürgerhäuser, Kindertagesstätten, Sportanlagen, Sozialstationen und anderes sowie in den Angelegenheiten der Grün-, Erholungs-, Sport- und Spielanlagen zu hören. Die

52 StA Ffm., Mag. 4289; Heinz-Rudi BRUNNER, Volksfeste zwischen Rhein, Main und Neckar, Bern/Frankfurt a. M. 1974; Feste in Hessen (Hessische Blätter für Volks- und Kulturforschung 4), Gießen 1977; Frankfurter Feste. Von wem? Für wen? Notizen (Institut für Kulturanthropologie und Europäische Ethnologie an der Universität Frankfurt a. M., Bd. 8), Frankfurt a. M. 1979.

53 MENNE (wie Anm. 50), S. 51 ff.; Klaus MERTEN und Christoph MOHR, Das Frankfurter Westend, München 1974; Heinz SCHOMANN, Das Frankfurter Bahnhofsviertel, Stuttgart 1988. Vgl. Abb. 5 (Frankfurt am Main, Stadtteil-Sozialatlas, Frankfurt a. M. 1988, Textband, Abb. 1a).

54 StA Ffm., Mag. 4135. Die Bestrebungen reichen bis 1952 zurück.

55 Ein Ehrenamt für unsere Stadt, Frankfurt a. M. 1990, S. 8 ff.

Sitzungen des Ortsbeirats sind öffentlich und finden mindestens alle zwei Monate einmal statt. Regelmäßig vor dem Eintritt in die Tagesordnung besteht die Möglichkeit, eine Bürgerfragestunde anzusetzen.

Dagegen sind die Stadtbezirksvorsteher[56] Hilfsorgane des Magistrats geblieben. Ihre heutige Anzahl von 83 (es waren auch schon 116) verdeutlicht die kleinräumigere, aus Zweckmäßigkeitsgründen gewählte Struktur. Jeder Stadtbezirk ist mit einem Bezirksvorsteher und einem Stellvertreter besetzt, die nach Anhörung der Stadtverordnetenversammlung als Ehrenbeamte vom Magistrat berufen werden. Sie haben die kommunalpolitische Zielsetzung des Magistrats zu vertreten und zu unterstützen sowie das Vertrauen und die Beziehungen zwischen den Bürgern und der Stadtverwaltung zu festigen beziehungsweise zu fördern. Sie unterstehen der Dienstaufsicht des Oberbürgermeisters. Hauptsächlich haben sie die Bürger zu informieren und zu beraten, Hinweisen über Mängel und Unzulänglichkeiten im Stadtbezirk nachzugehen, diese gegebenenfalls weiterzuleiten und für ihre Behebung Sorge zu tragen sowie wohnungspolitische und umweltbezogene Interessen der Stadt zu waren. Sie wirken auch bei der Vorbereitung der Wahlen, statistischen Erhebungen sowie bei der Vorbereitung von Informationsveranstaltungen des Magistrats mit, haben die Ehrung von Ehe- und Altersjubilaren im Namen des Oberbürgermeisters vorzunehmen und Lebensbescheinigungen auszustellen. – Außerdem ist das Stadtgebiet heute in 117 Sozialbezirke[57] eingeteilt, die von einem Sozialbezirksvorsteher und von Sozialpflegern betreut werden. Auch diese sind ehrenamtlich tätig und werden vom Sozialamt und Jugendamt bestellt. Ihnen obliegen Aufgaben der Altenbetreuung und der Jugendfürsorge sowie der persönliche Kontakt zu hilfsbedürftigen Personen des Bezirks. Schließlich gibt es 19 Schiedsmannsbezirke[58], die mit einem Schiedsmann und dessen Stellvertreter besetzt sind. Diese werden auf Vorschlag des zuständigen Ortsbeirats von der Stadtverordnetenversammlung gewählt und vom Amtsgericht bestätigt. Ihre Aufgabe ist es, zwischen streitenden Parteien außergerichtlich zu schlichten, einen Vergleich herbeizuführen und den Rechtsfrieden wiederherzustellen.

Man könnte noch vom Wandel der Pfarrsprengel, von Bauzonen, Fürsorgebereichen und Wahlbezirken sprechen[59]. In jedem Falle ist im Laufe der Zeit die Gliederung der wachsenden Stadt vielfältiger geworden. Die Aufgaben, die früher den Quartiervorständen zukamen, sind heute auf viele amtliche und ehrenamtliche Verantwortungsträger verteilt. In vielen Fällen darf der Bürger heute mehr mitreden als Anno dazumal. Aber geblieben ist die Sorge um Ordnung, Sicherheit und Wohlfahrt des einzelnen wie der Mitbürgerinnen und Mitbürger in ihrer Gesamtheit.

56 Ebd., S. 20 ff.; die Geschäftsanweisung für die Bezirksvorsteher vom 1. 6. 1900 abgedruckt im »Frankfurter Bürgerbuch«, Ausgabe 1912, S. 97–99; vgl. auch StA Ffm., Mag. 4255. – Abb. 6 aus Stadtteil-Sozialatlas (wie Anm. 53), Abb. 1b.

57 Im Ehrenamt (wie Anm. 55), S. 32 ff.

58 Ebd., S. 66 ff.; die Schiedsmanns-Ordnung vom 29. 3. 1879 abgedruckt im »Frankfurter Bürgerbuch«, Ausgabe 1912, S. 100 f.

59 (Chr. J. KLUMKER), Die private Fürsorge in Frankfurt am Main, Frankfurt a. M. 1901, mit Farbkarte 1:20 000 der 39 Armenbezirke; Karl TIETZ, Die Frankfurter katholischen Pfarreien, in: Dom und Stadt, Frankfurt a. M. 1963, S. 114–126, zeigt anschaulich anhand von 5 Farbkarten die Entwicklung des katholischen Pfarrnetzes.

Stadtkern und Stadtteile: Das Beispiel Köln
Von der Stadterweiterung 1881 bis zum Ersten Weltkrieg

von Eberhard Illner

Am Vormittag des 6. Juni 1881 zog die Kölner Bürgerschaft in großen Scharen zum Gereonshof, um einem denkwürdigen Augenblick beizuwohnen: Mit einem dumpfen Knall explodierte eine Sprengmine und legte die erste Bresche in die alte Stadtmauer. Dabei appellierte Oberbürgermeister Hermann Becker folgendermaßen an die Kölner: »Was unsere Vorfahren bauen mußten, damit Köln groß wurde, das müssen wir sprengen, damit Köln nicht klein werde.« Die Niederlegung der Torburgen, Mauern und Befestigungswerke war der Auftakt für die Erweiterung der Stadt Köln und im Zuge der 1888 und 1910 beziehungsweise 1914 erfolgten Eingemeindungen der Vororte der Beginn des umfassenden Neu- und Umbaus Kölns.

Bis 1881 war auf Grund der Festungseigenschaft Kölns das bebauungsfähige Stadtgebiet noch auf den Altstadtbezirk beschränkt gewesen. Als erster Schritt wurde nun eine Ringzone von 448 ha zur städtebaulichen Nutzung erschlossen. Sie lag zwischen der alten und bis auf wenige Reste planierten Umwallung und der in einer Halbkreislinie etwa 600 m vorverlegten neuen Umwallung. Zwei Jahrzehnte hatten die städtischen Gremien um die Grundsatzfrage einer Stadterweiterung und der damit verbundenen politisch-administrativen Umgestaltung des Gemeinwesens gerungen. Die Einigung mit dem preußischen Militärfiskus, den Eisenbahngesellschaften und den Financiers war Voraussetzung für den Aufbruch der Stadt in eine neue Entwicklungsphase. Dann galt es, eine zukunftsweisende städtebauliche Konzeption für die Neustadt vor dem Hintergrund ihrer funktionalen Wechselbeziehung zur City und zu den Vorstädten zu entwickeln. Die Neustadt wurde in den ersten Jahrzehnten überwiegend als Wohngebiet für die wachsende Bevölkerung genutzt, während sich Industriebetriebe mehr und mehr in den noch selbständigen Vororten ansiedelten. Industriell geprägten Gründerstätten wie Ehrenfeld und Nippes mit starkem Bevölkerungswachstum stand ein sich ausweitendes Köln gegenüber. Die Neustadt reichte teilweise bis an die Vorortgebiete heran, und die Kölner City wurde zum Geschäfts- und Handelsplatz mit Zentralitätsfunktionen für das Umland.

Der zweite Schritt war 1888 die Eingemeindung eines 9844 ha großen Gebiets der Vorortgemeinden Bayenthal, Lindenthal, Müngersdorf, Ehrenfeld, Nippes, Longerich und im Rechtsrheinischen Deutz und Poll. Dies machte Köln mit einem Stadtgebiet von nunmehr annähernd 108 km² zur flächenmäßig größten Stadt des Deutschen Reiches. Diesen Rang hielt Köln bis zur Jahrhundertwende. Mit den Eingemeindungen von Merheim und Mülheim 1910 beziehungsweise 1914 führte die Stadt konsequent den eingeschlagenen Weg in eine industrielle Zukunft fort. Sie hatte rechtsrheinisch ein dynamisch expandierendes Gebiet integrieren können, das industriellen Großunternehmen Erweiterungsmöglichkeiten bot. Nach dem Ersten Weltkrieg setzte Oberbürgermeister Konrad Adenauer mit der Norderweiterung 1922 (Worringen) diesen Kurs großzügiger, vorausschauender Struktur- und Raumplanung für die Industrieansiedlungen fort.

Damit sind die Grundlinien der Entwicklung Kölns und seiner Vororte und Stadtteile bis zum Ersten Weltkrieg skizziert. Stadt im heutigen Wortverständnis ist im wesentlichen das Köln, wie es sich bis zum beziehungsweise unmittelbar nach dem Ersten Weltkrieg herausgebildet hat. Das Stadtgebiet bis 1881 wird als Altstadt bezeichnet, das Stadterweiterungsgebiet als Neustadt und als Stadtbezirke die 1888, 1910, 1914 und 1922 eingemeindeten Vororte Bayenthal, Ehrenfeld, Nippes, Deutz, Merheim, Kalk, Mülheim und Worringen. Diese besitzen nach wie vor auch heute, aufgrund ihrer historisch gewachsenen Strukturen, einen eigenen, unverwechselbaren Charakter.

Dieses Verhältnis von Stadt und Stadtteilen gilt es nun genauer zu bestimmen. Ich werde dies in vier Schritten versuchen: Zunächst sollen die historischen Bedingungen dargelegt werden, die zum Aufbruch der Jahre 1881/1888 führten; dann wird im Zusammenhang mit den Eingemeindungen die strukturelle Entwicklung in Köln und in den Vororten dargestellt. In einem dritten Kapitel wird das Verhältnis von Stadtkern und Stadtteilen systematisch in den Bereichen Industrie, Verkehr und Verwaltung beleuchtet, und schließlich werde ich dieses Verhältnis unter dem Aspekt der funktionalen Differenzierung von Wohnen, Arbeit und Freiheit aufrißartig betrachten.

1. Die historischen Bedingungen für den Aufbruch der Großstadt Köln

Die entscheidende Ausgangsbedingung für die Entwicklung der Stadt Köln bis zum Ersten Weltkrieg[1] lag in der Tatsache begründet, daß Köln preußische Garnisons- und Festungsstadt in exponierter, militärstrategischer Lage war. Die Festungseigenschaft hatte eine über 700 Jahre alte Tradition mit einschneidender Wirkung auf das Leben der Stadt. Preußen hatte Köln zur »Festung erster Ordnung« erklärt und die Anlage in den zwanziger und dreißiger Jahren des 19. Jahrhunderts nach neupreußischer Manier verstärkt[2]. Die Rayonbeschränkungen führten mit fortschreitender Industrialisierung zu immer gravierenderen Standort- und Verkehrsproblemen, so daß die Forderung der Kölner Handelskammer nach Entfestigung verständlich war[3]. Doch wegen seiner strategischen Schlüsselstellung im Westen, zuletzt 1871 in einer Denkschrift des

1 Allgemein: Stadt Cöln (Hg.), Die Stadt Cöln im ersten Jahrhundert unter Preußischer Herrschaft, 2 Bde., Cöln 1915.

2 Über die militärtechnischen Einzelheiten: Ernst ZANDER, Befestigungs- und Militärgeschichte Kölns (einschließlich der früher selbständigen Städte Deutz und Mülheim) vom Beginn der Franzosenzeit (1794) bis zum Ende der britischen Besatzung (1926), Köln 1944.

3 So etwa die Denkschrift der Kölner Handelskammer an den Reichskanzler vom 11. Januar 1872, HAStK 1073 II 3 und RWWA 1/58/8. In diese Richtung ging auch Napoleon: WEINHAGEN, Studien zur Entfestigung Kölns, Köln 1869, und DERS., Das Festungs-Rayon-Gesetz, Köln 1874. Es werden fortan folgende Abkürzungen verwendet: HAStK: Historisches Archiv der Stadt Köln; RWWA: Rheinisch-Westfälisches Wirtschaftsarchiv zu Köln e. V.; ZStAM: Zentrales Staatsarchiv Dienststelle Merseburg.

Generalfeldmarschalls von Moltke nochmals ausdrücklich betont[4], war daran nicht zu denken. Und auch das Projekt einer Stadterweiterung traf bei vielen Stadtverordneten, die als Immobilienbesitzer am Erhalt einer hohen Rendite ihrer Grundstücke und Häuser im Stadtkern interessiert waren, auf Bedenken.

Erst mit Bauvorhaben der Rheinischen Eisenbahn im Rayonbereich 1867 wurde das Thema ernsthaft diskutiert[5]. Mittlerweile hatte sich auch bei den Regierungsbehörden die Auffassung durchgesetzt, daß die Erweiterung der Festungswerke inzwischen aufgetretene militärtechnische Probleme lösen und eine stetige wirtschaftliche und demographische Entwicklung der Stadt sicherstellen würde. Doch diese Konzilianz hatte ihren Preis: Rund 9 Mio. Taler forderte der Militärfiskus, um mit diesen Mitteln eine neue vorgelagerte »Enceinte« anlegen zu können. Ein jahrelanger Streit um die Finanzierung der Stadterweiterung setzte ein. Um einen Ausweg aus der verfahrenen Lage bemühte sich vor allem Oberbürgermeister Hermann Becker, indem er private Unternehmer als Träger der Stadterweiterung zu gewinnen suchte. Doch der Gründerkrach 1873/75 ließ das Investitionsinteresse der Bankhäuser in Großprojekte schwinden. Den Stadtverordneten blieb deshalb nichts anderes übrig, als das Unternehmen auf städtische Rechnung abzuwickeln. Im Februar 1881 ging das alte Festungsterrain zum Preise von 11,8 Mio. Mark in das Eigentum der Stadt über. Bis auf einige Tor- und Mauerabschnitte, die als Denkmäler erhalten blieben[6], wurden die alten Befestigungsanlagen gesprengt und planiert. Hauptverteidigungslinie wurde eine Kette vorgelagerter Forts im Bereich der heutigen Militärringstraße, die bis zum Ende des Ersten Weltkrieges intakt blieb. Der Versailler Friedensvertrag hob die »Festung Köln« schließlich auf.

Mit dem Beginn der Neustadterweiterung 1881 wurden schlagartig jahrelang aufgestaute Kräfte für die Modernisierung Kölns frei. Die erste Maßnahme der Stadtverwaltung bestand in der Ausarbeitung eines Bebauungsplanes, zu dem ein städtebaulicher Wettbewerb, der erste in Deutschland, ausgeschrieben wurde[7]. Der Ausschreibungstext orientierte sich eng an den »Grundzügen für die Stadterweiterung nach technischen, wirtschaftlichen, polizeilichen Beziehungen« des Verbandes deutscher Architekten- und Ingenieurvereine, die das Schwergewicht auf Verkehrsführung, Hygiene und städtebauliche Ästhetik legten[8]. Mit einer großzügigen Verkehrsplanung der Neustadt verband sich die Hoffnung auf eine Lösung der katastrophalen Verkehrsprobleme in der Altstadt. Das mittelalterliche Straßennetz war unangemessen geworden, nachdem auch die letzten Freiflächen bebaut worden waren. Es galt weiterhin, eine ausreichende Durchlüftung der Wohngebiete zu erreichen und auf diese Weise zugleich sanitäre Defizite auszugleichen. Darüber hinaus mußten die Straßen- und Wegeverbindungen mit Vororten durch Aus- und Neubau, vor allem im Hinblick auf die Eisen- und Pferdebahnlinienführung, festgelegt werden. Die Bahnhöfe als neue Eingangstore in die

4 ZStAM Ministerium des Innern, Rep 77, Tit 444, Nr. 27, Bd. 1.

5 HAStK 402 E/II/1/1; zusammengefaßt im Verwaltungsbericht für die Jahre 1879–1883, Köln 1884, S. 2ff., sowie dargestellt bei Hiltrud Kier, Die Kölner Neustadt. Planung, Entstehung, Nutzung, Düsseldorf 1978, S. 16–37.

6 HAStK 1073 II Nr. 4 sowie HAStK 1005 Bismarck.

7 HAStK Plankammer 2/37/5–6.

8 HAStK 26 Nr. 1.

Stadt sollten bewußt in die Planung einbezogen werden. Nicht nur ihre konstruktiven und verkehrstechnischen Eigenarten, sondern auch die Standortwahl von Personen-(Zentral-)Bahnhof und Güterbahnhöfen mit ihren Rückwirkungen auf die Struktur von Handel und Gewerbe im Zentrum und im städtischen Umfeld mußten bedacht werden.

Die Projekte »König Rhein« und »Handel und Wohlstand« des Aachener TH-Professors Carl Henrici und des Aachener Stadtbaumeisters Josef Stübben wurden preisgekrönt. Nach dem Urteil des Preisgerichts hatten sie die »weitaus genialste Lösung« aller bei der Erweiterung Kölns auftauchenden Fragen gefunden[9].

Stübben[10] hatte seine Ideen in Paris gesammelt. Insbesondere das Straßensystem, die wechselnden Nivellements und Straßenprofile, die »Points de Vues« und Achsenbeziehungen und nicht zuletzt die Baumpflanzungen, Garten- und Wasseranlagen beeindruckten ihn. Studienmöglichkeiten bot auch der Wiener Stadterweiterungsplan von 1859, der eine halbkreisförmige Ringstraße zur repräsentativen Plazierung einer Vielzahl von Verwaltungsdikasterien und Residenzen vorsah. Abschreckend wirkte bereits für Zeitgenossen der Generalbebauungsplan von Berlin, der zu einer extensiven Verwertung der zahl- und geistlosen Häuserquadrate mit Tiefen von bis zu 400 m geführt hatte.

Als Stadtbaumeister bestimmte Josef Stübben wie kaum ein anderer fast zwei Jahrzehnte die äußere Gestalt Kölns. Allerdings – und das muß in der Rückschau immer berücksichtigt werden – verfügte die Stadt nur über begrenzte rechtliche Kompetenzen. Die Planungen der Neustadt gründeten im wesentlichen auf der Festlegung von Fluchtlinien. Zur baulichen Ordnung privater Flächen erließ der Polizeipräsident 1869 für Köln und im Laufe der siebziger Jahre für einige Vororte Bauordnungen mit Flächennutzungsbegrenzungen und Gebäudehöhenstaffelung. Mit der Bauordnung von 1888, die für Stadtgemeinden im gesamten Regierungsbezirk galt, konnte die städtische Planungsbehörde den unterschiedlichen Zuständen in dem nach den Eingemeindungen vergrößerten Stadtgebiet nicht gerecht werden. Die milde gefaßten Bauauflagen lagen im wesentlichen in einer Fehleinschätzung des Umfangs der spekulativen Bautätigkeit begründet. Hinzu kam, daß Stadtbaumeister Stübben an der Festlegung der Richtwerte nur mitwirken konnte und erst 1894 die Baupolizeigewalt in städtische Verwaltungshand überging. So kamen die Leitlinien des »Deutschen Vereins für öffentliche Gesundheitspflege« in Köln ein Jahrzehnt zu spät zur Anwendung: Die Neustadtbebauung vollzog sich dicht, intensiv und hoch. In den Vororten verhinderten geringere Straßenbreiten und schmaler geschnittene Baublöcke eine ähnliche Grundstücksausnutzung[11].

Neben den kompetenzmäßigen Beschränkungen hatte die Verwaltung bei der

9 Die wichtigsten eingereichten Pläne im Überblick: Die Erweiterung der Stadt Köln. Erläuterungen, mit welchen die Verfasser der preisgekrönten u. der belobten Pläne f. die Bebauung der in die neue Umwallung d. Stadt fallenden Gelände ihre Arbeiten versehen. Köln 1881. Ihre Bewertung bei KIER (wie Anm. 6), S. 38–57.

10 Eine umfassende biographische Würdigung dieser zentralen Figur des deutschen Städtebaus bereitet z. Zt. Oliver Karnau (Düsseldorf) vor. Der Nachlaß Stübbens befindet sich im HAStK Bestand 1114.

11 Vgl. Lothar LENZ, Die Mietskaserne in Köln, Bonn u. Leipzig 1930, S. 95–104.

Durchsetzung ihrer Planungskonzeption auch gegen massive Widerstände einzelner Interessentengruppen anzukämpfen. So unterblieb etwa die Realisierung der in Stübbens Erweiterungsplan um 1881 vorgeschlagenen Umlegung des in unmittelbarer Nähe zum Dom befindlichen Zentralpersonenbahnhofs in die nord-westliche Neustadt. Ein breiter Straßendurchbruch in Richtung Dom, vergleichbar etwa mit der Kaiserstraße in Frankfurt, sollte nach seinen Vorstellungen die Verbindung zwischen Bahnhof und Innenstadt herstellen und zugleich eine Entzerrung des Geschäftsbereichs aus der Alt- in die Neustadt einleiten. Doch die organisierten Interessen von Geschäftsleuten, die unliebsame Konkurrenz aufkeimen sahen, machte die Chance zu einer Schwerpunktverlagerung zentraler Funktionen zunichte. Nur zaghaft und erst nach der Jahrhundertwende wurden am Ring einige Einzelhandelsgeschäfte, Handelsvertretungen und Verkaufsräume von Automobil- und Fahrradherstellern eröffnet. Auch von der ursprünglich vorgesehenen größeren Anzahl öffentlicher Gebäude an exponierter Lage am Ring blieben nur das Hohenstaufenbad, die Oper und die Handelshochschule übrig. Dieses Versäumnis, abgeleitete Zentren zur Entlastung der Altstadt zu bilden, wiederholte sich bei den Eingemeindungen 1888 ebenso wie 1914.

Die schlimmsten Auswüchse weitestgehender Baufreiheit verhinderte die Stadt mit Hilfe einer nach zähem Ringen mit dem Regierungspräsidenten 1896/1901 erlassenen Zonenbauordnung, die das Stadtgebiet in vier Bauklassen nach Gebäudehöhen, Geschoßzahl und Dichtigkeit der Bebauung teilte. Damit trug man in erster Linie dem zum Teil noch ländlichen Charakter der Vororte Rechnung. Die Dichtigkeit der Bebauung sollte nach außen hin abnehmen. Als Zugeständnis an die Immobilienwirtschaft wurden allerdings die an den großen Radialstraßen gelegenen Verdichtungsgebiete der Vororte »heraufgezont«[12]. Seit der Jahrhundertwende wurden systematisch Bebauungspläne erstellt. Als 1906 die Baubeschränkungen für den inneren Festungsgürtel aufgehoben wurden, konnte sich die Bauverwaltung gegen die Spekulation durchsetzen und große, zusammenhängende Flächen der offenen Bebauung zuweisen. Im Ersten Weltkrieg blieben sie unbebaut und damit als »Lunge der Großstadt« erhalten. Die differenzierte Bauklassenzonung, das »Verunstaltungsgesetz« von 1907 und eine die Außenbezirke und das Umland erschließende Verkehrspolitik bildeten die Basis für die Bauordnung von 1913, mit der ein Bewirtschaftungsprogramm des Kölner Stadtgebiets in die Realität umgesetzt wurde: Erstmals wurden reine Wohngebiete (1700 ha), Gewerbegebiete (500 ha) und Mischgebiete geschieden[13]. Überhaupt war nach der Jahrhundertwende innerhalb der Bauverwaltung eine gewisse Abkehr von der geschlossenen Bebauung zu verzeichnen. Die Furcht, daß sich Köln nach der dicht und mehrgeschossig bebauten Neustadt mit einem weiteren Steinpanzer umgeben könnte, floß 1912 in einen Bebauungsplan ein, der weiträumige neue Wohn- und insbesondere Villenviertel (Marienburg, Lindenthal) auswies.

Doch nicht alle Kölner konnten sich Villen leisten. Läßt man die steigenden

12 Vgl. Bericht über den Stand und die Verwaltung der Gemeindeangelegenheiten der Stadt Cöln in den Etatsjahren 1891 bis 1900, Cöln 1902, S. 51 ff.

13 Vgl. Bericht über den Stand und die Verwaltung der Gemeindeangelegenheiten der Stadt Cöln in den Rechnungsjahren 1906 bis 1910, Cöln 1912, S. 367 ff.; sowie Bauordnung für den Stadtkreis Cöln, Cöln 1913.

Baukosten, die die in Hochkonjunktur befindliche Bauwirtschaft verlangte, einmal außer acht, so waren es allein die Bodenpreise, die ein gut gefülltes Portemonnaie in der Tasche des Bauherrn voraussetzten. Stadtbaumeister Stübben berichtete 1888 von 30–40 Mark pro m^2 fertiges Baugelände in der Neustadt und 200–1000 Mark pro m^2 in Innenstadtgeschäftslage[14]. Durch spekulativen Weiterverkauf schnellten die Preise in den folgenden Jahren weiter in die Höhe. Anders als in den meisten deutschen Städten, wo Terrain-Gesellschaften den Bodenhandel betrieben, war der überwiegende Marktanteil in der Hand einer kleinen Gruppe von Bodengroßhändlern, die zum Teil mit ganzen Straßenzügen und Wohnvierteln wirtschafteten.

Von Beginn der Neustadterweiterung an kristallisierten sich verschiedene Viertel mit sozial relativ homogenen Bevölkerungsgruppen heraus. Auf dem Ring sowie der Vorgebirgs- und Eifelstraße siedelten sich besser Situierte mit einem Heer von Dienstboten an. Westlich der Ringe, etwa im Agnesviertel sowie im Gerichtsviertel und später im Universitätsviertel zwischen Mainzer Straße und Rhein wohnte das mittlere und Kleinbürgertum zum Teil innerhalb der einzelnen Häuser je nach Wohnlage durchmischt. Reine Arbeiterwohngebiete waren im wesentlichen das Dreikönigsviertel im Norden sowie das Gebiet zwischen Bonner- und Vorgebirgsstraße im Süden, wo eines der wenigen, von der Stadt errichteten Häuser mit Arbeiterwohnungen lag. Damit spiegelt sich die Bevölkerungsstruktur der wilhelminischen Zeit, gegliedert nach Besitz und Vermögen in der räumlichen Trennung der einzelnen Bevölkerungsschichten, auch im Gebiet der Neustadt wider.

Zusammengefaßt: Die Beschränkungen des Stadtgebiets auf den Altstadtbereich aufgrund der Festungseigenschaft Kölns hemmte etwa seit der Mitte des 19. Jahrhunderts die wirtschaftliche und soziale Entwicklung der Stadt. Erst mit drei Jahrzehnten Verzögerung konnten mit der Stadterweiterung Bedingungen geschaffen werden, um wieder Anschluß an die industrielle Entwicklung gewinnen und mit dem Wachstum anderer Großstädte gleichziehen zu können. Die Stadterweiterung führte Köln mit Macht, vor allem auch städtebaulich, aus seiner zum Teil noch mittelalterlichen Gebundenheit heraus und bot Platz sowie Infrastruktur, um als Wohngebiet die wachsende Bevölkerung aufnehmen zu können. Die Stadterweiterung konnte jedoch nur ein erster Schritt sein, da das Wachstum in den Vororten, die zum Teil schon Vorstädte geworden waren, durch die Zeitverzögerung inzwischen weit vorangeschritten war.

2. Die strukturelle Entwicklung in Köln und in den Vororten im Zusammenhang mit den Eingemeindungen

Bereits kurz nach der Stadterweiterung, in der zweiten Hälfte des Jahres 1886, rückte die Neugliederung großer Einzugsbereiche von Köln auf die Tagesordnung, nachdem Berlin den immer eindringlicheren Berichten der Regierung Köln Gehör geschenkt hatte. Wie war es dazu gekommen?

14 Architekten u. Ingenieur-Verein für Niederrhein und Westfalen (Hg.), Köln und seine Bauten, Köln 1888, S. 252.

Entscheidend für die Ansiedlung dieser Branche war der direkte Eisenbahnanschluß Ehrenfelds an das Netz der Rheinischen Eisenbahn im Jahre 1863. Symptomatisch für den aufstrebenden, innovationsfreudigen industriellen Geist in Ehrenfeld war die Gründung der Helios AG für elektrisches Licht und Telegraphenbau im Jahre 1882[18]. Helios gewann besondere Bedeutung als deutscher Lizenznehmer des Wechselstromsystems und baute unter anderem die Elektrizitätswerke in Köln, St. Petersburg, Dresden und Amsterdam. Das Werk an der Venloer Straße war ein moderner industrieller Großbetrieb mit hochqualifizierten Facharbeitern.

Das rapide Wachstum des Industrieortes Ehrenfeld hatte unmittelbar Auswirkung auf die Kommunalverfassung des Gemeinwesens. Anfangs zur Bürgermeisterei Müngersdorf, einer Landgemeinde im Landkreis Köln, gehörig und von dort aus verwaltet, wurde es 1867 selbständig und 1875 zur Stadt erhoben[19]. Die Stadt war im rheinischen Provinziallandtag vertreten und leistete sich 1880 ein repräsentativ ausgestattetes Rathaus.

b) Nippes

Ähnlich vollzog sich die Entwicklung im nördlich Köln gelegenen Nippes[20]. Lebten 1861 noch 1424 Einwohner in Nippes, so stieg die Bevölkerung sprunghaft von 9930 im Jahre 1880 und 16210 1890 auf 27054 im Jahre 1900 und 41162 im Jahre 1910 an. Nippes war in kürzester Zeit nach Art einer Pionierstadt gewachsen. Die Industrieansiedlung und die Phasen der Wirtschaftskonjunktur gaben dabei den Takt an. Die eigentliche Initialzündung für den Aufschwung von Nippes ging von der Errichtung des Ausbesserungswerks der Rheinischen Eisenbahngesellschaft aus. An der Strecke Köln–Krefeld gelegen, wurde die große, mehrfach erweiterte Werkstätte 1860 in Betrieb genommen. Um die Jahrhundertwende waren dort annähernd 1500 Arbeiter beschäftigt. Angelockt durch niedrige Bodenpreise und durch die günstigen Verkehrsverbindungen, siedelten sich außerdem verarbeitende Betriebe mit spezieller Ausrichtung an. Neben der Schuhindustrie waren dies unter anderem die Rheinische Gummiwarenfabrik Franz Clouth, noch heute einer der größten Arbeitgeber in Nippes, sowie die Armaturen- und Feuerspritzenfabrik August Hönig.

Auch in Nippes zog die industrielle Strukturveränderung des Ortes eine kommunalpolitische Umgliederung der Gemeinde nach sich, die aus Nippes als Teil der Landgemeinde Longerich im Jahre 1887 eine eigene Bürgermeisterei werden ließ.

18 Vgl. Eugen Müllendorf, Der Helios in Köln-Ehrenfeld in den Jahren 1882–1900, Barmen 1900.

19 Hierzu Hanns Peter Neuheuser, Die Erhebung der Gemeinde Ehrenfeld in den Stand der Städte, in: Jahrbuch des Kölnischen Geschichtsvereins, Bd. 55, 1984, S. 155ff.

20 Vgl. Franz Irsfeld (Hg.), Nippes gestern und heute, Köln 1983, sowie Bürgerverein Stadtteilarchiv Köln-Nippes e.V. (Hg.), Loß mer jet durch Neppes jon. Ein Streifzug durch die Geschichte, Köln 1987.

c) Bayenthal

Abweichend von den beiden idealtypischen Entwicklungsmustern in Ehrenfeld und Nippes, ging der Vorort Bayenthal[21] südlich von Köln einen interessanten Sonderweg. Seit den vierziger Jahren errichteten Kölner Unternehmer dort Fabrikeinrichtungen zur Eisen- und Farbherstellung. Das Kölner Wasserwerk, eine Brauerei und vor allem die günstig am Rhein gelegenen Holzsägewerke rundeten die Palette frühindustrieller Betriebe ab. Der entscheidende Anstoß zur industriellen Verdichtung in Bayenthal ging von Gustav Mevissen mit der Erweiterung und Umwandlung der Eisengießerei Hagen/Bährens zur Kölnischen Maschinenbau AG aus. Das Großunternehmen baute Maschinen, Dampfkessel, Gasanlagen, Eisenbahnwagen und Eisenbahnbrücken, so die Koblenzer Rheinbrücke, die Brücken der Wien–Warschau-Bahn und niederländischer Linien. Zum Transport dieser Gewerke war der unmittelbare Rheinzugang ein großer Standortvorteil. In den fünfziger und sechziger Jahren wurde der Betrieb erweitert und beschäftigte bis zu 1600 Arbeiter, die nördlich des Fabrikgeländes angesiedelt waren. Der Süden sollte für den dringend benötigten Bahnanschluß freigehalten werden, doch ein Bodenhändler, der auf den Verkauf von Villengrundstücken setzte, kam dem zuvor. Ein nach der Eingemeindung 1888 aufgestellter Fluchtlinienplan sah für dieses Gebiet offene Bebauung vor. Eine Fabrikerweiterung war nicht mehr möglich, und auch die Nutzung der Rheinuferstraße zur Schiffsverladung wurde Zug um Zug eingeschränkt. In die Defensive gedrängt wurde das Unternehmen darüber hinaus durch die Klagen der Anwohner, die auf den zur offenen Bebauung vorgesehenen Grundstücken zum Teil hochherrschaftliche Villen errichtet hatten. Der Lärm, verursacht durch das pneumatische Nieten in der Gasometerwerkstatt, führte zu einer Serie von Prozessen und Produktionsauflagen[22]. Zwar konnte das Unternehmen nicht zuletzt durch eine Fusion mit der Berliner Bamag überleben, doch ausschlaggebend für die strukturelle Entwicklung Bayenthals waren die Weichenstellungen im Zusammenhang mit dem Bahnanschluß und dem Fluchtlinienplan gewesen. Diese entschieden gegen den Industrie- und für den Wohnort Bayenthal.

Über die Frage der Eingemeindung wurden sich die Vororte mit der Stadt Köln im Grundsatz schnell einig. Zäh wurde hingegen um die finanzwirksamen Leistungen für die einzelnen Bezirke nach der Eingemeindung gerungen[23]. Bald wurde der eine ältere Formulierung aufgreifende Satz der Stadtverordneten Kyll und Stelzmann »Wir heiraten in eine sehr arme Familie« zum geflügelten Wort. Zusammen mit der Befürchtung der Stadtverordneten des Zentrums, daß durch die zahlreiche Arbeiterbevölkerung in den Industrievororten die Sozialdemokratie begünstigt werden könne – was sich später eher für das Zentrum auswirkte –, war dies das Hauptargument der Eingemeindungsgegner. Sie sahen unabsehbare Folgekosten im Zusammenhang mit notwendigen Infrastrukturmaßnahmen (Hafen- und Wegebau, Be- und Entwässerung, Schulbau) auf die

21 Siehe hierzu Franz THOMAS und Sofie TRÜMPER, Bayenthal-Marienburg. 150 Jahre Leben und Arbeiten am Rhein, Köln 1985, und: 100 Jahre Eingemeindung. Arbeit, Politik und Wohnen in Bayenthal und Raderberg, Köln 1988.
22 HAStK 4/11/41.
23 Dies geht aus den Protokollen der Eingemeindungskommission hervor: HAStK 8/3/10.

Stadt zukommen. Doch auch diese kurzfristigen Nachteile traten gegenüber den mittel- und langfristigen Vorteilen einer politisch und wirtschaftlich sinnvollen Gebietsneuordnung zurück. Nach der Annahme der Einzelverträge durch die Gemeindevertretungen der Vororte wurde die kommunale Neugliederung zum 1. April 1888 durch König Wilhelm I. am 20. Februar 1888 gebilligt[24].

d) Mülheim

Die Eingemeindung von Mülheim im Jahre 1914 stellte vor dem Hintergrund der Geschichte der Stadt eine Besonderheit in der Reihe der Stadtgebietsveränderungen dar. Als Siedlung Kölner Bürger lutherischen Bekenntnisses im Herzogtum Berg war das Verhältnis zum städtischen katholischen Köln immer von Wettbewerb, zum Teil auch gewaltsamer Konkurrenz geprägt. Bereits zu Ende des 18. Jahrhunderts konnten sich im Rahmen der liberalen Wirtschaftspolitik der Pfalz-Neuburger Landesherren frühindustrielle Ansätze (Textilindustrie) entwickeln. Den schnellsten Aufschwung erlebte die Stadt im letzten Drittel des 19. Jahrhunderts. Zwischen 1880 und 1905 stieg die Einwohnerzahl von 20420 auf 50811; 1901 war Mülheim Stadtkreis geworden.

Andererseits war Mülheim innerhalb seines Gebiets kaum mehr ausbaufähig. Die Sicherung der Wasser- und Stromversorgung, der Bau einer Kanalisation und die Anlage von Straßen- und Vorortbahnen standen an. Ohne ausreichende Kapitaldecke und mit nur beschränktem Planungsspielraum innerhalb des eigenen Stadtgebiets waren diese Projekte jedoch nicht durchführbar. Die Bemühungen Mülheims, durch Eingemeindung der westlichen Teile der Bürgermeisterei Merheim einen Ausweg zu finden, scheiterten 1905. In diesem Punkt schnitten sich zugleich Kölner und Mülheimer Interessen. Erst nach zähen Verhandlungen entschlossen sich die Stadtverordneten beider Städte zu einer »großen Lösung«, das heißt der Eingemeindung Mülheims.

Damit hatte Köln sein Gewicht auf der rechtsrheinischen Seite weiter verstärkt und belegte eine dynamisch expandierende Industrieschiene von Deutz/Kalk bis Flittard, die seit den zwanziger Jahren beinahe nahtlos an den Unternehmenskomplex der Bayer Farbwerke angrenzte.

Zusammenfassend kann festgehalten werden, daß die erste Eingemeindungsphase 1888 Köln auf linksrheinischem Gebiet entscheidende weitere Entwicklungsmöglichkeiten eröffnete. Erst mit den Eingemeindungen von Mehrheim 1910 und Mülheim 1914 verschaffte sich Köln auch rechtsrheinisch ein gewichtiges Standbein, das flächenmäßig sogar den linksrheinischen Teil Kölns übertraf.

3. Das Verhältnis von Stadtkern und Stadtteilen in den Bereichen Industrie, Verkehr und Verwaltung

Die Wechselwirkungen zwischen Köln und seinen Vororten waren eng. In erster Linie wirkte dabei der Ausbau des Verkehrsnetzes strukturbildend: In der Phase der Frühindustrialisierung reichten zur Rohstoffversorgung der entstehenden Betriebe (vor allem Textilherstellung und Zuckerproduktion) die traditionellen Transportmittel

24 ZStAM Ministerium des Innern Rep. 77, Tit. 525, Nr. 254 Bl. 42.

Rheinschiffahrt und Landtransport mit Fuhrwerken aus. Seit den vierziger Jahren des 19. Jahrhunderts zeigte sich jedoch, daß eine fortschreitende industrielle Entwicklung auf flexiblere Transportmittel mit größerer Kapazität angewiesen war. Die Eisenbahn stellte der Wirtschaft diese Möglichkeiten bereit und wurde darüber hinaus durch die technisch-innovativen und konjunkturellen Effekte im Zusammenhang mit ihrer Einführung zu einem industriellen Leitsektor und Motor für die Entwicklung auch anderer Branchen.

In Köln spielte die Eisenbahn eine besondere Rolle, weil die Stadt Knotenpunkt mehrerer Linien wurde und bis zum Ersten Weltkrieg regelrecht vernetzt zum »Verkehrskreuz des Westens« ausgebaut war. Die Entwicklung der Eisenbahnanlagen in und um Köln bis zum Ersten Weltkrieg[25] läßt sich in vier Phasen gliedern:

I. Seit 1839 (Köln-Müngersdorf) sind vier Strecken entstanden, die von getrennten, am Rande der Altstadt Kölns gelegenen Bahnhöfen nach Aachen (1841), Bonn (1844), Düsseldorf (1845), Minden und Neuss (1855) ausgingen.

II. Die links- und rechtsrheinischen Eisenbahnanlagen, inzwischen vermehrt durch die Strecken nach Gießen (1862) und Elberfeld (1872), sind mit Ausnahme der letztgenannten seit 1859 über die feste Rheinbrücke, wegen ihrer Gitterkästen auch »Mausefalle« genannt, miteinander verbunden. Die Bedeutung dieses Brückenschlags ist kaum zu überschätzen und wird in der historischen Rückschau als »zweiter Anschluß Kölns an Preußen« gewertet. Zwei Monate später wurde auch der neue ebenerdige Zentralpersonenbahnhof nord-ostwärts des Domes in Betrieb genommen, ebenso der Zentralgüterbahnhof Gereon und 1862 die Eisenbahnzentralwerkstätte in Nippes. Mit der Zusammenführung der Verkehrsendpunkte am linksrheinischen Zentralpersonenbahnhof war Deutz praktisch vom Bahnfernverkehr ausgeschaltet, da die ehemaligen Kopfbahnhöfe stillgelegt wurden.

III. Mit der Neustadterschließung (seit 1881) mußten die linksrheinischen Streckenführungen verlegt und erweitert werden. Wichtig für den Verkehr auf den städtischen Radialstraßen war, daß die Anschlußstrecken zum neuen Zentralpersonenbahnhof und auch der Bahnhof selbst in ingenieurtechnisch aufwendiger Hochlage ausgeführt wurden. Die Güterbahnhöfe Gereon für Stückgut und Bonntor für Massengüter stellten den Kölner Gewerbe- und Industriebetrieben Transportkapazität in großem Umfang bereit.

IV. Bereits um die Jahrhundertwende hatte die Zunahme des Personenverkehrs die Kapazität des Zentralpersonenbahnhofs überschritten. 1895 wurden knapp 2,5 Mio. Fahrkarten verkauft, drei Jahre später 3,7 Mio. Das Problem konnte zum Teil durch Betriebsumstellung gelöst werden. Der ehemalige Kopfbahnhof wurde durch Beseitigung des Inselgebäudes auf Richtungsbetrieb umgestellt. Die Vorortbahnhöfe Nippes, Eifeltor, Gereon und Gremberg (Güter) wurden Zugbildungsbahnhöfe und erhielten quasi als Nebeneffekt Fernverkehrsanschluß. Auch der jahrzehntealte »Deutzer Eisenbahnjammer«, der die Entwicklung des Stadtteils in entscheidendem Maße gehemmt hatte, konnte nach Aufhebung der Rayonbeschränkungen 1906/07 beseitigt werden.

25 Bundesbahndirektion Köln Planei, Eisenbahnanlagen in Köln 1855, 1875, 1895, 1915, Kartenserie 1950.

Nun wurde die steile Brückenrampe gehoben, so daß der Bau eines Deutzer Personenbahnhofs in Angriff genommen werden konnte. Damit war endlich die paradoxe Situation behoben, daß Deutz zwar von Eisenbahnlinien umringt war, jedoch keinen Haltepunkt besaß.

Mit dem lebhaft zunehmenden Eisenbahnverkehr war auch die Kapazitätsgrenze der zweigleisigen »Mausefalle« erreicht. 1894 passierten 186 Züge und 1907 bis zu 400 Züge täglich die Brücke. Zur Entlastung vom Güterzugverkehr konnte 1910 die Südbrücke in Betrieb genommen werden. 1909 übernahm die parallel zur alten Gitterbrücke errichtete Hohenzollern(bogen-)Brücke den Eisenbahnverkehr. Ein Jahr darauf folgte der Straßenbrückenteil für den Straßenbahnen-, Fußgänger- und Automobilverkehr. Zusammen mit der 1915 eröffneten Hängebrücke war die Hohenzollernbrücke das zentrale Verbindungsglied für den den Strom überschreitenden Eisenbahnverkehr ebenso wie für den links- und rechtsrheinischen Lokalverkehr.

Die entscheidende Rolle für eine Verdichtung der Kommunikation zwischen den Vororten beziehungsweise Stadtbezirken und dem Stadtkern spielte die Straßenbahn. Hier setzte die Entwicklung in Köln verspätet ein[26]. Zwischen 1871 und 1877 bemühten sich fast 20 Unternehmer um die Konzessionierung von Pferdebahnlinien zwischen Köln und den Vororten. Als gemeinsames Projekt der Vororte, das auch die Regierung als Verwalterin der Staatsstraßen unterstützte, wurde es vom Kölner Stadtrat zögerlich behandelt. Man sah in den aufblühenden Vororten Konkurrenten und war eher an einer Stadterweiterung als an einer Verkehrsverbesserung, von der allein die Vororte profitierten, interessiert. Auch das hohe Verkehrsaufkommen konnte nicht beeindrucken: 1878 passierten täglich die völlig überlasteten Wege zwischen den linksrheinischen Vororten und Köln werktags 38 000 Fußgänger und 7000 Fuhrwerke, sonntags 58 000 Fußgänger und 2000 Fuhrwerke. Die Regierung sah dagegen Handlungsbedarf und schloß mit einem privaten Unternehmer einen Straßennutzungsvertrag für die Strecken Deutz–Kalk sowie nach Bayenthal, Lindenthal, Ehrenfeld, Melaten und Nippes. Erst 1879, das heißt 25 Jahre nach Paris und 14 Jahre nach Berlin, rang sich der Kölner Stadtrat zu einer Konzessionierung einer Pferdebahn im Stadtgebiet durch. 1882 erfolgte der Zusammenschluß zur »Kölnischen Straßenbahngesellschaft« (Societé anonyme de Tramway de Cologne)[27], die 1886 über ein Schienennetz von 40 km Länge verfügte. In der Gesamtbeurteilung muß festgehalten werden, daß bis zur Eingemeindung 1888 die Einrichtungen für den Verkehr zwischen Altstadt und Vororten mit der Besiedlung der Vororte nicht hatten Schritt halten können.

Mit der Eingemeindung der Vororte 1888 hatte sich die Verkehrspolitik der Stadtverordneten grundsätzlich gewandelt, war doch auch den Wünschen der Vorortvertreter, die zum Teil in den Eingemeindungsverträgen ihren Niederschlag gefunden hatten, Rechnung zu tragen. Allerdings kamen in dieser Hinsicht die städtischen Interessen nicht mit den privatwirtschaftlichen Interessen der langfristig konzessionierten Aktiengesellschaft überein. Diese verlegte sich nämlich zunächst auf den Strecken-

26 Siehe Otto KAYSER, Die Bahnen der Stadt Cöln, Berlin 1913, und: 75 Jahre öffentlicher Nahverkehr. 50 Jahre Elektrische Straßenbahn in Köln, Köln 1952.

27 HAStK 402 B 38, Bl. 116 und HAStK 1073 XXVII, 23.

ausbau der Neustadtlinien, mit welchen man kurzfristig Rendite erzielen wollte. Die Streckenlänge stieg deshalb nur langsam von 1886 (40 km) über 1891 (50,4 km) auf 62,8 km im Jahre 1900. Man scheute die hohen Investitionen für längere Strecken. Erst 1890 wurden die Linien Köln–Sülz, Ehrenfeld, Bickendorf und Schlachthof in Betrieb genommen. Durch den begrenzten Ausbau des Straßenbahnnetzes bis zur Jahrhundertwende wurden keine neuen Wohngebiete in den Vororten erschlossen. Dies trug sicherlich indirekt auch zu den steigenden Boden- und Mietpreisen in der Neustadt bei.

Die Übernahme der Straßenbahngesellschaft in städtische Regie am 1. April 1900 geschah im Vergleich zu anderen Städten relativ spät und mußte dazu noch mit einer Abfindung von knapp 20 Mio. Mark teuer erkauft werden. Andererseits hatte die Stadt den Vorteil, daß die Schwächen in der Entwicklung der Betriebssysteme (Normal- oder Schmalspur, elektrische Triebwerke) überstanden waren und von Anfang an ausgereifte Konstruktionen beschafft werden konnten. Auf der Basis der Normalspur wurde in schnellen Schritten elektrifiziert. Am 15. Oktober 1901 fuhr die erste Elektrische durch Köln, zwischen 1902 und 1908 wurden 358 neue Triebwagen beschafft. Stärkere Motoren ermöglichten die Zugbildung mit Anhängern, so daß die Transportleistung rapide anstieg. Die Personenbeförderungsleistung betrug 1901 30,9 Mio., 1910 97,3 Mio. und 1913 124,1 Mio. Fahrten. Die Verkehrsleistung konnte bei der Ring- und Rundbahn auf 5 Minuten, bei den Vorortverbindungen auf 10 Minuten und bei den sonstigen Linien auf 20 Minuten gesteigert werden. Ein wesentlicher Grund für die rapide steigenden Beförderungszahlen lag in der Tarifpolitik. Die Tarifreform von 1905 bot sogenannte Arbeiter-Frühfahrkarten mit günstigem Preis sowie Monatsstreckenabonnements nach Staffeltarif. Nach etwa fünf Jahren hatten die Kölner dieses Angebot der Bahn als Möglichkeit zum Pendeln zur Arbeitsstätte akzeptiert. Die verantwortlichen Verwaltungsbeamten und Politiker gingen davon aus, daß die Verkehrsausgaben als eine Art Mietaufschlag zu betrachten waren und daß mit dieser Tarifreform ein gewisser Ausgleich für die unterentwickelte städtische Wohnungspolitik insbesondere für Arbeiter und kleinbürgerliche Schichten geschaffen werden sollte. So formulierte Joseph Stübben 1896: »Die Kleinbahnen, die von den großen Städten in das Außengebiet hinein führen, sind die besten Mittel, die Wohnungsfürsorge für die Arbeiter zu erleichtern und der Industrie geeignete Arbeitskräfte zuzuführen, ohne diese und ihre Familie gänzlich dem Landleben zu entziehen«[28]. Diese Tarifpolitik wurde flankiert durch eine rührige, der Siedlungstätigkeit vorauseilende Verkehrserschließung, vor allem durch S- und Kleinbahnen. Hier sind zunächst die für den Personenverkehr wichtigsten Bahnen zu nennen:

a) Rheinuferbahn – Diese erste elektrische Schnellbahn wurde 1906 als Verbindung nach Bonn links des Rheins gebaut und befuhr diese Strecke im 30 Minuten-Takt.
b) Köln–Königsforst – Personenaufkommen 1908 = 375 000, 1912 = 445 000.
c) Köln–Brück–Bensberg – Personenaufkommen 1908 = 496 000, 1912 = 664 000.
d) Köln–Bergisch Gladbach – Personenaufkommen 1908 = 1,6 Mio., 1912 = 2,7 Mio.
e) Köln–Porz–Zündorf – Personenaufkommen 1912 = 1,1 Mio.
f) Köln–Weiden – Personenaufkommen 1912 = 295 000.

28 Josef Stübben, Kölner Verkehrsfragen, Köln 1896.

Auf eigenem Gleiskörper erreichten die Züge Geschwindigkeiten bis zu 40 km/h, die Köln–Bonner Rheinuferbahn sogar bis zu 80 km/h. Das tägliche Pendeln auch von weiter entfernten Wohnorten bürgerte sich bis zum Ersten Weltkrieg ein. Mit den S-Bahnen griff Köln weit über seinen angestammten wirtschaftlich-sozialen Kreis hinaus.

Der Einfluß der Eisenbahn- und Kleinbahnlinien auf die Standortwahl von Betrieben, die während der Industrialisierungsphase zu den Wachstumsbranchen zählten, ist unverkennbar und läßt sich mit vielen Beispielen belegen[29].

Während die beiden größten Betriebe der ersten Industrialisierungsphase, die Schokoladenfabrik Stollwerck und die Kölnische Baumwollspinnerei, in der südlichen Altstadt lagen, hatten sich die größeren eisenverarbeitenden Betriebe an den Eisenbahnanschlüssen der Vororte plaziert (Ausbesserungswerk Nippes, Van der Zypen & Charlier, Gasmotorenfabrik Deutz). In der Innenstadt war dagegen eher eine Branchenvielfalt teils älterer Produktionszweige (Nahrung, Genuß, Textil), teils hochspezialisierter Unternehmen (Druckereien, Baunebengewerbe) vorhanden. Auch die in den fünfziger und sechziger Jahren des 19. Jahrhunderts einsetzende Randwanderung der Industrie in die Vororte führte zum Teil zu interessanten Standortvarianten: Während die Produktionsstätten vieler Unternehmer in den Industrievororten errichtet waren, befand sich das Kontor und mithin auch die Steuerpflichtigkeit des Firmeninhabers in Köln. Sein Privatwohnsitz konnte sich bereits auch schon in den grünen Vororten Lindenthal und Marienburg befinden, wo Villensiedlungen entstanden. Weiterhin hatten viele Grundstücke in den Vororten Kölner Eigentümer. Über den größten Fonds verfügte die stadtkölnische Armenverwaltung.

Neben diesen engen wirtschaftlichen Verflechtungen bestanden auch technisch bedingte Notwendigkeiten für ein Zusammenwirken von Stadt und Vororten. So war mit wachsender Nachfrage der rationelle Betrieb der Versorgungseinrichtungen einer großstädtischen Agglomeration ohne einheitliche Planung und Verwaltung nicht mehr zu leisten. Ein Beispiel hierfür ist die Entwicklung der Gasversorgung in Köln[30]: Nach der Übernahme des Gaswerks im Jahre 1873 von einer britischen Privatgesellschaft in städtische Regie wurden die Anlagen umfassend modernisiert. Ein neues Gaswerk in Müngersdorf lag verkehrsgünstig an der Eisenbahnstrecke Köln–Aachen und war mit seiner Technik beispielhaft für andere Gasanstalten in Deutschland. Mit rationeller Beschickungstechnik ausgestattet, leisteten neun Ofenblocks mit Horizontal- und Schrägfeuerungstechnik bis zu 180000 Kubikmeter pro Tag. 1906/07 konnte mit der Errichtung einer Vertikalofenanlage eine weitere Steigerung erreicht werden. Der Zwang, der gestiegenen Gasnachfrage mit leistungsfähiger Technik genügen zu müssen, lag in der Notwendigkeit begründet, die nach der Eingemeindung 1888 der Stadt Köln anheimgefallenen kleineren und unrentablen Vorortgaswerke ersetzen zu müssen.

Das systematisch und kompromißlos betriebene Rationalisierungs- und Zentralisierungskonzept ging auf: Als im Jahre 1912 Bilanz gezogen wurde, konnte nicht nur die

29 Neben den Angaben der amtlichen preußischen Statistik geben die Erhebungen zum »Bericht über die industrielle Lage« des Kölner Polizeipräsidenten Einzelbelege: HAStK 402 D 101.

30 Mit vielen Hinweisen auf die Kölner Situation: Hans-Dieter Brunckhorst, Kommunalisierung im 19. Jahrhundert, dargestellt am Beispiel der Gaswirtschaft in Deutschland, München 1978.

kostenlose Straßenbeleuchtung und eine qualitätvolle Versorgung von 45 000 Abnehmern mit 53 Millionen Kubikmetern Gas festgestellt, sondern auch ein Betriebsüberschuß von 3 Millionen Mark errechnet werden[31].

Auch unter dem Gesichtspunkt der öffentlichen Hygiene waren Köln und die Vororte aufeinander angewiesen. Erstens war nicht nur die Kanalisation der Alt- und Neustadt wegen der Niveauverhältnisse mit der Entwässerung der nordwestlichen Vorstädte verknüpft[32]. Zweitens war auch die Sicherung begrünter Flächen im städtischen Einzugsbereich wegen der Hauptwindrichtung aus Westen notwendiger denn je, nachdem die rasen- und baumbewachsenen Flächen der alten Umwallung der Neustadtbebauung zum Opfer gefallen und eng mit Häusern bestückt waren[33]. 1858 kamen 1⅓ ha öffentlicher Grünfläche auf 1000 Einwohner. 1868 war es nur noch knapp ½ ha. Durch die abgasreichen Betriebe in den Industrievororten drohten der Luftzirkulation in Köln weitere Beeinträchtigungen.

Zusammengenommen war also ein kritisches Stadium erreicht, so daß ein Fortschreiten der Industrialisierung nur mehr über kommunale Infrastrukturverbesserung, insbesondere in den Vororten, gesichert werden konnte. Dort hatte die allgemeine Daseinsfürsorge der eher urwüchsigen, industriellen Entwicklung nicht folgen können, so daß Defizite auszugleichen waren. Aus eigener Kraft waren die Vororte zu diesen Anstrengungen nicht fähig; es fehlten die nötigen Steuereinnahmen, und ein regionaler Finanzausgleich war im preußischen Verwaltungsaufbau noch unbekannt. So war also eine über die gesamte Agglomeration flächendeckende, kommunale Leistungsverwaltung Voraussetzung für ein korrigierendes Eingreifen der öffentlichen Hand. Auch wenn der Munizipalsozialismus in der zeitgenössischen politischen Diskussion von den Liberalen öffentlich abgelehnt wurde, so war es gerade die sich häufig zu dieser politischen Richtung bekennende Gruppe der Unternehmer mit Betrieben in den Vororten, die zum Teil vehement von der Stadt eine Bauleitplanung, eine funktionierende Wasser-, Gas- und Stromversorgung sowie Kanalisation, eine schnelle Brandbekämpfung und Unfallrettung und weitere Infrastrukturleistungen verlangte. In der Praxis führte damit die kommunale Gebietsreform im Zusammenhang mit dem Ausbau der kommunalen Leistungsverwaltung zu einer recht weitgehenden Realisierung munizipalsozialistischer Theorien, auch wenn sich die Kölner Stadtverordneten politisch-ideologisch davon distanzierten.

Betrachtet man die Frage der Eingemeindungen unter dem Aspekt der Gliederung nachgeordneter staatlicher Verwaltungsbehörden sowie der kommunalen Selbstverwaltungsorganisation, so gab es mehrere gute Gründe für eine Gebietsreform.

Erstens war es nötig geworden, wieder wirtschaftlich und sozial homogene Verwaltungseinheiten zu schaffen, nachdem die schnellen Strukturveränderungen zu Ungleichgewichten innerhalb der alten Gebietseinteilung geführt hatten. Mit Ausnahme von Deutz und Mülheim waren die Vororte, als sie entstanden, politisch Teil

31 Bericht über den Stand und die Verwaltung der Gemeindeangelegenheiten der Stadt Cöln für das Rechnungsjahr 1912, Cöln 1913, S. 12f.

32 Karl Steuernagel, Die Canalisation, in: Köln und seine Bauten (wie Anm. 14), S. 299–329.

33 Josef Stübben, Öffentliche Gärten und Pflanzungen, in: Köln und seine Bauten (wie Anm. 14), S. 329–350.

einer Dorfgemeinde, in deren Sprengel sie mehr oder weniger zufällig lagen. Mit wachsender Einwohnerzahl und wirtschaftlicher Bedeutung waren Ehrenfeld, Nippes, Kalk und Mülheim zu politischer Selbständigkeit gelangt. Diese Strukturveränderung blieb nicht ohne Folgen. Im Verhältnis zwischen den sich verdichtenden industriellen Ortsteilen und den ackerbautreibenden Gemeindeteilen, die zusammen als Landgemeinden politisch zum räumlich weit ausgreifenden Landkreis Köln gehörten, gab es wegen der unterschiedlichen Interessen ihrer Vertreter im Kreisausschuß Spannungen. Es lag nahe, diese durch Herausnahme der auf Köln hin orientierten Vororte aus dem Landkreisverband zu lösen. Da das Modell, einen Stadtkreis Köln mit den selbständigen Landgemeinden zu bilden, auf Grund der schlechten Erfahrungen des preußischen Staates in dieser Hinsicht nicht in Frage kam, blieb nur die Vereinigung des gesamten städtischen Einflußbezirkes in einer Stadtgemeinde, das heißt die Inkommunalisierung der Vororte. Bedenken, daß auf diese Weise eine angemessene örtliche Interessenvertretung nicht gewährleistet sei, gab es nicht, denn nach der Rheinischen Städteordnung war es statthaft, die Wahlen der Stadtverordneten bezirksweise durchzuführen. In der späteren Praxis beließ man es jedoch beim Wohnsitz des Vorortvertreters im betreffenden Stadtbezirk.

Zweitens galt es neben einer angemessenen politischen Repräsentanz der Stadtteile, auch auf seiten der Kommunalverwaltung[34] die durch die Eingemeindungen gewachsenen Aufgaben in den Griff zu bekommen. Dieser Herausforderung stellte sich eine Kölner Stadtverwaltung, die seit dem Amtsantritt Wilhelm Beckers 1886 grundlegend reformiert wurde. Becker setzte nicht nur das bürokratische Prinzip gegenüber den früher recht selbständig wirkenden Beigeordneten durch, straffte nicht nur den Geschäftsgang sowie die Registratur- und Kassenführung, sondern sorgte auch für eine Dezentralisierung einzelner Verwaltungsbereiche durch Einrichtung von Bezirksverwaltungsstellen. Dies betraf im wesentlichen die Polizei-, Steuer- und Armenverwaltung, für die im Laufe der neunziger Jahre die notwendigen Kompetenzabgrenzungen zwischen Staat und Kommune getroffen wurden. Im Bereich der Polizei war wichtigstes Element die Handhabung der Bau- und Gesundheitspolizei durch die Stadt seit 1894, in der Steuerverwaltung entsprechend der Miquelschen Steuerreform von 1893 die Übertragung der bisher vom Staat erhobenen Realsteuern (Grund-, Gebäude-, Gewerbesteuer) auf die Kommune (Einkommens- und Vermögenssteuer erhielt der Staat). Die Erhebung des gesamten Steueraufkommens erfolgte durch städtische Einrichtungen. Zu diesem Zweck wurde ein Netz von Zahlstellen zum Teil in den ehemaligen Rathäusern der Vororte aufgebaut. In diesen Zahlstellen saßen zugleich Zweigstellen der städtischen Sparkasse. Der dritte auf einer dezentralen Organisation fußende Verwaltungszweig war die Armenverwaltung, die nach dem Reichsgesetz über den Unterstützungswohnsitz von 1870 den Kommunen übertragen war. Der Ortsarmenverband Köln war nach dem Elberfelder System in Armenbezirke aufgegliedert, die jeweils etwa 60 Arme zu betreuen hatten. Die Entscheidung über Fürsorgeleistungen stand seit 1888 den Armenbezirken zu. Neben den ehrenamtlichen Armenpflegern

34 Im Überblick GEFFKEN, Die Städte der Rheinprovinz mit besonderer Berücksichtigung der Stadt Köln, in: Schriften des Vereins für Socialpolitik, Bd. 117, Leipzig 1906, S. 187–239.

(1891: 60 Bezirksvorsteher und 747 Armenpfleger) waren auch einige hauptamtliche Armenbeamte (1900: 7) tätig. Zusammengenommen müssen also neben einer Vergrößerung des kommunalen Verwaltungsapparates durch Ausweitung der Aufgaben und Anstieg der Mitarbeiterzahlen auch qualitative Veränderungen, wie Professionalisierung und Dezentralisierung, die ihre Ursache in der effizienten Verwaltung eines vergrößerten Stadtgebietes haben, berücksichtigt werden.

Versucht man die Entwicklungen des Verkehrs, der Industrie und der Verwaltung in Köln auf eine Formel zu bringen, so lautet diese: Der Ausbau der Verkehrslinien war ein entscheidender Faktor für das Wachstum der vorstädtischen Siedlungen, aber auch für die Intensivierung ihrer Beziehungen zum Stadtkern. Die gesamte Agglomeration wurde aus wirtschaftlichen, technischen und verwaltungsmäßigen Notwendigkeiten zu einer geschlossenen Planungs- und Handlungsebene. Ihre rechtliche Vereinheitlichung vollzog diese Entwicklung nach.

4. City und Stadtteile unter dem Aspekt ihrer funktionalen Differenzierung von Wohnen, Arbeit und Freizeit

So sinnvoll und einleuchtend der großstädtische Zentralisierungs- und Konzentrationsprozeß in dieser Phase der Stadtentwicklung auch erscheinen mag, es sollten nicht gewisse negative Begleiterscheinungen und Fehlentwicklungen verschwiegen werden, die bei einer Betrachtung der Differenzierung der Stadtfunktionen von Wohnen, Arbeit und Freizeit zutage treten. So wurde etwa die Bildung von abgeleiteten Zentren zur Entlastung der Kernstadt in Köln versäumt. Zentrale Verkehrs- und staatliche Verwaltungsfunktionen waren im Zuge der Stadterweiterung und der Eingemeindungen in die Innenstadt verlegt worden, die ohnehin in den Sektoren Handel, Banken, Versicherungen und Dienstleistungen die gesamte Kölner Region bediente. Besonders gravierend fiel diese Fehlentwicklung bei der Eingemeindung der Kreisstadt Mülheim 1914 ins Gewicht. Nicht nur verwaltungsmäßig, auch als Dienstleistungszentrum war es Orientierungspunkt für die bergischen Nachbarorte. Die Eingemeindung entzog Mülheim diese Attraktivität. Ausgleichende Maßnahmen wie die Plazierung kultureller Einrichtungen, etwa Museen, Theater oder Universitätsinstitute, unterblieben, so daß damit die Chance zur Bildung eines Unterzentrums vertan wurde. Der verstärkt auf Köln ausgerichtete Bau von Schnellbahnlinien zog Pendlerströme auch aus den rechtsrheinischen Randgemeinden in das Zentrum Köln und führte zu einer Übersteigerung der Geschäftstätigkeit und zu einer schnellen Citybildung[35]. Die Straßenzüge zwischen Dom, Altermarkt und Neumarkt mit der Hohen Straße als Achse wurden zum Sammelpunkt von Handel, Verwaltung und Dienstleistungen. Aus einst ruhigen Wohnstraßen wurden Verkehrsstraßen, zum Teil allein den einkaufenden Fußgängern vorbehalten, mit Ladenlokalen, Agenturen, Druckereien, Cafés und Passagen. Die Wohnbevölkerung in diesem Bereich nahm rapide ab, zum Beispiel in der Hohen Straße zwischen 1890 und 1910 um die Hälfte.

Komplementär reduzierte sich das großstädtische Leben in den Vororten immer

35 Vgl. SCHOTT (wie Anm. 16), S. 124.

mehr auf Arbeiten und Wohnen. Der unterentwickelte Nahverkehr innerhalb und zwischen den Vororten führte in diesen jeweils zu einer Gemengelage von Wohn- und Arbeitsstätten mit den damit verbundenen negativen Begleiterscheinungen. Auch die Konzentration von gehobenen Wohnbedürfnissen in den Villenvororten Marienburg und Lindenthal war eine Folge dieser Differenzierungen von Stadtfunktionen.

Ähnlich zentrierte sich das mit der Formierung einer Industriegesellschaft einhergehende Bedürfnis nach Freizeitbeschäftigung und Erholung auf bestimmte Gebiete. Im Nahbereich der Stadt boten der Stadtgarten, die Rheinwiesen und das sogenannte »Goldene Dreieck« in Riehl der Kölner Großstadtbevölkerung Entspannung: Das Vergnügungsgebiet in Riehl bestand ursprünglich aus einem Park auf dem offenen Gelände vor dem Eigelsteintor, der im Jahre 1837/38 von Gartenbauarchitekt Weyhe angelegt worden war, sowie aus dem Kaisergarten mit Restauration neben der Eisenbahnstation am Thürmchen. Hier entstand auf Betreiben des Gymnasialoberlehrers Garthe seit den fünfziger Jahren der Zoologische Garten. Eine private Aktiengesellschaft betrieb die Tierschau. Mehrfach erweitert und umgebaut, waren nicht nur seine artenreichen Tierbestände Attraktionen, sondern auch die phantasievollen, im maurisch-exotischen Stil gehaltenen Häuser und die reizvolle Parkanlage.

Als Ersatz für den alten Botanischen Garten am Dom, auf dessen Gelände 1859 der Zentralpersonenbahnhof errichtet worden war, legte eine Aktiengesellschaft Kölner Bürger seit 1862 neben dem Zoo die »Flora« an. Naturkundliche Belehrung war mit Vergnügung, Erholung und gesellschaftlicher Repräsentation verbunden. Waren Zoo und Flora nicht zuletzt wegen der hohen Eintrittspreise und des Charakters ihrer Anlage auf den Geldbeutel und den Geschmack gehobener und höherer Schichten zugeschnitten, so boten die vielseitigen Anlagen und Gastwirtschaften zwischen der Villa Oppenheim, der Anlegestelle der Köln-Mülheimer Dampfschiffahrtsgesellschaft, dem Zoo und dem nördlich angrenzenden Sportplatz mit der Radrennbahn dem »Goldenen Dreieck« sonn- und feiertags dem breiten Publikum Gelegenheit zur Entspannung.

Das »Goldene Dreieck« war darüber hinaus auch Ausstellungs- und Messeplatz, etwa der Internationalen Sportausstellung 1889. Überhaupt mobilisierte seit jener Zeit der Sport eine zunehmend wachsende Zahl von Kölnern. Nicht nur exklusive Sportarten, wie Rudern oder Tennis, boten körperlichen Ausgleich vom anstrengenden Großstadtleben; vor allem das Radfahren, in Köln der verbreitetste Sport, gab Gelegenheit, durch eine Tour an den Niederrhein oder ins Bergische der Großstadt zu entfliehen. Das intensive großstädtische Leben war für viele nur erträglich, wenn sie ab und zu die freie Natur erleben konnten. Der Gedanke, Harmonie mit der Natur in weitestgehendem Maße auch innerhalb der Stadt herzustellen, wurde bereits 1915 von Stadtbauinspektor Alfred Stooß in einer »Denkschrift zu dem generellen Bebauungsplan des rechtsrheinischen Stadtgebiets« formuliert[36], 1918 von Oberbürgermeister Adenauer aufgegriffen, von Fritz Schumacher als Grüngürtelplanung konzipiert und in den zwanziger Jahren erstmals in Deutschland verwirklicht.

36 HAStK 902/103/1, Bl. 619ff.

Überblickt man das hier behandelte halbe Jahrhundert Kölner Stadtentwicklung, so kann folgendes festgehalten werden:

1. Nach einer langen Periode des Stillstands drohte Köln seit den sechziger Jahren des 19. Jahrhunderts mit fortschreitender Industrialisierung durch die Festungsbeschränkungen gegenüber anderen Großstädten ins Hintertreffen zu geraten. Die dynamischen Kräfte, das heißt die Industrie und die zuwandernde Bevölkerung, saßen in den Vororten. Erst spät konnte Köln diese integrieren und Anschluß an den allgemeinen Entwicklungsstand in Deutschland gewinnen, ja sogar in den Bereichen Industrie und Verkehr um die Jahrhundertwende wieder eine Schlüsselstellung im Westen des Deutschen Reiches einnehmen.

2. Dieser »Sprung nach vorne« ging einher mit einem rasanten Flächen- und Bevölkerungswachstum, mit einer durchgreifenden städtebaulichen und infrastrukturellen Modernisierung der Stadtteile und mit Konzentrationsprozessen der Geschäftigkeit im Stadtkern sowie von Wohnen, Industriearbeit und Freizeit in bestimmten Schwerpunkten der Außenbezirke.

Insgesamt gesehen sind mit einer Entwicklung, die vor 100 Jahren mit den Eingemeindungen in Gang gesetzt wurde, in Köln städtische Strukturen grundgelegt worden, die noch heute wirken und an denen auch die Zerstörungen des Zweiten Weltkriegs und der Wiederaufbau der fünfziger Jahre nicht viel haben verändern können.

Zur stadträumlichen Entwicklung Berlins.
Stadtkern und Außenbezirke vor und nach der Eingemeindung von 1920

von Wolfgang Ribbe

Das »Gesetz über die Bildung einer neuen Stadtgemeinde Berlin« vom 27. April 1920[1], die Schaffung von Groß-Berlin also, gilt als eine Sternstunde der Berliner Geschichte, durch eine günstige politische Konstellation nach Weltkrieg und Revolution ermöglicht[2]. In erster Linie handelt es sich dabei um eine kommunale Regelung, die einen Interessenausgleich zwischen der Stadt Berlin und ihrem Umland herbeiführen sollte und deren Ziel es war, das fast unkontrollierte Wachstum eines der bedeutendsten industriellen Ballungsgebiete durch eine regionale Strukturplanung in den Griff zu bekommen. Bis dahin waren bereits mehrere solcher Versuche fehlgeschlagen oder zeigten nur in Teilbereichen Erfolge.

Um die kommunalpolitische Bedeutung und Wirkung des Gesetzes von 1920 richtig bewerten zu können, müssen wir aber zunächst einen Blick auf die räumliche Entwicklung des Berliner Stadtkerns und seiner Umgebung werfen. Dabei zeigt sich, daß die mittelalterliche Doppelstadt Berlin-Cölln im Rahmen der kurfürstlichen Peuplierungspolitik in der frühen Neuzeit um drei Vorstädte erweitert worden ist, um den Friedrichswerder, die Dorotheenstadt und die Friedrichstadt[3]. Über ihre Ausdehnung gab es keinen Zweifel, nachdem sie in die Stadtbefestigung einbezogen worden waren. Nach der Schleifung der Befestigungsanlagen nahm die Bebauung an der Peripherie der Stadt schnell zu, ohne daß festgehalten wurde, wie weit das »Stadtgebiet« eigentlich reichte. Als man nach der Steinschen Städtereform daranging, die kommunalen Angelegenheiten Berlins neu zu ordnen, besaß der Magistrat keinerlei Unterlagen oder Karten, die den genauen Umfang des städtischen Weichbildes erkennen ließen[4]. Über die Ausdehnung des Stadtgebietes, seine Organisationsform und das Verhältnis der Stadt zu den umliegenden Gemeinden und angrenzenden Kreisen bestand zu verschiedenen Zeiten selbst bei den betroffenen Behörden nicht immer Klarheit.

1 Preußische Gesetzsammlung, Jahrgang 1920, Nr. 19, S. 123–148.

2 So Henning Köhler in seinem Beitrag »Berlin in der Weimarer Republik (1918–1932)«, in: Geschichte Berlins, hg. von Wolfgang Ribbe, 2. Aufl. München 1988, S. 797–923, bes. S. 814.

3 Waltraud Volk, Die Stadterweiterungen Berlins im 17. Jahrhundert und in der ersten Hälfte des 18. Jahrhunderts, in: Jahrbuch für Geschichte 35 (1987), S. 100 ff.

4 Ernst Kaeber, Das Weichbild der Stadt Berlin seit der Steinschen Städteordnung, Teil 1, in: Beiträge zur Berliner Geschichte. Ausgewählte Aufsätze. Mit einem Vorwort von Johannes Schultze. Bearbeitet und mit einer biographischen Darstellung versehen von Werner Vogel, Berlin 1964, S. 234–376, bes. das Kapitel »Das Stadtgebiet vor Erlaß der Städteordnung«, S. 234 ff.

Akut wurde die Frage der Eingemeindung und Grenzregelung mit den Arbeiten zur Schiffbarmachung des Landwehrkanals 1845 bis 1850[5]. Zahlreiche Gründe, wie Berlins Überlegenheit auf den Gebieten der Armenpflege, der Feuerpolizei und der Feuersozietät, der Polizeiaufsicht und des Schulwesens, sprachen für eine Eingemeindung der zum Teil schon bis zur Großstadtgröße herangewachsenen Nachbargemeinden durch die Stadt. In mehreren Gemeinden besaß Berlin auch Grundeigentum und war so zum Beispiel um die Mitte des Jahrhunderts in Moabit und Wedding als Gutsherrschaft ohnehin für die Armenfürsorge verantwortlich. In späteren Jahren wurde die Stadt auch zur Beteiligung an den Schulausgaben der Wohngemeinden der pendelnden Arbeitnehmer herangezogen. In den Vororten stiegen mit erhöhtem Zuzug die Grundstückswerte, ohne daß damit auch die Steuern gestiegen wären, und diese waren außerordentlich verschieden im Großraum Berlin[6].

Die westlichen Vororte kamen mit ihrem Finanzhaushalt als eigenständige Gemeinden sehr viel besser zurecht als die östlichen und nördlichen, die den zeitweiligen Eingemeindungsbestrebungen Berlins am entschiedensten entgegentraten, nicht zuletzt aus der Befürchtung heraus, daß damit eine Vermehrung ihrer Steuerlasten einherginge. Andererseits richteten sich die zeitweiligen Eingemeindungs-Bemühungen Berlins selektiv auf schon stärker bebaute Teile der Nachbargemeinden und vorzugsweise auf die wohlhabenderen Gemeinden im Westen und Süden. Eine Zeitlang konzentrierten sie sich auf das reiche Charlottenburg beziehungsweise Teile davon. Die Stadt selbst wollte freilich von Beschneidungen ihres Gemeindeterritoriums nichts wissen. Verständlicherweise opponierte auch der betroffene Kreis Teltow gegen eine etwaige Ausgemeindung gerade seiner steuerkräftigsten Gemeinde[7].

Noch immer gab es keine lang- oder auch nur mittelfristige Stadtplanung. Nach einem Kommentar der Stadtverwaltung wurden Planungsarbeiten weitgehend dem Prinzip der Rentabilität untergeordnet. Daß man dennoch mit dem Prinzip der Rentabilität die Entwicklung der wachsenden Großstadt steuern konnte, hängt nicht zuletzt damit zusammen, daß die jetzt nach amerikanischen Maßstäben anwachsende Stadt ihren kleinbürgerlich-handwerklichen Charakter der vormärzlichen Residenzverhältnisse rasch änderte und sich zu einer Industriestadt wandelte, die mit ihren steigenden Bedürfnissen auch das Umfeld immer mehr prägte. Neue Lebensansprüche wie Gas- und Wasserversorgung, Kanalisation, konzentrierter Wohnungsbau und Modernisierung des Stadtkerns ließen sich nicht länger auf das Stadtgebiet begrenzen; die in die Stadt einwachsenden Vororte und Randgemeinden verbanden sich immer fester zu einem stadtwirtschaftlichen Kontinuum mit einheitlichen Lebensbedürfnissen. Die kleinen märkischen Dörfer des Umfeldes, die verwaltungsmäßig zu den Landkreisen Teltow und Niederbarnim gehörten, verschmolzen mit der Hauptstadt und bilde-

5 Adolf STRECKFUSS, Fünfhundert Jahre Berliner Geschichte, Berlin 1900, S. 693f.

6 Hellmut WINZ, Geschichte der äußeren Berliner Stadtteile bis zu ihrer Eingemeindung, in: Heimatchronik Berlin, Köln 1952, S. 551–638, bes. S. 633.

7 Groß-Berlin als Einheitsgemeinde? Denkschrift des Magistrats Charlottenburg, (Charlottenburg) 1920.

ten einen Wirtschafts- und Sozialraum eigener Prägung[8]. Dieser Vorgang kann als typisch für europäische Urbanisierungsprozesse gelten. In Berlin war er besonders kompliziert, weil eine dualistisch agierende Stadtverwaltung (Polizeipräsident/Magistrat) nun auch noch auf jene Verwaltungshierarchien Rücksicht nehmen mußte, in welche die Gemeinden des Umfeldes eingebunden waren[9]. Unter solchen Bedingungen war vorausschauende Planung äußerst schwierig; jedenfalls erschien es leichter, die Entscheidungsträger dadurch zu überzeugen, daß man ihnen Modernisierung und Innovation profitversprechend anbot.

Bereits vor 1860 war der Magistrat nicht abgeneigt, bestimmte stadtnahe Gebiete einzugemeinden. Ein Stadtrat versuchte sogar, in nicht eingemeindungswilligen Gebieten der Nachbargemeinden die Benutzung der städtischen Einrichtungen zu sperren, um auf diese Weise Unzuträglichkeiten und eine zustimmende Haltung zur Eingemeindungsfrage zu erzeugen. Dabei ging es vor allem um Tempelhof, Schöneberg und Charlottenburg. Einen Verbündeten fand der Stadtrat im Polizeipräsidenten, der an einer Erweiterung des Polizeibezirks interessiert war[10].

Zurückhaltender verhielt sich die Stadt gegenüber weniger begehrten Gebieten im Norden und Osten. Die Einverleibung von künftigem Industriegelände wurde mit der Arbeiterfrage verquickt. Längere Zeit war die Frage der Eingemeindung der Koellnischen Heide und Treptows umstritten. Befürworter priesen die Möglichkeit von Fabrikanlagen am Spreeufer, während die Gegner einer solchen Entwicklung auf die damit auch einzurechnenden Arbeitermassen hinwiesen. In einer Eingabe von Weddinger Bürgern war davon die Rede, daß *der Wedding ein Pertinenzstück Berlins geworden war. Bei der Abholzung und Parzellierung der Kämmererheide hatte die Stadt das ihr zufallende Land zu günstigen Bedingungen in Erbpacht ausgetan und dadurch selbst eine Abwanderung ärmerer städtischer Schichten veranlaßt, die als Arbeiter in den Dienst der Grundbesitzer traten*[11]. Die Gemeinden selbst, von Problemen der Armenfürsorge und Erstellung der Versorgungseinrichtungen bedrängt, und die Regierung traten mit dem Ansinnen auf Eingemeindung an die Stadt heran. Aber der Magistrat, beraten von der Ökonomiedeputation, wollte solche Verpflichtungen nicht auf sich nehmen und überließ alles der »höheren Bestimmung«. Der immer dringlicher werdenden Lösung des Problems nahm sich die Regierung denn auch mit ihren Maßnahmen von 1860 und 1881 an.

Durch eine Kabinettsordre von 1860 kamen Gesundbrunnen, Moabit und Wedding sowie die nördlichen Teile von Tempelhof und Schöneberg als Eingemeindungen zu Berlin, womit sich das Stadtgebiet von 3510 Hektar auf 5923 Hektar vergrößerte, also fast verdoppelte[12]. Die Bevölkerung dagegen wuchs um nur 7 Prozent, stieg aber gerade

8 Vgl. dazu insbesondere Felix ESCHER, Berlin und sein Umland. Zur Genese der Berliner Stadtlandschaft bis zum Beginn des 20. Jahrhunderts, Berlin 1985, bes. das 2. und 3. Kapitel (S. 138 ff. und S. 195 ff.).

9 Vgl. dazu den gesamten Aufsatz von Berthold SCHULZE, 200 Jahre staatlicher Verwaltungsbezirk Berlin, in: Jahrbuch für brandenburgische Landesgeschichte 3 (1952), S. 1–8.

10 KAEBER (wie Anm. 4), S. 271 ff. (»Die große Eingemeindung des Jahres 1860«).

11 Ebd.

12 Bericht über die Gemeindeverwaltung der Stadt Berlin in den Jahren 1861–1876, Heft 1, Berlin 1879, S. 38 ff.

in diesen zwangseingemeindeten Stadtteilen mit deren industrieller Entwicklung überdurchschnittlich an. Nachdem 1878 durch Kabinettsordre das von Berlin auf Lichtenberger Gemeindeland gekaufte Gelände des zentralen Vieh- und Schlachthofes eingemeindet worden war[13], wurde 1881 die nächste territoriale Frage gelöst, die Eingemeindung des Tiergartengebietes. Wie kompliziert die Verhältnisse lagen, erhellt aus den notwendigen dreifachen Verfahren: Da bei dem zum Kreis Teltow gehörenden Tiergarten eine Kreisgrenzenänderung erfolgen mußte, war ein entsprechendes Gesetz nötig[14].

Das Wachstum im Berliner Raum vollzog sich im Gefolge der drei siegreichen Kriege von 1864, 1866 und 1870/71 sowie der Realisierung der kleindeutschen Lösung in rasantem Tempo, und es blieben nach den eher bescheidenen Eingemeindungen viele dringliche Probleme offen. Der Oberbürgermeister Arthur Hobrecht scheiterte mit einem Plan, eine »Provinz Berlin« zu errichten, wegen des bestehenden Gegensatzes zwischen dem eher liberalen Stadtregiment und der konservativen Staatsregierung[15]. Die Initiative war von der Staatsregierung ausgegangen, die 1875 einen entsprechenden Plan dem Preußischen Abgeordnetenhaus vorlegte[16]. In der »Provinz Berlin« sollten ein Stadtkreis Berlin mit der Stadt Köpenick und 55 Gemeinden der Kreise Niederbarnim und Teltow sowie der Stadtkreis Charlottenburg vereinigt werden. Die Kompetenzen der neuen Regierung schlossen auch Ressorts der Berliner Stadtverwaltung ein. Die Polizeiverwaltung des gesamten Bereiches wollte Hobrecht dem Berliner Polizeipräsidenten übertragen. Doch in der Berliner Stadtverordnetenversammlung bestanden starke Bedenken gegen den neuen Verwaltungsbezirk. So scheiterte der Plan. 1880 und 1881 wurde die bereits in der Provinzialordnung von 1875 gesetzlich fixierte »Provinz Berlin« formell aufgehoben[17]. Auch weitere Eingemeindungsversuche führten in den folgenden Jahrzehnten nicht zum Ziel.

So umfaßte das Stadtgebiet 1910 erst 6572 Hektar. Auch liebäugelte Berlin weiterhin nur mit relativ wohlhabenden Gemeinden im Westen (wie Wilmersdorf und Schöneberg), während es von umfangreichen Eingemeindungen immer noch Abstand nehmen wollte. Sicher spielte dabei eine Rolle, daß die Hausbesitzer, die die Mehrheit der Stadtverordneten stellten, um das vorübergehende Überangebot von Stadtwohnungen fürchteten, denen die billigeren Vorortwohnungen Konkurrenz machten. Voraussetzung für die spekulative Entwicklung des Berliner Grundstücksmarktes war die freie Verfügbarkeit über Grund und Boden, die 1808 mit der Städteordnung verkündet worden war, aber erst seit etwa 1850 voll durchgeführt wurde[18].

13 KAEBER (wie Anm. 4), S. 299.

14 Amtsblatt Potsdam 1881, S. 83.

15 Ernst KAEBER, Die Oberbürgermeister Berlins seit der Steinschen Städteordnung, in: Jahrbuch des Vereins für die Geschichte Berlins 2 (1952), S. 53–144, bes. S. 79.

16 Stenographische Berichte über die Verhandlungen des Abgeordnetenhauses, 12. Legislaturperiode, 2. Session 1875, Bd. 254, S. 256 ff.

17 Hans NOWACK, Das Werden von Groß-Berlin (1890–1920), Masch. Diss. FU Berlin 1953, S. 9–14; Wolfgang HOFMANN, Wachsen Berlins im Industriezeitalter. Siedlungsstruktur und Verwaltungsgrenzen, in: Helmut JÄGER (Hg.), Probleme des Städtewesens im industriellen Zeitalter, Köln–Wien 1978, S. 159 ff.

18 Die Entwicklung in der zweiten Hälfte des 19. Jahrhunderts ist dargestellt bei ESCHER (wie Anm. 8), S. 232 ff.

Größte Schwierigkeiten bereitete es, in dem engen Stadtkern Berlins den sich ständig erweiternden Unternehmen geeigneten Grund und Boden in dem benötigten Umfang zur Verfügung zu stellen. Auch das Problem der Unterbringung von Arbeitskräften konnte nur unzureichend gelöst werden. Bis weit in das 19. Jahrhundert hinein blieb das innere Verkehrsnetz Berlins völlig ungenügend ausgebaut. Da insbesondere schnelle Massenverkehrsmittel fehlten, entwickelten sich die Industriestandorte in engster räumlicher Verbindung zu den Wohnvierteln. Dies bedeutete, daß die Bevölkerung ständig hohen Umweltbelastungen ausgesetzt war. Die Industrie, umgeben von wachsenden Wohngebieten, sah ihrerseits kaum Möglichkeiten zu expandieren und litt unter den schwierigen Transportbedingungen, die sich bis zum Bau eines Eisenbahnringes um Berlin nicht besserten. Auch der Ring brachte zunächst nur teilweise Entlastung, insbesondere für die Standorte im Nordwesten der Stadt, wo sich Bahn und Wohnviertel berührten. Im übrigen mußte erst ein leistungsfähiger Zubringerverkehr zum Stadtinnern geschaffen werden[19].

Der Ausbau des Eisenbahn-Fernverkehrs hatte dagegen sofort nachhaltige Auswirkungen auf die industrielle Entwicklung der Gesamtstadt. Berlin und seine Industrie wurden unabhängiger von den örtlichen Rohstoffquellen und von der regionalen landwirtschaftlichen Produktion für die Versorgung der Bevölkerung. Gleichzeitig wanderten Industriezweige in ländliche Bezirke ab, wo günstigere Produktionsvoraussetzungen bestanden. Insgesamt zeichnete sich bereits eine wirtschaftliche Spezialisierung ab, die mit dem Ausbau des Eisenbahnnetzes ursächlich zusammenhing.

Zwischen 1871 und 1890 verbesserte sich auch die Verkehrssituation entscheidend. Der 1877 vollendete Ring erfuhr durch die 1882 fertiggestellte Stadtbahn und durch die Etablierung der Pferdebahnen einen entscheidenden Funktionswandel. Mit den Zubringerlinien aus dem Inneren der Stadt wurde nunmehr auch der Personenverkehr an den Ring angeschlossen, so daß sich an der Ringbahnperipherie neue industrielle Standorte entwickeln konnten[20]. Es setzte die erste große industrielle Randwanderung ein[21], indem sich der weitere Ringbahnbereich zum bevorzugten Sitz der großen Werke entwickelte. Die Oranienburger Vorstadt verlor ihren bevorzugten Standortcharakter, lediglich in den nördlichen Grenzteilen kam es noch zu Neugründungen. Die Werke frequentierten jetzt vor allem Moabit, den Wedding, das Gebiet südlich und westlich des Humboldthains und Lichtenberg, während das alte Industriegebiet entlang der Spreeschleifen nördlich des Tiergartens eine große industrielle Umwidmung erlebte.

In den folgenden Jahren setzte sich als Folge der wirtschaftlichen Expansion der Stadt die Randwanderung in mehreren Schüben fort, wobei sie immer weiter ausgriff. Dabei kristallisierten sich weitere Industriestandorte außerhalb des administrativen Berliner Bereiches heraus, die wirtschaftlich und personell eng mit dem Industriezentrum verbunden blieben, indem zum Beispiel Hennigsdorf, Tegel, Velten und Oranien-

19 Hierzu und zu den folgenden Ausführungen vgl. Escher (wie Anm. 8), S. 255.

20 Berlin und seine Eisenbahnen 1846–1896, hg. im Auftrag des Königlichen Preußischen Ministers der öffentlichen Arbeiten, 2 Bde., Berlin 1896, passim.

21 Alfred Zimm, Die Entwicklung des Industriestandortes Berlin. Tendenzen der geographischen Lokalisation bei den Berliner Industriezweigen von überörtlicher Bedeutung sowie die territoriale Stadtentwicklung bis 1945, Berlin (Ost) 1959, S. 37 ff.

burg im Norden, Ober- und Niederschöneweide, Wildau, Teltow und Drewitz im Süden auch verkehrsmäßig an Berlin angeschlossen wurden[22].

Als entscheidenden Zeitabschnitt für die Standortbildung der Berliner Industrie kann die Periode von 1890 bis zum Ende des Ersten Weltkriegs angesehen werden, denn alle nachfolgenden Veränderungen variierten lediglich das schon bestehende Grundmuster. Ausgehend von dem Gefälle der Bodenpreise und ausgelöst durch den Bau der Vorortbahnen sowie des Teltowkanals, entwickelten und konsolidierten sich einige Industriezentren, die in ihrer Lage deutlich von der Verkehrsanbindung bestimmt waren. Dabei zeichneten sich eine der Spree folgende diagonale Industrielinie ab sowie eine an Wasser und Schiene gebundene, ringförmig angeordnete Industriezone, deren äußerer Verkehrsring aus Havel, Tegeler See, Industriebahn und Teltowkanal bestand[23]. Die sich nun ergebende wechselseitige Durchdringung von Vorortverkehr und Siedlungsausbau ist kürzlich am Beispiel einer Vorortstrecke, der nach Zossen im Süden Berlins, untersucht worden[24]. Die Studie kam zu folgendem Ergebnis: Voraussetzung für die Entstehung des Berliner Vorortverkehrs war – bis auf wenige Ausnahmen – das Vorhandensein einer Fernbahnstrecke. An der Fernbahn wurden im weiteren wirtschaftlichen Einflußbereich Berlins S-Bahnhöfe errichtet, die nur bedingte Bedeutung für den Fernverkehr hatten. Diese Bahnhofsanlagen wurden ausschließlich von den daran Interessierten finanziert. Hierbei lassen sich zwei Motive unterscheiden: die Erschließung von Bauterrain durch die S-Bahn und die Verbesserung des Markt- und Gelegenheitsverkehrs mit Berlin, woran den Landgemeinden gelegen war.

An den Vorortstationen entstanden neue Siedlungen: Die Siedlung folgte dem Verkehr. Die Siedlungsentwicklung nutzte die bereits vorhandene Verkehrsmöglichkeit aus und erschloß das Gelände in der Nähe der Bahnhöfe. Hierbei kam der Einführung eines verbilligten Vororttarifes (1891) eine entscheidende Bedeutung zu. Er machte das Pendeln zwischen dem jeweiligen Wohnort und dem Arbeitsort (in der Regel Berlin) für breitere Bevölkerungsschichten überhaupt erst bezahlbar. Die im Laufe der Zeit vorgenommenen Veränderungen der Tarifstruktur – speziell die Reduzierung des Fahrpreises für die weiter entfernt liegenden Stationen – förderten eine Ausdehnung der Siedlungstätigkeit. Gleichzeitig nutzte die Industrie in der sogenannten zweiten Randwanderung den Vororttarif, um ihre Werke an die Peripherie Berlins und in die später eingemeindeten Vororte zu verlegen. Ein spezieller Pendlerverkehr zwischen dem Wohnort Berlin und dem Arbeitsort entstand.

Das verbesserte Verkehrsangebot stimulierte wiederum die Siedlungsentwicklung, in deren Folge die Bevölkerungszahl stieg. Der erhöhten Verkehrsnachfrage wurde durch ein stärkeres Verkehrsangebot entsprochen. Dieses stetige Wachstum ist durch den Ersten Weltkrieg und die Inflation, also durch exogene Faktoren, kurzzeitig unterbrochen worden. Die Siedlungen entstanden in räumlicher und zeitlicher Staffelung, ausgehend von ihrem Zentralpunkt Berlin. Die Siedlungsspitzen schoben sich an

22 Zimm (wie Anm. 21), S. 61 ff.

23 Zimm (wie Anm. 21), S. 88 ff.

24 Ernst R. Höwer, S-Bahn-Verkehr und Siedlungsentwicklung im Berliner Raum am Beispiel der Zossener Vorortstrecke, in: Berlin-Forschungen IV, hg. von Wolfgang Ribbe, Berlin 1989, S. 179–233.

den Vorortstrecken als Achse von Station zu Station weiter vor. Die anfänglichen kleinen Siedlungsinseln um die Vorortbahnhöfe – ein baulicher Zusammenhang zu den alten Dorfkernen bestand in der Regel nicht – weiteten sich zu zusammenhängenden Siedlungsgebieten mit wachsender Bevölkerungszahl und -dichte entlang der Bahnlinie aus. Plattes Land wurde zum Vorort und der Vorort zur verstädterten Randzone Berlins. In den sich verdichtenden Siedlungsgebieten erwies sich nun auch der Betrieb von Straßenbahnen und Bussen privater oder städtischer Betreiber als finanziell lohnend. Dieser Verkehr folgte der Siedlung. Die kommunalen Grenzen von Groß-Berlin spielten bei diesem Prozeß keine Rolle. Sie wurden spätestens seit Mitte der zwanziger Jahre entlang der S-Bahn-Strecke überschritten. Die Siedlungen schoben sich bis weit ins Berliner Umland vor. Eine Stadtregion Berlin entstand, die weit über die kommunalen Grenzen Groß-Berlins hinausreichte; Entwicklungsachsen waren die S-Bahn-Linien.

Seit etwa 1900 war klar, daß Bevölkerungsanstieg, Wohnungssituation und Verstädterung im Berliner Raum sich in einer Weise entwickelten, daß nur einheitliche Leitgedanken einer die Hauptstadt, die Vororte und ihr enges Umland integrierenden Stadt- und Regionalplanung den künftigen Herausforderungen gerecht werden konnten. Die bisherige Bevölkerungsvermehrung vorausgesetzt, rechnete man von den fünfziger Jahren des 19. Jahrhunderts an in einem Radius von etwa 25 Kilometern um den mittelalterlichen Stadtkern Berlins mit nahezu zehn Millionen Einwohnern. Auf die sich daraus zwangsläufig ergebenden Probleme wußten die in den verschiedenen Verwaltungen Tätigen keine rechte Antwort[25], was um so mehr verwundert, als zur Jahrhundertwende weltweit neu über moderne Stadtplanung, wie sie vor allem die Herausbildung von Millionenagglomerationen erforderte, nachgedacht wurde.

Schließlich ergriffen 1907 die Berliner Architektenvereine die Initiative und gingen mit der Schrift »Anregungen zur Erlangung eines Grundplanes für die städtebauliche Entwicklung von Groß-Berlin«, die entsprechende Leitsätze und Forderungen enthielt, an die Öffentlichkeit. Was bedacht werden sollte, war ein großzügiges Netz von Hauptverkehrsstraßen, von Schnellbahnen und Wasserwegen, es ging außerdem um die Freihaltung ausgedehnter Wald- und Wiesenflächen, die Durchdringung der Baumassen mit Parkstraßen und Promenaden, Sport- und Spielplätzen und um die Vorherbestimmung von Plätzen für öffentliche Bauten[26]. Wichtig war vor allem die Anregung, bei dem sich immer mehr ausdehnenden Stadtareal auch auf die nötigen Querverbindungen der Außenbezirke untereinander, also Ringstraßen und Ringbahnsysteme, zu achten. Um aber mit diesen »innerstädtischen« Problemen fertigzuwerden, mußten die rechtlichen Voraussetzungen geschaffen werden. Hier war vor allem die Regierung gefordert, der es schließlich gelang, die beteiligten Gemeinden und Gremien in einem »Zweckverband« zusammenzuschließen.

25 Vgl. den »Ausblick«, in: Ingrid THIENEL, Städtewachstum im Industrialisierungsprozeß des 19. Jahrhunderts. Das Berliner Beispiel, Berlin–New York 1973, S. 357–360, bes. S. 359.

26 Anregungen zur Erlangung eines Grundplans für die städtebauliche Entwicklung von Groß-Berlin, gegeben von der Vereinigung Berliner Architekten und des Architektenvereins zu Berlin, Berlin 1907.

Mit dem »Gesetz über den Verband Groß-Berlin« vom 19. Juli 1911/1. Januar 1912[27] wurde aus den Städten Berlin, Charlottenburg, Lichtenberg, Neukölln, Schöneberg, Spandau und Wilmersdorf sowie den Kreisen Niederbarnim und Teltow mit nahezu 400 Einzelgemeinden ein Zweckverband geschaffen, der eine Koordinierung innerhalb des betroffenen Gebietes über die Fragen der Bebauungspläne einschließlich Mitsprache in Bauordnungsfragen, der Erholungsflächen und der Verkehrsnetzgestaltung mit Ausnahme der Staatsbahnen zur Aufgabe hatte. Die Mißstände waren unübersehbar. Sie kosteten die Gemeinden viele zusätzliche Millionen. Im Groß-Berliner Wirtschaftsgebiet arbeiteten die getrennten Verwaltungen von sage und schreibe 17 Wasser-, 43 Gas- und Elektrizitätswerken sowie fast 60 Kanalisationsbetrieben – zum Teil wiederum mit eigenen Rieselfeldern – nebeneinander oder leider oft auch gegeneinander. Eine Koordinierung der verschiedenen Vorhaben war also dringend erforderlich. Aber der Zweckverband war mit einigen schweren Hypotheken belastet, die vor allem sein räumliches Wirkungsfeld betrafen. Die drei Hauptaufgaben zu bewältigen, die zu lösen ihm übertragen waren, ist ihm in ganz unterschiedlicher Weise gelungen: So erreichte er Anerkennungswertes auf dem Gebiet der Sicherstellung von Erholungsflächen für die Bevölkerung, er erreichte, wenn auch spät, einiges auf dem Verkehrssektor, und er erreichte wenig auf dem Gebiet des Bauwesens[28].

Die dem Einheitsgedanken zugewandten Kräfte sammelten sich während dieser Jahre in dem vom Schöneberger Oberbürgermeister Alexander Dominicus maßgeblich unterstützten Bürgerausschuß von Groß-Berlin[29], die Andersdenkenden formierten sich in einer »Vorortgemeinschaft im Kreise Teltow«. Der Bürgerausschuß propagierte 1918 die Gesamtgemeinde, innerhalb derer die Einzelgemeinden noch wesentliche Funktionen behalten sollten, der aber die »Kompetenz-Kompetenz«, das heißt die eigene Entscheidung über eine Ausweitung ihrer Befugnisse auf im Gemeinschaftsinteresse liegende Aufgaben, zugestanden werden sollte. Dieser Gedanke einer Gesamtgemeinde, der besonders lange von Charlottenburg verfochten wurde, ist wenig später im Laufe der Verhandlungen von 1919/20 zugunsten der Einheitsgemeinde fallengelassen worden.

Die Situation Berlins und seiner unmittelbaren Umgebung war zu Beginn der Weimarer Republik, rund fünfzig Jahre nach der Reichsgründung, vor allem von zwei Grundgegebenheiten – siedlungsgeographischer und sozioökonomischer Art – bestimmt. Die Stadt lag inmitten einer alten Städtelandschaft, in der Nachbarschaft von drei weiteren, schon in vorindustrieller Zeit bestehenden Städten (Spandau, Charlottenburg und Köpenick) und einer Vielzahl von Dörfern. Die enge Nachbarschaft mit anderen von Berlin unabhängigen Städten und Siedlungen bekam entscheidende Bedeutung, als nach 1871 ein explosionsartiges Wachstum einsetzte. Anders als etwa Paris,

27 Amtsblatt Potsdam 1911, S. 123–137.

28 Elek TAKÁTS, Der Verband Groß-Berlin vom 19. Juli 1911 bis 1. Oktober 1920, seine wirtschaftlichen Aufgaben und Leistungen, insbesondere im Verkehrs- und Siedlungswesen, Diss. Köln 1932, Köln 1933.

29 Zur Tätigkeit des Bürgerausschusses und der »Vorortgemeinschaft« vgl. KAEBER (wie Anm. 4), S. 374; Hans LOHMEYER, Die Entwicklung Berlins zum Stadtstaat. Ein Beitrag zur Geschichte der Selbstverwaltung seit 1850, in: Der Bär von Berlin 5 (1955), S. 16–32, bes. S. 31 f.; NOWACK (wie Anm. 17), S. 213 ff.

das seit dem Mittelalter das eine große Zentrum darstellte und aus diesem Zentrum heranwuchs, wobei andere Siedlungskerne im Einzugsbereich kaum existierten, wurden im Berliner Raum die vorhandenen Dörfer der unmittelbaren Umgebung zu Kristallisationspunkten für ein eigenständiges Städtewachstum. Dies zeigte sich hinsichtlich Schönebergs, Neuköllns, Lichtenbergs und Wilmersdorfs besonders deutlich.

Mit dem deutschen Nationalstaat teilte seine Hauptstadt die geschichtliche Erblast, im Widerstreit zu einem regionalen Partikularismus und infolge der obrigkeitsstaatlichen Fesseln der Volkssouveränität erst verspätet eine zeitgerechte, politisch-institutionelle Form finden zu können. Die den Weg zur Einheit erschwerende Vielzahl der selbständigen Territorien in Gestalt der deutschen Fürstentümer wurde im Großraum Berlin noch um das Doppelte übertroffen, wenn die Zersplitterung in acht Städte, 59 Landgemeinden und 26 Gutsbezirke dieser lediglich zur Illustration der vorhandenen Schwierigkeiten dienenden Analogie zugrunde gelegt wird. Bis zum Jahre 1919 hatte Alt-Berlin mit 1,93 Millionen Einwohnern gegenüber zusammen 1,75 Millionen in den Vororten seine unbestritten dominierende Rolle zunehmend strukturell eingebüßt. Mit 323 000 Bewohnern war das wohlhabende Charlottenburg, gefolgt von dem vorwiegend durch Arbeiterbevölkerung geprägten Neukölln mit 362 000 Einwohnern, eine der bedeutendsten und finanzkräftigsten Großstädte in Deutschland geworden. Auch Schöneberg, Lichtenberg und Wilmersdorf wiesen erheblich mehr als 100 000 Menschen auf, Spandau und Steglitz waren dicht an diese Grenze herangerückt. Wenn daneben etliche Landgemeinden existierten, die weniger als 2000 Einwohner hatten und noch ein bäuerliches Gepräge zeigten, erleichterte ein solches Entwicklungsgefälle die zu bewältigende Integrationsaufgabe keineswegs[30]. Die außergewöhnlichen Dimensionen des projektierten Groß-Berlin mit seinen 880 Quadratkilometern Gesamtfläche lassen sich daran ermessen, daß Wien nach den Eingemeindungen Ende des 19. Jahrhunderts lediglich 178 Quadratkilometer umfaßte und selbst die Weltstädte Paris (470 Quadratkilometer) und New York (840 Quadratkilometer) sich über ein kleineres Territorium erstreckten. Allein London war durch die aufgelockerte Siedlungsstruktur des Gartenstadtsystems mit 1790 Quadratkilometern im Flächenmaß noch erheblich weitläufiger angelegt.

Als Motiv für verbreitete Widerstände in den Vororten gegen eine Eingemeindung dürfen sentimentale Anhänglichkeiten an überkommene Lebenswelten nicht unterschätzt werden. Am stärksten konnten solche Erwägungen auf Spandau zutreffen, das die längste Tradition kommunaler Eigenständigkeit aufwies und bis zur Reichsgründung von 1871 die einzige Berliner Vorortgemeinde mit fast 20 000 Einwohnern noch vor Charlottenburg war[31]. Überdies hatte die Randlage Spandaus im Groß-Berliner Wirtschafts- und Verkehrsraum dazu geführt, daß es den mit Abstand geringsten

30 Vgl. die Statistik bei Ingrid THIENEL, Verstädterung, städtische Infrastruktur und Stadtplanung. Berlin zwischen 1850 und 1914, in: Zeitschrift für Stadtgeschichte, Stadtsoziologie und Denkmalpflege 4 (1977), S. 55–84, bes. S. 65, sowie Statistisches Jahrbuch der Stadt Berlin 34 (1920), S. 889.

31 Vgl. die Bevölkerungstabelle in dem Beitrag von Wolfgang RIBBE, Spandau im Zeitalter der Industrialisierung, in: Slawenburg – Landesfestung – Industriezentrum. Untersuchungen zur Geschichte von Stadt und Bezirk Spandau, hg. von Wolfgang RIBBE, Berlin 1983, S. 252.

Bevölkerungszuwachs aller Städte des Umlandes erlebte, weshalb die Ortsgebundenheit der Bewohner eine wesentlich größere Rolle spielte als in den erst seit der Jahrhundertwende expandierenden Wohnvierteln des Berliner Südwestens. Ansonsten gewann der mit den Vorbereitungen eines Gesetzentwurfs beauftragte preußische Unterstaatssekretär Freund bei einer Besprechung mit den betroffenen Kommunalpolitikern am 1. März 1919 den mehr auf materiellen Interessen begründeten Eindruck, *daß die Gemeinden ihr Selbständigkeitsbedürfnis im wesentlichen nach ihrer finanziellen Leistungsfähigkeit bemäßen, und daß in den weiter vom Zentrum entfernten Gemeinden ein geringeres Interesse an dem Zusammenschluß obwalte*[32]. Als Kronzeuge für die erste Kategorie von Einsprüchen kann das Charlottenburger Stadtoberhaupt Scholtz angeführt werden, in dessen auf der Konferenz dargelegten rechtsliberalen Blickwinkel *eine Eingemeindung die Folge haben würde, daß in der Groß-Berliner Gemeinde eine absolute sozialdemokratische Mehrheit herrschen würde. Nach den bekannten Steuergrundsätzen dieser Partei ist anzunehmen, daß mit einer sehr scharfen Belastung der wohlhabenden Kreise und in deren Folge mit einer starken Abwanderung dieser Kreise gerechnet werden muß. Das neu zu schaffende Groß-Berliner Gebilde wird daher sehr bald an außerordentlicher finanzieller Leistungsschwäche leiden*[33].

Da Charlottenburg seine besondere Finanzkraft zu einem beachtlichen Teil aus Steuerzuschlägen auf Einkommen geschöpft hatte, die im Berliner Stadtgebiet und somit auch unter Nutzung seiner Infrastruktur verdient worden waren, ging es der Stadt auch um die Verteidigung solcher Privilegien. Noch stärker galt dieses Mißverhältnis von fehlender ökonomischer Eigenleistung und gewissermaßen parasitärer Abschöpfung von Berliner Steuerquellen für die Villenkolonien, von denen sogar der offizielle Magistratsbericht sagte: *Es besteht in ihnen kein selbständiges wirtschaftliches Leben. Ihre Einwohner haben ihre Geschäfte und sonstige Tätigkeiten in Alt-Berlin, und es ist eine Forderung der Billigkeit, daß sie dort ihre Steuern entrichten, wo sie ihre Einnahmequellen haben*[34]. In dieser Hinsicht griff auch der äußerst nüchtern argumentierende, aber im Streit um die Einheitsgemeinde überaus engagierte Oberbürgermeister Wermuth zu subtiler Ironie, wenn er das zumeist die wirklichen Intentionen verschleiernde Bestreben treffend karikierte, *in der Wüste Großberlin die Kulturoasen Friedenau, Lankwitz, Schlachtensee und Wannsee und wie sie heißen, zu schaffen, das heißt mit anderen Worten, den vermögenderen Gemeinden eine finanzielle und gesellschaftliche Sonderstellung zu sichern*[35].

Das »Gesetz über die Bildung einer neuen Stadtgemeinde Berlin« vom 27. April 1920, das am 1. Oktober 1920 in Kraft trat[36], hat, wie wir gesehen haben und wie die vorsichtige Überschrift des Gesetzes deutlich macht, in der selbst der Begriff Groß-Berlin nicht auftaucht, eine komplizierte Vorgeschichte. Das Gesetz stellte keineswegs

32 Das Problem Groß-Berlin. Eine Sammlung von Veröffentlichungen zu der Groß-Berliner Eingemeindungsfrage, Berlin-Lichtenberg [sic!] 1919, S. 23.

33 Groß-Berlin als Einheitsgemeinde. Denkschrift des Magistrats Charlottenburg, (Berlin) 1920, S. 16.

34 Verwaltungsbericht des Magistrats zu Berlin, Berlin 1919.

35 Adolf WERMUTH, Ein Beamtenleben, Berlin 1922.

36 Preußische Gesetzessammlung, Jahrgang 1920, Nr. 19, S. 123–148.

eine Lösung aus einem Guß dar, im Gegenteil, es bedeutete schließlich einen mühsamen Kompromiß, der die Schwierigkeiten widerspiegelte, die bis zur Verabschiedung des Gesetzes zu überwinden waren. Ergebnis war eine dezentralisierte Einheitsgemeinde mit verschiedenen Konzessionen an die Anhänger der Gesamtgemeinde, eine Agglomeration mit einem starken Übergewicht des Großraums Berlin gegenüber dem übrigen Brandenburg.

Die neue Einheitsgemeinde, die in 20 Bezirke mit beschränkter Selbstverwaltung aufgegliedert wurde, hatte eine größere Grundfläche erhalten, als es manche kommunalen Praktiker gewünscht hatten. Andere bedauerten freilich, daß ein Teil der in Kommunalbesitz übergegangenen Wälder und der größte Teil des zu Rieselzwecken benötigten Landes außerhalb des neuen Groß-Berlin blieben. Nur ein Bruchteil der Gemeinden der Kreise Niederbarnim und Teltow, die ja zuvor in ihrer Gesamtheit dem Zweckverband angehört hatten, wurde eingemeindet. Lediglich im Spandauer Bereich griff man mit der Einbeziehung von Gatow, Kladow und Staaken geringfügig über die Grenzen des Zweckverbandes hinaus. Weite Teile des von dem Verstädterungsprozeß bereits betroffenen Gebiets, unter anderem die eingemeindungswilligen Gemeinden Bernau und Zepernick, blieben außerhalb der neuen Kommune. Vor allem Städtebauer übten Kritik am allzu geringen Umfang der Einheitsgemeinde. So hatte der ehemalige Stadtbaurat Beuster bereits 1917 ein Gebiet im Radius von über 20 Kilometer um die Kernstadt als Stadtgebiet gefordert[37]. Noch weiter griff der Architekt und Städteplaner Martin Mächler, der in einer Denkschrift zum Gesetzentwurf einen 50-Kilometer-Radius als Gemeindegebiet für notwendig hielt[38]. Das nach 1920 nur unwesentlich erweiterte Stadtgebiet zeigt sich als Kompromiß zwischen der verwaltungstechnisch vertretbaren und städtebaulich wünschenswerten Vereinheitlichung des städtischen Gebietes.

Eine gewisse Dezentralisierung der Verwaltung der großen neuen Stadtgemeinde wurde mit der Gliederung in 20 Verwaltungsbezirke erreicht, mit Bezirksämtern entsprechend dem Berliner Magistrat. Von diesen Bezirken, deren Grenzen teilweise durch eine Neuordnung 1938 und dann nochmals 1945 bei Gatow geringfügig verändert wurden, gehörten während der politischen Trennung der Stadt zwölf zu West-Berlin und acht zu Ost-Berlin. Die so entstandenen Bezirke spiegeln in der Mehrzahl die frühere Siedlungsstruktur des Großraums Berlin wider. So gehen von den zwölf West-Berliner Bezirken in ihrem Kern fünf auf einst selbständige Stadtgemeinden zurück, denen lediglich einzelne Landgemeinden oder Gutsbezirke als Ortsteile hinzugeschlagen wurden, nämlich Spandau[39] mit Stadtrecht schon seit dem 13. Jahrhundert, Charlottenburg[40] mit Stadtrecht seit dem frühen 18. Jahrhundert sowie Neukölln[41],

37 Fritz Beuster, Groß-Berlin nach dem Kriege – Städtebau und Verwaltungsorganisation, Berlin 1918.

38 Martin Mächler, Denkschrift betreffend Ergänzung des Gesetzentwurfes zur Bildung eines Stadtkreises Groß-Berlin, in: Städtebau 15 (1920), Heft 1/2.

39 Wolfgang Ribbe, Spandau. Berlin 1990, insbesondere das Kapitel »Das mittelalterliche Spandau«.

40 Dieter Schütte, Charlottenburg, Berlin 1988, S. 29 (die Stadtrechtsurkunde ist allerdings niemals ausgefertigt worden).

41 Felix Escher, Neukölln, Berlin 1988, S. 49 (1899 wurde »Rixdorf« Stadt).

Schöneberg[42] und Wilmersdorf[43] als jüngere Städte, die ihr Stadtrecht um 1900 erhalten hatten. Der Bezirk Tiergarten[44] war aus der Hugenottenkolonie Moabit und den Tiergartenvierteln, einschließlich des großen Parks, also Teilen der Stadt Berlin, zusammengefügt worden. Der Bezirk Wedding[45] gründete sich auf das auf einst wüster Dorfmark entstandene und seit 1816 im Besitz Berlins befindliche Vorwerk gleichen Namens. Der Bezirk Kreuzberg[46] entstand aus Teilen der kurfürstlichen Friedrichstadt, der Luisenstadt und der Tempelhofer Vorstadt auf bereits zu Berlin gehörendem Gebiet. Zehlendorf[47] geht in seinem Kern auf das frühere Angerdorf aus dem 13. Jahrhundert zurück, das schon früher mit dem Dorfe Schönow vereinigt worden war und nun noch mehrere jüngere Kolonien wie Nikolassee, Schlachtensee und Dahlem dazubekam. Steglitz[48], das mit mehr als 60000 Einwohnern größte Dorf Preußens, vereinigte sich mit den Dörfern Lichterfelde, Lankwitz und jüngeren Siedlungsgebieten. Im Bezirk Tempelhof[49] wurden die drei alten Dörfer des Templerordens, Tempelhof, Mariendorf und Marienfelde, mit dem alten Dorf Lichtenrade vereinigt. Reinikkendorf[50] schließlich wurde aus dem gleichnamigen mittelalterlichen Dorf und den Dörfern Dalldorf (Wittenau), Heiligensee, Lübars und Tegel sowie weiteren Gutsbezirken und jüngeren Siedlungen gebildet.

Von ihrer Einwohnerzahl her waren und sind die einzelnen Bezirke noch immer recht verschiedenartig. Bei Schaffung der Verwaltungsbezirke schwankte ihre Einwohnerzahl zwischen 33000 für Zehlendorf und 366000 für Kreuzberg. Jedoch war für ihre Gestaltung weniger die Bevölkerungsgröße maßgebend als vielmehr die Auffassung, den zu neuer Einheit zusammengeschweißten Gemeinden ihre soziale und funktionelle Eigenart sowie die wirtschaftliche Zusammengehörigkeit und Verwandtschaft mit den Nachbarkommunen weitestgehend zu belassen[51]. Dabei waren auch Wünsche der einstigen Gemeinden selbst berücksichtigt worden.

Einzelne Verwaltungsbezirke sind in ihrem Gebietsstand inzwischen verändert worden: Im Jahre 1938 gab es einen Gebietsaustausch zwischen einzelnen Bezirken, der rund 7 Prozent der Fläche des Gebietes der Einheitsgemeinde betraf. Im Zuge dieser Neuregelung wurden zum Beispiel Teile des Grunewaldes und des Villenviertels Dahlem zwischen den Bezirken Wilmersdorf und Zehlendorf ausgetauscht. Die Siedlung Eichkamp kam von Wilmersdorf nach Charlottenburg, während letzteres seinerseits die nördliche Jungfernheide teils an Reinickendorf und teils an Wedding abtrat[52].

42 Volker VIERGUTZ, Schöneberg, Berlin 1988, S. 72.
43 Hans-Ulrich KAMKE und Sigrid STÖCKEL, Wilmersdorf, Berlin 1989, S. 54f.
44 Rosemarie BAUDISCH und Michael S. CULLEN, Tiergarten, Berlin 1990, S. 63 und 81. Tiergarten kam 1881 nach Berlin, Moabit bereits zwanzig Jahre früher.
45 Klaus DETTMER, Wedding, Berlin 1988, S. 44.
46 Heinrich KAAK, Kreuzberg, Berlin 1988, S. 50 und 83.
47 Jürgen WETZEL, Zehlendorf, Berlin 1988, S. 122f.
48 Annette GODEFROID, Steglitz, Berlin 1989, S. 70.
49 Peter BUCHHOLZ, Tempelhof, Berlin 1990, S. 58f.
50 Axel REIBE, Reinickendorf, Berlin 1988, S. 78.
51 NOWACK (wie Anm. 17), S. 12.
52 Amtsblatt der Stadt Berlin, 1938.

Einen tiefen Einschnitt in die Geschichte der Berliner Stadtlandschaft bedeutete das Jahr 1933. Für Hitler gingen politische Ordnungsvorstellungen und Architekturphantasien ineinander über. So ist für die Zeit der nationalsozialistischen Herrschaft wie für keine der vorangegangenen Epochen ein Zusammenhang zwischen Herrschaftsform und Gestaltung der Stadtlandschaft zu erkennen. Bereits 1933 erläuterte Hitler den Spitzen der Berliner Verwaltung seine Konzeption einer Umgestaltung Berlins zur Reichshauptstadt »Germania«[53]. Zu den Widersprüchlichkeiten in der Stadtraumpolitik des Nationalsozialismus gehört, daß einerseits eine dem Machtanspruch entsprechende, repräsentative Hauptstadt gewünscht, andererseits die Zusammenballung von Menschen in Millionenstädten grundsätzlich abgelehnt wurde. So sah der NS-Staatskommissar Julius Lippert das Sinken der Berliner Bevölkerungszahl um 1933 nicht ohne Befriedigung. Weitere Eingemeindungen wurden der Stadt Berlin untersagt. Doch ging man im Büro des Generalbauinspektors für Berlin, Albert Speer, 1938 von einer Einwohnerschaft von 8 Millionen Menschen aus. Deshalb wurden außerhalb der Stadtgrenzen im Osten und Süden entlang der beiden Hauptachsen neue Wohnquartiere geplant. Die Projekte gelangten jedoch nicht zur Ausführung. Insgesamt wurden nach 1933 weniger Wohnungen gebaut als in der Zeit vor der Weltwirtschaftskrise. Gegebenenfalls erweiterte man – wie in Zehlendorf und Britz – bestehende Siedlungen.

Die ungeregelte Einfamilienhaussiedlung war zum Kennzeichen vieler Randgemeinden vor allem im Bereich der seit den zwanziger Jahren zum größten Teil elektrifizierten S-Bahn-Linien geworden. Die Endpunkte des Vorortverkehrs (Wustermark, Nauen, Velten, Oranienburg, Beelitz) markierten weiterhin die äußeren Grenzen des verstädterten Raumes. Der »Berliner Ring«, eine bis 1975 nur von Werder bei Potsdam bis zum Stettiner Abzweig im Süden und Osten geschlossene Autobahn, ermöglichte vor allem im Süden weiteres Ansiedeln mit Anschluß des Individualverkehrs[54]. Auch die Expansion der Berliner Industrie in das außerhalb des erweiterten Stadtgebietes gelegene Umland ging weiter, vor allem unter dem Vorzeichen der Aufrüstung. Hennigsdorf erhielt Anlagen der Schwerindustrie. Vom Westen ausgehend, zog sich, von den traditionellen Garnisonsstandorten Potsdam, Nauen und Spandau, ein breiter Gürtel von Militäranlagen von Werder bis Bernau im Osten. Schwerpunkte waren Wünsdorf, Zossen und Strausberg[55]. Der Zweite Weltkrieg bewirkte durch das Ausweichen der Berliner Bevölkerung vor den zunehmenden Bombenangriffen einerseits und dem wachsenden Militärapparat andererseits eine Steigerung der Zersiedlung.

Nach den Kriegszerstörungen entwickelte Hans Scharoun, 1945–1946 Stadtrat für Bau- und Wohnungswesen im noch ungeteilten Berlin, den Gedanken einer »harmonischen Stadtlandschaft«. Die im sogenannten Kollektiv-Plan unter maßgeblicher Beteiligung Scharouns zusammengefaßten städtebaulichen Ideen sahen die weitere Auflockerung des dichten, konzentrisch um das Stadtzentrum bis zur Ringbahn gelegenen

53 Wolfgang Schäche, Architektur und Stadtplanung während des Nationalsozialismus am Beispiel Berlins, in: Von Berlin nach Germania. Über die Zerstörungen der Reichshauptstadt durch Albert Speers Neugestaltungsplanungen. Eine Ausstellung des Landesarchivs Berlin. Katalog, hg. von Hans J. Reichhardt und Wolfgang Schäche, Berlin 1985, S. 9–34.

54 Hierzu und zu den folgenden Ausführungen vgl. Zimm (wie Anm. 21), S. 153 ff. und 197 ff.

55 Zimm (wie Anm. 21), S. 123 ff. und 175 ff.

Wohnringes und die strikte Trennung von Wohn- und Arbeitsstätten vor. Anstelle des City-Bereichs in dem historischen Stadtzentrum entstand die Idee eines breiten Bandes der zentralen Einrichtungen von Alt-Berlin bis in das westliche Charlottenburg. Das durch die Ausdehnung des vor dem Ersten Weltkrieg geschaffenen Stadtraums benötigte Siedlungsareal hätte sich nach den Ideen der Planer der »ersten Stunde« weit über die Grenzen Groß-Berlins hinaus erstreckt. Eine generelle Änderung des Bodenrechts in der Stadt wie auch in der Provinz war aber Voraussetzung für die Verwirklichung[56].

Die Spaltung der Stadt im Jahr 1948 führte zu Divergenzen in der Stadtplanung, trotz Übereinstimmung in grundsätzlichen Fragen wie der Auflockerung der innerstädtischen Wohngebiete und der Anlage eines neuen überörtlichen Straßennetzes.

Eine konvergente Entwicklung der beiden Stadthälften mit ihrer Zuordnung zu verschiedenen Gesellschaftssystemen wies der Großsiedlungsbau auf[57]. Während der drängenden Wohnungsnot im Westen vornehmlich durch die Bebauung vorhandener Freiflächen (Britz-Süd, Spandau-Staaken, später auch Falkenhagener Feld, Gropiusstadt, Märkisches Viertel) bis in die sechziger Jahre begegnet wurde, begann der Wiederaufbau im Ostteil in den citynahen, zerstörten Bereichen östlich des Alexanderplatzes. Die hohen innerstädtischen Bodenpreise, die im Westen die flächenhafte Neubebauung auf wenige Bereiche, zum Beispiel das Hansaviertel und Bayerisches Viertel 1957 und den Wedding, beschränkt hatten, waren durch Änderungen des Bodenrechts beseitigt. Doch hinderten Material-, Kapazitäts- und Kapitalmangel in den östlichen Bezirken umfassende Aufbauleistungen. Erst in den letzten Jahren sind durch die Flächensanierung in den engbebauten Innenstadtbezirken im Westen einerseits und durch den hohen Flächenbedarf der industrialisierten Bauformen nach sowjetischem Vorbild im Ostteil andererseits in den Außenbezirken weite Freiflächen in Köpenick, Friedrichsfelde, Prenzlauer Berg und Marzahn zugebaut worden. Die Sanierung erweist sich vielfach als Reparatur der baulich und sozial vernachlässigten Wohnquartiere aus der Gründer- und Wilhelminischen Zeit.

Noch stärker als jemals zuvor bestimmen heute politische Gegebenheiten das Stadt-Land-Verhältnis im Berliner Raum. Die weit in das jetzige Bundesland Brandenburg (von 1952 bis 1990 die Bezirke Frankfurt/Oder und Potsdam) vorgeschobene Vorortsiedlung mit einzelnen Industrieschwerpunkten war seit 1961 durch den unmittelbar im Anschluß an die Blockade 1949 ausgebauten und um 1960 vollendeten Eisenbahn-Außenring allein mit dem Ostteil der Stadt verbunden. In den schlecht erreichbaren, westlich und südlich der Stadt liegenden Gebieten wurden neue Industrieschwerpunkte, zum Beispiel in Teltow und im Raum Falkensee/Nauen, geschaffen.

Mit den politischen Ereignissen des Jahres 1945 erhielten die Berliner Verwaltungsbezirksgrenzen eine nicht vorhergesehene Bedeutung. Sie wurden zementiert als Demarkationslinien zwischen den vier Sektoren der Besatzungsmächte gegenüber der

56 Vgl. dazu auch: Wolfgang RIBBE, Berlins Bedeutung in deutschen Raumkonzepten – Weltstadt/Hauptstadt?, in: Wendezeiten in Architektur und Stadtplanung. Kontinuität oder Bruch in der Entwicklung nach 1945, hg. von Erich KONTER, Berlin 1986, S. 65–67.

57 Vgl. dazu die demnächst auch gedruckt zugängliche grundlegende Studie von Dieter HANAUSKE: Bauen, bauen, bauen …! Die Wohnungspolitik in Berlin (West) 1945–1961, Phil. Diss. FU Berlin 1990.

umgebenden Sowjetischen Besatzungszone. Nur geringfügig änderte sich der Besitzstand nach 1945: Das Stadtgebiet Groß-Berlins umfaßte am Ende des Zweiten Weltkriegs eine Fläche von 88370 Hektar. Die Besatzungsmächte änderten den Grenzverlauf an einigen Stellen. So erhielten die Briten 1945 ein Areal von 172 Hektar zum Bau des Flughafens Gatow und traten dafür West-Staaken an die Sowjetische Besatzungszone ab. Mit der Einheit Deutschlands kehrte West-Staaken am 3. Oktober 1990 nach Berlin zurück. Das Dorf Stolpe im Norden Berlins ist mit seinen 1615 Hektar ebenfalls 1945 nach Berlin eingemeindet worden, kehrte aber bereits während der Blockade 1948 an die Sowjetische Besatzungszone zurück. Das Vier-Mächte-Abkommen von 1971/72 führte zu Vereinbarungen über einen Gebietsaustausch zwischen Berlin-West und der DDR, wobei Berlin 15,6 Hektar abgab und 26,1 Hektar erhielt, wofür noch ein Wertausgleich von 35 Millionen DM an die DDR ging. Ein letzter Gebietsaustausch kam 1988 zustande, wobei Berlin(-West) 14 Flächen mit zusammen 96,7 Hektar erhielt und zugleich vier Areale mit zusammen 87,8 Hektar an die DDR gab, die zusätzlich einen Wertausgleich von 76 Millionen DM erhielt.

Im Prinzip ist man nicht davon abgewichen, die Verwaltungsgrenzen von 1920 unverändert zu lassen. Dies gilt auch für Ost-Berlin, denn die inzwischen entstandenen drei neuen Verwaltungsbezirke Marzahn, Hohenschönhausen und Heinersdorf greifen nur unwesentlich über die Bezirksgrenzen von 1920 hinaus; sie sind im wesentlichen durch Neuaufteilung der tangierten alten Verwaltungsbezirke gebildet worden. Dies hatte sicher politische Gründe, die in einem Zusammenhang mit der Vier-Mächte-Verantwortung für ganz Berlin standen. Damit aber nahm ganz Berlin eine weltweite Sonderstellung ein[58]. Die Doppel-Stadt unterschied sich darin insbesondere von den bundesdeutschen Kommunen, die ihren größten Eingemeindungsschub nach dem Zweiten Weltkrieg erfahren hatten. Solange Berlin in den Grenzen von 1920 existieren muß, kommt der Veränderung der Binnenstruktur im Rahmen einer unveränderbaren Stadtfläche besondere Bedeutung zu. Nun, nach der Wiedervereinigung, eröffnen sich neue Möglichkeiten einer Ausdehnung der Stadt über die Grenzen von 1920 hinaus, doch dürfte ihre Realisierung zunächst an den Bestrebungen Brandenburgs scheitern, eine Expansion Berlins – etwa entlang der Vorortstrecken der S-Bahn – zu verhindern, in dem Glauben, so das eigene Bundesland wirtschaftlich stärken zu können. Die Erkenntnis, daß ein gemeinsames Bundesland Berlin-Brandenburg die weitaus besseren Zukunftschancen hätte als zwei sehr unterschiedlich strukturierte Kleinstländer, hat sich in Potsdam leider nicht durchgesetzt, wo man befürchtet, durch Berlin politisch majorisiert zu werden. Vertragliche Vereinbarungen werden vorläufig eine dauerhafte Lösung des Problems ersetzen müssen.

58 Peter SCHÖLLER, Paradigma Berlin. Lehren aus einer Anomalie – Fragen und Thesen zur Stadtgeographie, in: Geographische Rundschau 26 (1974), S. 425–434.

Diskussionsbeiträge zu den einzelnen Referaten

DISKUSSION ZUM BEITRAG LEISER

Kirchgässner: Wir danken Herrn Leiser für diese subtile Nachzeichnung einer sehr vielfältigen Entwicklung, die im Grunde genommen 1000 Jahre abendländischer Geschichte förmlich auf den Kopf gestellt hat und seitdem nicht mehr zur Ruhe gekommen ist. Wir danken auch für die Straffung des Vortrages, die dem Referenten sicherlich mancherlei Verzicht zugemutet hat.

Naujoks: Ich möchte fragen, ob auch hierzulande ein entsprechendes Beispiel bekannt ist, wie es in der mittelalterlich geprägten Stadt Siena bei ihren Straßenfesten heute noch üblich ist, die also regelmäßig und zu gewissen Terminen gefeiert werden – bescheidene Parallelen gibt es in württembergischen Städten, vermutlich auch in badischen. Das geht über politische oder juristische Organisationen in den Bereich spontaner gesellschaftlicher Bindungen hinein.

Leiser: Natürlich gibt es alle möglichen Versuche spontaner Art, gelegentlich – nach meinem Eindruck – reichlich künstliche, um die Bevölkerung zu integrieren. Das Schlagwort, das hier gebraucht wird, heißt »Neue Ortskultur« und ist ein eigenartiges Phänomen. Volkskundler sind daran, diese Erscheinungen aufzuschlüsseln; ich selbst bin hierfür nicht kompetent, habe es freilich genau beobachtet. Mir ist nicht recht wohl dabei, wenn ich sehe, daß solche Ortskulturen höchst künstlich von Leuten kreiert werden, die relativ neu am Ort sind.

Ich selbst wohne in einer Landgemeinde, die »suburbanisiert« wurde. Wir haben, um nur das eine Beispiel zu nennen, einen Heimat- beziehungsweise Trachtenverein – Mitglieder sind vorzugsweise Leute, die als Arbeitnehmer der Firma Siemens aus Berlin gekommen sind und jetzt eben einen fränkischen Trachtenverein aufgezogen haben; mir ist das nicht sehr geheuer. Selbstverständlich kommen hier soziale Bedürfnisse zu Wort, die sich auf diese Weise ausdrücken, doch muß man die Frage bedenken, wie ernsthaft das zu nehmen ist und welche Dauer diesen Bemühungen beschieden sein mag.

Bei uns sind gleich drei Vereine gegründet worden: ein Heimat- und Trachtenverein, in dem man berlinisch redet und in erfundenen fränkischen Volkstrachten herumgeht, die es nie gegeben hat; sodann einen Tennisclub, der andere Mitglieder hat, schließlich einen Karnevalsverein, der noch fremdartiger importiert wirkt. Das sind alles Formungen, die sich als Sozialbedürfnisse artikulieren. Die Form mag kurios und skurril sein, die Bedürfnisse sind echt, und wir müssen sie ernstnehmen. Das ist sicher ein interessantes Problem für Volkskundler und Soziologen; leider sind die Bemühungen, in Würzburg hierfür einen Sonderforschungsbereich zu etablieren, nicht gelungen.

Kirchgässner: Sicherlich wird in unserer manchmal amorph wirkenden Zeit noch so manche Dissertation über das neuentdeckte Vereinswesen geschrieben werden!

Leiser: Die ursprüngliche Struktur meiner Heimatgemeinde ist natürlich nicht typisch dörflich; sie ist eine Marktgemeinde, und das will in Bayern und Franken einiges besagen. Die Ureinwohnerschaft ist freilich in die Minderheit geraten und hält sich aus dem Vereinswesen, das von Zuzüglern aufgezogen worden ist, weitgehend heraus. Es ist aber eine weitbekannte Beobachtung, daß solche Vereine gerade nicht von den ansässigen und in sich sozial integrierten Bevölkerungsschichten ausgehen, sondern von Zuzüglern.

Seiler: Ich sagte schon, daß dieses Thema brandheiß ist. Ich habe noch zwei Bemerkungen historischer Art hierzu: Das Prinzip der indirekten Repräsentation wurde in Karlsruhe zumindest zweimal durchbrochen, und zwar bei Oberbürgermeisterwahlen. Einmal muß es vor 1837 gewesen sein, das andere Mal war es 1854, als Oberbürgermeister direkt gewählt wurden. Des weiteren kam zur Sprache, die neuen Stadtteile seien von der Ortschaftsverfassung in Baden-Württemberg ausgenommen. Das war beabsichtigt, ist aber nicht der Fall: Die neuen Ortsteile sind nicht ausgenommen von der Ortschaftsverfassung. Rein gesetzlich, also von der Rechtslage der Gemeindeordnung her, ist es möglich, bei räumlich abgegrenzten Ortsteilen eine Ortschaftsverfassung einzuführen.

Leiser: Es ist dies ein interessantes Problem, das Herr Oberbürgermeister Dr. Seiler hier angeschnitten hat: die Aufgliederung der Städte. Wir haben in Erlangen dieses Thema in Seminaren bearbeiten lassen; ich habe meine Studenten und Mitarbeiter in die Rathäuser geschickt. Da wurde gefragt: »Wie sieht das nun eigentlich in Wirklichkeit aus?« Wir haben in Erlangen ein durchaus abgrenzbares Gebiet, in der Kernstadt ein ausgesprochenes Problemgebiet. Allgemein schickt man Sozialarbeiter und Pfarrer dort hinaus. Meine Frage an das Rechtsamt war, ob vielleicht mit der Ortschaftsverfassung ein Ventil sozialer Probleme konstruierbar sei, damit man sich auch dort artikulieren könne. Man ging dann freilich sofort auf Distanz; wir bekamen den Eindruck, daß diese Möglichkeit im Kommunalrecht besteht, aber reichlich unbeliebt ist: Die Städte mögen nicht.

Es wurde von der Problematik der sich bildenden zweiten kommunalen Ebene gesprochen, und das ist natürlich völlig richtig. Aber das ist auch nicht mein Problem: Ich habe nur beim Referieren darauf hingewiesen, wie es in der Praxis aussieht. Zwei Fälle haben wir also in Baden-Württemberg, wo die ganze Gemeinde untergliedert ist, und einige wenige weitere, wo die Randquartiere Ortschaftsrecht haben. In Bayern stirbt dies offensichtlich ab in dem Augenblick, wo die Randquartiere überbaut werden und ein Bevölkerungsaustausch stattfindet. So stellt es sich jedenfalls im Moment für uns dar.

Kirchgässner: Ich habe drei terminologische Fragen: Zum einen kann ich mit dem mir vertrauten Terminus »Hauptstadt« nur wenig Konkretes für das 19. Jahrhundert verbinden. Im 18. Jahrhundert kenne ich ihn von Frankenthal, von Mannheim wie auch von Heidelberg, die direkt der kurpfälzischen Regierung unterstanden. Welche Freiheiten und Möglichkeiten hatte eigentlich eine solche Hauptstadt?

Ähnlich geht es mir bei den zumindest in Mannheim sehr wichtigen Bürgerausschüssen, die doch eine erhebliche Partizipation weiterer bürgerlicher Schichten an der Willensbildung mit sich gebracht haben müssen. Fatalerweise sind aber die Quellen für dieses Organ bürgerlichen Mitspracherechtes nicht mehr da, und die Stadtratsprotokolle geben nicht viel her. Dort wird zwar ausführlich vermerkt, wenn ein Flohzirkusdirektor von Straßburg kommt – warum aber etwa BBC nach Mannheim geht und städtebildend wirkt, scheint nicht auf!

Das dritte Problem betrifft eine Wissenslücke von mir: Sie haben mit Recht die kirchlichen Verhältnisse deutlich hervorgehoben; die kirchliche Union ist also wohl von oben dekretiert worden und hat insofern auch eine gewisse Uniformierung des Typus gebracht, ohne die Integrationsfunktion der alten Pfarrei in irgendeiner Form zu übernehmen?

Leiser: Hinsichtlich Ihrer ersten Frage, was »Hauptstadt« bedeutet, bin auch ich einigermaßen ratlos. Es ist dies offenbar eine Prädikatsstadt; die deutschen Staaten haben oftmals mehrere Hauptstädte, aber nur eine Residenzstadt oder auch Nebenresidenzen. Mehr weiß ich auch nicht. In Württemberg ist es nicht viel anders mit den »guten Städten« in diesem Territorium. Dies war aber lediglich ein ehrendes Prädikat für eine Stadt mit alter Tradition, die keine verfassungsmäßige Differenzierung bringt. Die Markgrafentümer in Franken hatten fünf Hauptstädte; Residenz war Ansbach oder Bayreuth, wozu die Nebenresidenzen in Erlangen, Neustadt an der Aisch, Hof usw. hinzukamen. Das Ganze ist eine ungriffige Sache, bei deren Klärung ich nicht weitergekommen bin.

Der Bürgerausschuß war ganz einfach ein Element des Kommunalrechts des 19. Jahrhunderts.

Zumeist gab es aber in den entsprechenden Städten noch nicht die Ratsverfassung, wie wir sie heute haben, sondern zwei Gremien, eben den Bürgerausschuß und den Rat.

Ob die kirchliche Union von 1823 im Nachzug der Reformationsfeier von 1817 beziehungsweise im Rückgriff auf 1517 zu sehen ist? Hier kommt eben die Vorstellung auf, den Protestantismus wieder zusammenzuführen, worüber man jetzt lange reden müßte. Das Ganze führte zu den harten kirchlichen Auseinandersetzungen etwa seit der Jahrhundertmitte, in denen sich Orthodoxe und Liberale heftig gestritten haben. Schließlich kam es teilweise wieder zur Separation etwa im lutherischen Raum, die hier in Baden eine kleine lutherische Abspaltung bewirkte. Im großen und ganzen war man in Baden einigermaßen passiv und hat das Ganze über sich ergehen lassen. Es gibt andere Länder, in denen die Union viel mehr böses Blut verursacht hat, als es hierzulande bekannt ist.

Bischoff: Ich arbeite zur Zeit an den Texten für eine Karte der deutschen Hugenottenorte um 1700. Es ist mit dabei schon öfter aufgefallen, daß das Wort »Hauptstadt« in Verbindung mit Haupt- und Handelsstadt schon im 18. Jahrhundert auftaucht, dann auch später zum Beispiel für Magdeburg und Leipzig als Nichtresidenzstädte in Kursachsen beziehungsweise in Preußen auftaucht. Ich glaube, daß »Hauptstadt« auch einen wirtschaftlichen Anklang hat und daß man es mit dieser Funktion verband, zumal in der Wortkoppelung von »Haupt- und Handelsstadt«.

Andermann: Ich möchte das Stichwort der »Haupt- und Residenzstadt« doch für den Hinweis benutzen, daß wir mit der Arbeitsgemeinschaft für Geschichtliche Landeskunde am Oberrhein gemeinsam mit der Göttinger Akademie der Wissenschaften eine Tagung veranstalten werden, die genau zu dem Thema der Entstehung landesherrlicher Residenzen paßt, und wir werden – um wieder nach Karlsruhe zurückzukehren – am Karlsruher Jubiläum von 1990 uns mit einer Tagung über die Residenzstadt der frühen Neuzeit beteiligen. Ich glaube, daß das Problem der Haupt- und Residenzstadt eine eigene Tagung und eine hierauf abgestellte Diskussion wert ist; in Kürze läßt es sich bestimmt nicht lösen.

DISKUSSION ZUM BEITRAG RINGLER

Kirchgässner: Zwischen dem Schreckgespenst des Wildwuchses so mancher Stadtviertel moderner Industriestädte des 19. Jahrhunderts auf der einen und der Werkstatt des Planers auf der anderen Seite bewegt sich das Arbeitsfeld mit dem Risiko, daß man bei der Planung – übrigens auch bei der Planung einer Tagung! – immer erst im nachhinein genau sagen kann, wie gelungen nun der Entwurf eigentlich war. Das ist freilich eine Tatsache, die jeder menschlichen Überlegung und planerischem Vorausdenken eigen ist. Wir danken jedenfalls Herrn Ringler, daß er uns einmal in diese Werkstatt des Planers hineinschauen ließ, sind wir doch vielfach als einzelne Objekt derartiger Planungen, und das allgemeine Unbehagen gegenüber dem, was auf uns »von oben« zukommt, ist gerade in Großstädten weit verbreitet; vielfach sieht man ja als einzelner Bürger kaum mehr durch die Komplexität moderner Stadtverflechtung hindurch. Insofern ist es besonders nützlich, daß unser Arbeitskreis sich einmal über Chancen und Risiken dessen, was unter Planung zu subsumieren ist, von einem Fachmann hat kundig machen lassen.

Die Diskussion darf ich zunächst einmal selbst beginnen: Wir werden im nächsten Jahr dem Problem der Gartenstadt eigene Referate widmen. Meine Frage betrifft nun Satellitenstädte, mit deren Planung man in den fünfziger Jahren dieses Jahrhunderts ein wenig freigebig war. Mir scheint freilich, daß man heute etwas vorsichtiger geworden ist, zumal solches Planen ja nicht im luftleeren Raum stattfinden kann, sondern sich an Grenzen – in einem mir bekannten konkreten Fall sogar an den fast unüberwindbaren Ländergrenzen – stößt. Ähnliches gilt von den manchmal schwierigen Problemen, die die sogenannte Kommunalreform geschaffen hat, wenn etwa einer Stadt wie Mannheim der Landkreis weggenommen wird. Hier ergeben sich natürlich völlig neue Situationen, welche die Beurteilung dieser mit vielen Vorschußlorbeeren bedachten Gemeindereform wohl noch variieren werden.

Eine Frage bewegt mich hierbei besonders: Bestehen überhaupt Möglichkeiten zur Verallgemeinerung, einen völlig neuen Stadtteil zu konzipieren und seine Etablierung politisch durchzusetzen, wenn nach den bisherigen Erfahrungen Probleme besonderer Art entstehen? Das Anreichern an bestehende Stadtkerne scheint soziologisch, ökonomisch wie auch vom Stadtteilverständnis her doch leichter durchsetzbar zu sein – oder sehe ich das falsch? Etwas polemisch zugespitzt würde meine vorherige Frage doch wohl lauten: Lassen sich Integrationsmodelle wirklich mit Leben erfüllen, und wenn ja, wie sieht das in der Praxis aus? So manche Beispiele der auf dem Reißbrett geplanten Stadtteile scheinen zur Vorsicht zu mahnen, wenngleich kein vernünftiger Zeitgenosse von Planung abraten wird.

Ringler: Die Frage nach der idealen Stadt – letztendlich ist es diese Frage – bewegt die Menschen schon seit dem Altertum, und es gibt immer wieder kluge Köpfe, die sich hierüber Gedanken machen. Ich kann freilich nur meine persönliche Meinung wiedergeben: Ich glaube, diese ideale Stadt, diese »Reißbrettstadt« also, gibt es nicht. Sie fasziniert aber immer wieder Planer wie auch Architekten; wenn ein derartiges Modell rein gedankenmäßig entsteht, liegt freilich auch die Gefahr des Scheiterns schon im Entwurf. Ein Mensch oder eine Gruppe von Menschen kann schwerlich die Bedürfnisse vieler Menschen in ein Modell einbeziehen, zumal dann auch noch die künftigen Bedürfnisse berücksichtigt werden müßten. Fast alle Stadtmodelle waren entweder von Sozialromantik oder auch von ganz festen ideologischen Vorstellungen geprägt, wobei man hier bis auf das alte Griechenland zurückgreifen kann (so zum Beispiel Hippodamos von Milet), wo man klare Vorstellungen darüber hatte, die Gleichheit der Bürger in der Stadtstruktur wiederzugeben. Dies schien am besten möglich durch eine orthogonale, das heißt durch eine vom Rechteck gebildete Stadt, wobei alle Grundstücke mit gleicher Größe ausgestattet und Typenhäuser verwendet werden sollen, wie wir sie dann wieder in der barocken Stadt finden. Und dennoch vollziehen sich auch in solchen Städten Segregationsprozesse, die Menschen ziehen letztendlich, wenn sie sich ohne Zwang bewegen können, dorthin, wo sie wollen, und gruppieren sich nach eigenen Vorstellungen um. Im Grunde genommen wäre ein solcher Entwurf eine »verordnete Stadt«, wie es eben die Stadt des Absolutismus war, wo bis zur Farbe des Hauses und zur Größe des Fensters alles vorgeschrieben wurde, wenngleich aus anderen Motiven.

Im 19. Jahrhundert kam die sozialromantische Seite als Reaktion auf die Industrialisierung und die industrielle Revolution zur Geltung. Die Wohnungsnot und die schlechten Wohnverhältnisse brachten neue Anstöße zum Nachdenken, wie auch das Auftreten von Epidemien, was Veranlassung bot, zu überlegen, wie man solche Probleme in den Griff bekommen könnte. Pragmatische Ansätze waren Straßendurchbrüche – letztendlich das einfachste und radikalste Mittel einer Sanierung, um Luft und Sonne in die Stadt zu bekommen. Dabei spielten freilich auch militärische Überlegungen bezüglich der Möglichkeit revolutionärer Vorgänge eine Rolle, wofür Paris und Hausmann als maßgebende Namen genannt werden mögen.

Auf der anderen Seite steht der Versuch von Unternehmern, für ihre Arbeiter bessere Wohnverhältnisse zu planen. Schließlich mögen die »utopischen Sozialisten«, wie sie in der Literatur genannt werden, angeführt sein. Ob es die Schokoladenfabrik von Cadburry in England oder in Frankreich Ledoux war, der als Salinendirektor einer Saline die ideale Siedlung beigeben wollte – Siedlungsmodelle dieser Art blieben immer auf sich beschränkt und hatten kaum durchschlagenden Erfolg. Die Städte wuchsen weiter, die Planung hinkte letztendlich immer hinterher und agierte bestenfalls als Auffangplanung, um gerade noch das Schlimmste zu verhindern.

Heute sind wir nun soweit, daß die Bevölkerungsentwicklung stagniert; die Wohnversorgung ist für große Teile der Bundesrepublik gelöst oder zumindest befriedigend gelöst, wenn man einmal diesen Sektor im Vergleich zu früheren Jahrzehnten oder Jahrhunderten betrachtet. Wir haben heute andere Probleme, die im Vordergrund stehen, wie etwa die Frage der Umweltbeeinträchtigung, die es im 19. Jahrhundert natürlich auch gab, über die man damals aber nicht nachdachte. Es gibt etwa in Baden-Württemberg momentan noch reiche Mittel, wie man sagen muß, um die Qualität unserer Wohnbereiche und unserer Städte zu verbessern, aber es existiert kein eindeutiges Rezept, noch nicht einmal ein Stadtmodell – was ich persönlich nicht bedauere.

Kirchgässner: Ich möchte doch noch einmal nachfragen: Ziel meiner Frage war eigentlich der Stadtteil. Ist das von Ihnen angesprochene Prinzip der Heterogenität ein Charakteristikum der Planungskriterien für die neuere Zeit überhaupt, und ist dieses Mischungsverhältnis sozialer Gruppen in neugeplanten Stadtteilen nicht doch auch wieder bereits Sprengstoff und läßt ein »Stadtteilbewußtsein« kaum wachsen? Ich weiß natürlich nicht, welche Erfahrungen man generell mit derartigen Planungen gemacht hat. Natürlich läßt es sich gut nachvollziehen, daß man in der Planung kein soziologisch einheitliches Stadtviertel herstellen will, aber die Erfahrungen, die mir zugänglich sind, waren nicht sonderlich günstig.

Ringler: Von der Planung her ist es nicht machbar, bestimmte Bevölkerungsgruppen miteinander zu kombinieren. Es stellt sich ohnehin die Frage, ob dies überhaupt vernünftig ist. Man kann als Planer gewisse Vorbedingungen schaffen – ob sie dann funktionieren, steht auf einem anderen Blatt. Ein praktisches Beispiel ist die Karlsruher Altstadtsanierung. Hier hat man Eigentumswohnungsbau neben Mietwohnungsbau gesetzt und dann den Mietwohnungsbau auch noch sozial gemischt zwischen Gefördertenwohnungen und Nichtgefördertenwohnungen. Das sind Versuche, um eine gewisse Durchmischung zu erreichen, doch müßte man jetzt genaue Untersuchungen über das Ergebnis anstellen. Die Altstadtsanierung ist ja letztendlich jetzt erst fertiggeworden, und die Versuche gingen über mehrere Jahre, wie das zu schaffen sei. Im Stadtkern und im verdichteten Wohnungsbereich ist so etwas wahrscheinlich einfacher als am Stadtrand, in der Siedlung im Grünen, aber auch in diesen Siedlungen im Grünen zeigt sich, daß die gewünschte Heterogenität nicht machbar ist und oft auch nicht durchgeführt werden kann.

Bräunche: Herr Ringler, Sie haben die Stadtteilausstellung über Beiertheim erwähnt, die in der letzten Woche zu Ende gegangen ist. Das Stadtplanungsamt hat in der Vergangenheit auch andere derartige Ausstellungen durchgeführt, so unter anderem Grötzingen als Beispiel für eine Eingemeindung im Zuge der Gebietsreform aus den siebziger Jahren. Zu nennen wäre auch Mühlburg, das vor ungefähr 100 Jahren eingemeindet worden ist, ferner die Südstadt, die Herr Professor Leiser als Beispiel für ein besonders ausgeprägtes Stadtteilbewußtsein geschildert hat. Er hat auf den sehr aktiven Bürgerverein hingewiesen, so daß ich deswegen fragen möchte: Gibt es im Bereich der Stadt, im Stadtplanungsamt insbesondere, möglicherweise auch im Amt für Stadtentwicklung Untersuchungen über die Resonanz auf diese verschiedenen Ausstellungen beziehungsweise deren Auswertung? Man könnte ja vermuten, daß sich immerhin Rückschlüsse ziehen lassen auf unterschiedlich ausgeprägtes Stadtteilbewußtsein. Vielleicht können Sie auch allgemein etwas über die Zielsetzung derartiger Ausstellungen sagen: Wollen Sie lediglich informieren? Erwarten Sie Resonanz, um dann hieraus Konsequenzen ziehen zu können? Es wäre interessant, hier noch weitere Details zu hören.

Ringler: Diese Stadtteilausstellungen sind eigentlich auch eine Folge aus der Flächennutzungsplan-Diskussion vor über zehn Jahren. Es hatte sich herausgestellt, daß nach den Bürgerversammlungen in einzelnen Stadtteilen vor allem politische Mandatare und auch Bürgervereinsvorsitzende in zunehmendem Maße auf das Stadtplanungsamt zugekommen sind und um Information gebeten haben. So lag der pragmatische Gedanke nahe, diese Informationen zu bündeln und sie an eine möglichst große Anzahl von Menschen weiterzugeben.

Darüber hinaus konnten auch wir dann Reaktionen erfahren, denn in diesen Ausstellungen ist immer ein Mitarbeiter; es gibt Führungen, und damit entstehen Diskussionen. Es sollte auch der Gebietsbetreuer selbst möglichst oft anwesend sein. Eine gezielte Auswertung, wie Sie sie eben angesprochen haben, haben wir allerdings nicht. Im Grunde genommen wird lediglich gezählt, wie viele Leute kommen. Es gibt freilich im Rahmen jeder Ausstellung auch ein Bürgerforum. Das kann gut laufen, wenn sich politische Mandatare zurückhalten und keine vorgezogenen Wahlkämpfe führen oder Profilierungsversuche machen, wenn sie eben den Bürger zu Wort kommen lassen und selbst einfach zuhören – das wäre eigentlich das vernünftigste. Hiervon hängt das Gelingen eines solchen Bürgerforums weitgehend ab. Es ist aber für unsere Arbeit wichtig, einmal für einen bestimmten Stadtbereich zusammenzufassen, was hier ansteht, was gerade läuft, welche Planungsgedanken bestehen oder welche Wünsche vorliegen. Hierüber wird dann konzentriert nachgedacht, aber eine eigentlich wissenschaftliche Auswertung, insbesondere eine sozialwissenschaftliche Auswertung, ist bis jetzt noch nicht geschehen.

Kirchgässner: Darf ich noch einmal nachfragen: Wird im Nachgang zu diesen Ausstellungen in irgendeiner Form eine Reaktion der Bürgerschaft des betreffenden Stadtteils gesucht und gefunden?

Ringler: Das Hauptthema dieser Veranstaltungen ist, wie Sie sich denken können, immer das Verkehrswesen, insbesondere die Belästigung der Menschen vor allem durch den Straßenverkehr. Hier kommen natürlich als Reaktion immer wieder Briefe an den Oberbürgermeister, die weitergeleitet werden, oder auch direkt an das Amt. Schließlich gibt es Stadtratsanfragen; vor allem wird durch derartige Veranstaltungen aber viel »Luft abgelassen«.

Leiser: Wenn man sich mit solchen Planungsfragen beschäftigt, zieht man gerne den Vergleich zwischen der heutigen Stadt und der Stadt der frühen Neuzeit. Man gewinnt allerdings den Eindruck, daß unsere alten Städte, die ja keineswegs ungeplant entstanden sind, oftmals besser funktioniert haben als heute. Es wäre freilich eine kurzschlüssige Lösung, sich damit zufriedenzugeben, daß das kleinere Städte mit geringeren Menschenzahlen und geringeren Anforderungen an die Infrastruktur gewesen sind. Natürlich läßt sich für eine Stadt mit 30000 Einwohnern leichter planen als für eine mit 300000 Einwohnern; das ist unbestritten. Andererseits komme ich von dem Eindruck nicht los, daß die Misere der heutigen Stadtplanung mitbegründet ist durch ein relativ häufiges Wechseln der Planungsziele und auch durch eine starke ideologische Überfrachtung. Wir haben jetzt gerade eine ganze Reihe von Bildmaterial von Karlsruhe gesehen. Da hat man etwa in Durlach, südlich des Turmbergs, die Bergwaldsiedlung, eine sehr schöne Siedlung. Sie funktioniert natürlich nur, wenn sie als selbstverständliche Voraussetzung den Individualverkehr mit der Benutzung des eigenen Autos möglich macht. In dem Augenblick, wo eine Abdrosselung des Individualverkehrs eintritt – und das ist ja modern geworden –, verliert eine solche Siedlung viel von ihrer Funktionsfähigkeit. Wenn man da droben wohnen und mit dem Omnibus fahren soll, ist die »Luft raus«. Hier haben Sie also einerseits eine ideologische Änderung der Planungsvorgabe.

Angesprochen wurde – für mich mit erfreulicher Unbefangenheit – die Planungsvorgabe sozialer Durchmischung. Vermeidung von Siedlungen bestimmter sozialer Klassen kann man natürlich vom Stadtplanungsamt ins Auge fassen: Sie können eine schöne Siedlung irgendwo hinstellen, können vorsehen, daß dort Einfamilienhäuser mit Gärten usw. errichtet werden, und dann hängt man zur sozialen Durchmischung einige Hochhäuser an, die eine ganz andere Bevölkerung beherbergen. Jetzt kann man natürlich niemanden zwingen, daß er dort die teuren Einfamilienhäuser auch kauft und sich nicht sagt: In diese Nachbarschaft ziehe ich nicht – ich gehe lieber zehn Kilometer weiter ins nächste Dorf, denn dort gibt es keine Hochhäuser. Die Mobilität der Bevölkerung und ihre Umzugsbereitschaft sind ja relativ groß. Man kann also planen, man kann aber die Leute nicht zwingen, woanders hinzuziehen. Gelegentlich kommt es auch schlicht und einfach zum Versagen der Planung; ein schönes Beispiel hierfür wäre das Einkaufszentrum an der Karlsruher Autobahn. Das ist ja nicht von heute auf morgen vom Himmel gefallen, sondern aus kleinen Anfängen sichtbar gewachsen, und dann hat man es in der Planung aus mir unbekannten Gründen einfach nicht mehr in den Griff bekommen. Damit sind also jetzt die zentralen Funktionen sowohl von Durlach wie von Karlsruhe-Ost erheblich tangiert.

Der relativ rasche Wechsel der ideologischen Vorgaben scheint mir die heutige Planung stark zu beeinflussen; die Menschen früherer Zeit waren in diesem Punkt unbefangener, man hat vieles freilich auch gar nicht zu steuern versucht, obwohl die Leute früher steuerbar waren. Sie konnten damals ja nicht so leicht ausweichen wie unsere Bevölkerung heutzutage. Es ist nicht zu übersehen, daß die Bevölkerung sich jetzt gegenüber unangenehmen planerischen Vorgaben einfach verweigert und gegebenenfalls in andere Bezirke, unter Umständen sogar in andere Städte ausweicht. Planung ist eben ungeheuer kompliziert, und vielleicht ist es keine schlechte Sache, wenn man die Vorstellung aufgibt, man könnte eine Totalsteuerung verwirklichen.

Ringler: Ich darf mit Ihren letzten Bemerkungen beginnen. Zum einen greife ich Ihre Feststellung auf, daß Stadtplanung eigentlich immer nur der Spiegel gesellschaftlicher Verhältnisse ist. Letztendlich ist der Planer nicht derjenige – oder die Architekten sind letztendlich nicht diejenigen –, die diese Welt von sich aus verschönern oder verschlechtern, die Rahmenbedingungen sind einfach vorgegeben. Es gibt Bauherren, und es gibt politische Auftraggeber für den Stadtplaner. Sie haben mit Recht den raschen Wechsel der Planungsziele gerade in den letzten Jahrzehnten angesprochen. Es gab freilich auch die ständig wechselnde Problemlage mit immer erneuten Versuchen, wie man den Wechsel auffangen könne. Das war natürlich in früheren Jahrhunderten einfacher, während wir jetzt – ich habe es ja erwähnt – von der aufgelockerten Stadt zur Verdichtung vorstoßen. Ich erinnere daran, daß das Thema Stadthaus zur Mode wurde, dann die Verkehrsberuhigung, dann die behutsame Stadterneuerung. Darüber hinaus dürfen wir die Koppelung mit den staatlichen Programmen nicht vergessen. Schließlich wird in der Bundesrepublik der Eigentumsgedanke stark gefördert, und dieser Eigentumsgedanke hat für die Stadtplanung ganz bestimmte Auswirkungen. Die Leute wollen Eigenheime bauen, wofür aber Grundstücke notwendig sind, die nun in Verdichtungsräumen einfach zu teuer werden. Das sind Marktgesetze, die zum Ausweichen in billigere Bezirke zwingen. In Karlsruhe ging der Trend in das Umland, wo freilich durch die gestiegene Nachfrage auch die Bodenpreise gestiegen sind. Dann ging man über den Rhein in die Südpfalz, wo die Grundstücke im Verhältnis zu unserer Gegend immer noch am billigsten sind, und die Leute pendeln dann oft über weite Strecken, nur um ihren Eigentumstraum zu erfüllen. Ob das dann erhöhte Lebensqualität bedeutet, steht auf einem anderen Blatt. Derzeit ist freilich dieser Trend wieder rückläufig.

Diese Stadt-Umlandwanderungen waren in den siebziger Jahren ein Horror für die Großstädte. Einwohnerverluste hat man ja vielfach auch mit Steuerverlusten gekoppelt gesehen; lösbar wäre das nur durch eine andere Steuergesetzgebung gewesen. Ähnlich ist es auch bei der Ansiedlung von Industriegebieten. Der Kampf der Kommunen gegeneinander bei der Ansiedlung der Industriegebiete ist hier zu nennen. Jetzt wird freilich das Wohnen in der Stadt wieder Mode. Durch die Stadtteilmodernisierung und -sanierung gibt es hier ein Potential, das aber wiederum nur für Leute mit bestimmtem Einkommen erreichbar ist, weil diese Sanierungen zu erhöhten Mieten führen. Auch hier finden also ganz automatisch Segregationsprozesse statt.

Sie haben das Thema Hochhaus angeschnitten. Hochhäuser wurden sogar in eigentlichen Dörfern gebaut; es war dies in den sechziger Jahren oftmals ein Wunsch von Bürgermeistern, die sich ein großstädtisches Flair zu geben versuchten. Wir haben einen eingemeindeten Stadtteil Grötzingen, der vor seiner Eingemeindung ein Hochhaus direkt an der Grenze zur Nachbargemeinde hatte. Da waren noch falsche Vorstellungen von Urbanität im Spiel – ein Begriff, der ja immer noch nicht klar umrissen ist. Auch dieser Trend mit den Wünschen nach einem Hochhaus hat freilich in der Zwischenzeit abgenommen.

Dann erwähnten Sie die großen Einkaufszentren an der Hauptverkehrsstraße. Aus der Sicht des Konsumenten ist das zu begrüßen, da dieser nicht auf die Innenstadt angewiesen ist und sich dort Preise diktieren lassen muß. Diese Einkaufszentren auf der grünen Wiese und dann in der Folge im größten Verkehrsknoten haben das Konsumverhalten und die Preisbildung verändert. Die Leute können besser wählen – ist das jetzt gut oder schlecht? Wichtig ist, daß die Verkehrsanbindung klappt und kein Chaos entsteht, daß die Einbindung stadtgestalterisch und landschaftlich halbwegs befriedigt, was das eigentlich schwierige Kapitel darstellt, weil gerade diese Gebäude häufig so riesige »Kästen« sind. Wir können freilich die Geschäftsleute der Innenstadt unterstützen, ihre Einkaufszentren attraktiv zu gestalten, doch müssen die Geschäftsleute hier auch selbst Ideen entwickeln in der Zusammenarbeit mit der Stadtverwaltung, und das kann sich von Stadt zu Stadt sehr unterschiedlich gestalten. In Hamburg haben zum Beispiel die Geschäftsleute der Innenstadt einen Wettbewerb ausgeschrieben, um Ideen zu finden, die Attraktivität zu erhöhen. In anderen Städten wird nur geklagt; so hat man früher von Geschäftsseite her Fußgängerzonen total abgelehnt, bis sich die Erfolge eingestellt haben. Auch die Anlage von Parkhäusern und Bestrebungen zur Verkehrsberuhigung stießen auf Widerstand, bis auch hier sich Erfolge abgezeichnet haben, weil die Menschen lieber in einer verkehrsfreien Zone einkaufen und dort flanieren als in stark durchfluteten Hauptverkehrsstraßen.

Ich weiß, daß man keine allseits befriedigende Auskunft zu jeder dieser angeschnittenen Fragen geben kann, ich bin auch vollkommen Ihrer Meinung, daß sich Planung auf das beschränken beziehungsweise zurückziehen soll, was die Erstellung wichtiger Rahmenbedingungen bedeutet.

Hierher gehört etwa die Sicherung der Existenzgrundlagen wie auch das Bestreben, möglichst wenig Eingriff in die Privatsphäre anzusteuern, was in früheren Phasen – etwa in der barocken Stadt – oft sehr viel stärker der Fall war. Wir wissen übrigens auch aus Untersuchungen über italienische Städte des Mittelalters und der Renaissance, wie stark hier dem einzelnen die Art des Bauens vorgeschrieben wurde. Glücklicherweise haben sich nicht alle daran gehalten! Heute leben wir nach meiner Meinung in einer Zeit, in der die Planungsfesseln verhältnismäßig gering sind.

Kirchgässner: Das Problem der Einkaufszentren auf der grünen Wiese stellt, so interessant das als Modell sein mag, einige Fragen. Wir sind in unserer Diskussion zunehmend einig geworden, daß die Planung zurückhaltend sein soll im Versuch, große Ziele zu erreichen, und sich auf der anderen Seite darauf beschränken möge, unerwünschte Begleiterscheinungen nicht aufkommen zu lassen. Was nun diese Einkaufszentren betrifft, so stellen sie ganz bestimmt eine Möglichkeit dar, bequem und natürlich kostengünstig einzukaufen; sie bilden auch eine Verkehrsentlastung der Innenstadt.

Sie haben des weiteren die Fußgängerzonen angesprochen. Hier haben wir natürlich einen Konflikt zwischen unterschiedlichen planerischen Zielen: Am Stadtrand und eben »auf der grünen Wiese« wird man so lange einkaufen, wie man das Einkaufsziel mit dem Auto erreichen kann. Damit bevorzugt man aber – wenn man diese Einkaufszentren zuläßt – die jüngere Bevölkerung, die in der Lage ist, ein Auto zu finanzieren und insbesondere in diesem Verkehr zu lenken. Ältere Leute, die nicht mehr Auto fahren oder sich ein Auto nicht leisten können, werden allzuleicht ausgegrenzt. Da es diese Gruppe aber in zunehmendem Maße in unserer Gesellschaft gibt, wird sie dazu verurteilt, in der City einzukaufen, wo es doch wesentlich teurer ist. Darüber hinaus sind dann noch die Wege mit dem Einkaufsgut zurückzulegen, so daß ein Großeinkauf denkbar schwierig ist. Was die hochgelobten Fußgängerzonen betrifft, so ist die Zusammensetzung des Angebots dort stark verändert; neben den Kaufhäusern findet man dort oft Spezialgeschäfte, die für den normalen Einkaufsbedarf wenig günstig sind. Zum Flanieren mag das gut sein, im Grunde ist dieser Bereich aber nicht mehr die klassifizierte Einkaufsmeile. Wir haben also eine Fußgängerzone, in der Spazierwege selten sind, und wir haben eine Einkaufszone am Stadtrand, wo eben nur ein Teil der Bevölkerung sich gut und billig eindecken kann. Für die gesamte Planung scheint mir dies doch ein bedenkenswertes Problem zu sein, das sich im übrigen durch die ganze Bundesrepublik zieht. Mir scheint, daß man die Dinge hier weitgehend laufen läßt, wie sie wollen.

Ringler: Ich möchte mit einem Hinweis antworten, der im Baugesetzbuch die bemerkenswerte und meines Ermessens wichtigste Formulierung hierzu bringt: »Es ist in der Planung zwischen den öffentlichen und privaten Interessen untereinander und gegeneinander abzuwägen«. Das ist das eigentliche Hauptgeschäft der Planer wie auch der entscheidenden Kommunalpolitiker; hier liegt freilich auch die ganze Schwierigkeit dieser Arbeit begründet.

Kirchgässner: Ich glaube, daß das ein guter Abschluß dieser interessanten Diskussion war. Von Stadt zu Stadt stellen sich natürlich die Probleme verschieden; nicht vergessen darf man die Frage, wo und wie sich Kaufkraft akkumuliert, auch in den jeweiligen Altersgruppen, zu bedenken ist auch der wichtige Hinweis von Herrn Leiser nach der Bereitschaft zur Mobilität. Manches haben doch wohl die Fußgängerzonen auch wieder aufgefangen, denen ich am Anfang kritisch gegenüberstand. Das ist freilich eine Frage der Zukunft und nicht mehr eine Aufgabe für uns Stadthistoriker, sondern eine Aufgabe, die wir den Stadtplanern mit allen guten Wünschen weiterreichen dürfen. Wir danken jedenfalls Herrn Ringler sehr für diesen Einblick in die Werkstatt des Planers.

DISKUSSION ZUM BEITRAG KLÖTZER

Leiser: Wir danken Professor Klötzer für diesen ausführlichen Vortrag über die Frankfurter Verhältnisse. Wir haben gesehen, wie aus der bei unseren mittelalterlichen Städten weitverbreiteten Einteilung in Stadtviertel oder Quartiere mit primär militärischer Funktion allmählich Einrichtungen der allgemeinen Verwaltung herausgewachsen sind; diese waren noch sehr stark personalgeprägt, bis sie schließlich in der Neuzeit durch die mehr abstrakt konzipierten Stränge der jeweiligen Verwaltungszweige abgelöst wurden. Darüber sollte man sicher noch reden.

Kirchgässner: Ich möchte die etwas provokative Frage eines Laien stellen: Wie funktioniert das eigentlich bei so vielfältigen Kompetenzen? Wie bildet sich dann noch ein integriertes Denken in einzelnen Stadtteilen heraus, wenn so viele unterschiedliche Kompetenzen auch in unterschiedlichen Bereichen wirken? Setzt sich nun bürgerliches Stadtteilverständnis über all diese Grenzen hinweg, oder wie verhält es sich bei einer derartigen Vielfalt von ganz unterschiedlichen Zuständigkeitsbereichen?

Klötzer: Herr Kirchgässner hat natürlich recht, daß das heute vielfach auseinanderfließt und in dieser guten Absicht, einzelne bürgerliche Bezirke zu stärken, auch viel Bürokratisierung steckt. Das erlebt man immer wieder aus den unterschiedlichen Diskussionen etwa in unseren Zeitungen – wenn dem einen Bezirk etwas einfällt, muß auch der andere etwas machen. So ergeben sich unter Umständen widerstreitende Ziele mit mannigfachen Überschneidungen, ganz zu schweigen von denjenigen Überschneidungen, die eben aus rein administrativen Gesichtspunkten angesprochen worden sind, wo in der Tat Sozialbereich und Bezirk nicht übereinstimmen und der einzelne Bürger in manchen Fällen nicht mehr weiß, wo er sich eigentlich hinzuwenden hat. Insofern war die überschaubare Gliederung früherer Zeiten sicherlich der heutigen unübersichtlichen Gliederung vorzuziehen. Aber am Ende kommt dann doch jeder Bürger zu dem, was er gern möchte, nämlich in der Öffentlichkeit mitzureden, wenngleich ein solches Mitreden in den vom Magistrat veranstalteten Bürgerversammlungen oft nicht von den so verachteten Stammtischgesprächen unterscheidbar ist.

Wüst: Sie haben uns mit zahlreichem Kartenmaterial vor Augen geführt, wie schnellebig die Einteilung der Quartiere in den einzelnen Stadtteilen in Frankfurt gewesen ist. So geht meine Frage nach der äußeren Einteilung der Quartiere – in vielen Reichsstädten hat sich die in der Aufklärung geschaffene Quartierseinteilung erhalten – auch über die Zeit der Mediatisierung hinaus. Diese Einteilung wurde dann im 19. Jahrhundert im Zuge der Festigung der Gemeinde und des Bürgerrechts mit neuem Leben erfüllt, wobei die äußeren Sprengeleinteilungen auch noch bis in die Zeit des NS-Staates funktioniert haben. Deshalb meine Frage zu Frankfurt: Gab es spezielle Gründe, warum 1867 diese große Zäsur hin zu den Polizeibezirken erfolgt ist? Hat sich die Bürgerschaft damit abgefunden, oder bestanden in der späteren Zeit nicht die Organisationen in Form von Vereinstätigkeit oder anderem Zusammenleben weiterhin in diesen Strukturen, wie sie uns vor 1867 von Ihnen ja vorgeführt worden sind?

Klötzer: Es ist erstaunlich, daß diese alten Quartiere in der Stadt so schnell vergessen worden sind, zumal was die Altstadt und die Neustadt betrifft. Sicher, es gibt auch heute noch in der Literatur Hinweise, daß sich einzelne Straßenzüge sehr voneinander unterscheiden. In unserer Jugend haben wir noch erlebt, daß man innerhalb von Straßenzügen – ich stamme aus Wiesbaden – regelrechte Schlachten veranstaltet hat, was darauf hinweist, daß es so etwas wie ein Quartiersbewußtsein gab. Aber Frankfurt ist im 19. Jahrhundert bevölkerungsmäßig um das Vierfache gewachsen; nur etwa 30 % der Bevölkerung sind in Frankfurt selbst geboren, die Stadt setzt sich immer mehr aus Neubürgern als etwa aus Alt-Frankfurtern zusammen, so daß die alten Strukturen auch aus Desinteresse verlorengegangen sind, zumindest insoweit, als es die alten Stadtteile betrifft. Ausnehmen muß man Sachsenhausen, das bis heute immer noch ein sehr betontes Eigenleben führt, oder auch Ober- und Niederhausen. Aber Sachsenhausen ist auch der einzige Alt-Frankfurter Stadtteil, in dem heute noch ein jahrhundertealtes Fest auf Stadtteilbasis gefeiert wird, das sogenannte Brunnenfest. Ich bin auf Brunnengenossenschaften nicht eingegangen, aber hier hat sicherlich die Wiederbelebung alten Brauchtums stattgefunden. Brunnengenossenschaften sind nun im einzelnen sehr viel kleinere Einheiten, Nachbarschaften also, die sich um einen Brunnen scharen. Einmal im Jahr wird der Brunnen gefegt und geputzt, in der Brunnenfahrt wird einer am Seil heruntergelassen, der den Brunnen scheuern muß. Das alles ist mit einem Festmahl und darüber hinaus sogar mit vorchristlichen Bräuchen verbunden. Das also gibt es in Frankfurt-Sachsenhausen; ähnliche Dinge kann man in manchen Vororten beobachten, wo die Kirchweihen mit ähnlichen Erscheinungen gefeiert werden. Aber in der Stadt selbst ist das in den Quartieren doch immerhin zweihundert Jahre alte Traditionsbewußtsein sehr schnell verlorengegangen. Die Altstadt ist ja heute weitgehend von Bevölkerung entblößt. Alt- und Neustadt sind eine City als reines Geschäftsviertel geworden; die Altstadtpfarreien sind nahe daran, aufgelöst zu werden. Leonhard, eine bekannte und wunderschöne Kirche, ist heute eigentlich nur noch als Hochzeitskirche bekannt. Es gibt kaum noch Pfarrkinder, und das mag auch der Grund dafür sein, daß in einer Stadt wie Frankfurt – in anderen Großstädten mag das ähnlich sein – die Tradition so schnell vergessen wird, wenn sie nicht von oben oder von einer Bürgerinitiative wieder belebt wird. Das gibt es natürlich auch, doch dient dies dann eher dem Fremdenverkehr oder neuerem Bürgerbewußtsein. Auch heute fällt bald jedem ein Anlaß ein, ein Fest zu feiern, und dann kommt die Rückbesinnung auf solche Traditionen wieder zu Wort.

de Longueville: Herr Klötzer, wir haben aus Ihren Karten ersehen, daß vor allem vom späten 19. Jahrhundert bis in unsere Tage neue Stadtteile zu Frankfurt gekommen sind, die aus ganz unterschiedlichen Traditionen herauswuchsen, von dem Mainzischen Höchst angefangen bis zu anderen Herrschaftsgebieten. Inwieweit hat sich in diesen zu dem Groß-Frankfurter Raum hinzugekommenen Stadtteilen ein Eigenleben mit anderen Akzenten erhalten, als dies in den alten Stadtteilen noch zu verzeichnen war? Glaubt man dort – wie ich es aus Höchst zu erinnern glaube – auch heute noch, man sei etwas Besonderes und Eigenes? Ich denke auch daran, daß zum Beispiel Bergen-Enkheim sich einen Stadtschreiber und ähnliche Institutionen hält. Sind dies Relikte eines eigenständigen Bewußtseins im heutigen Frankfurt?

Klötzer: Sicher ist das der Fall. Die Stadtteile als ehemals selbständige Vororte, die zu Frankfurt gekommen sind (das sind immerhin 31), haben sich weitgehend ein Eigenleben bewahrt. Das gilt für Sachsenhausen mit seinem Apfelwein, für Höchst mit der Chemie, für Fechenheim und andere. Das gilt auch für Heddernheim und den Karneval, auch wenn diese Beziehungen alle erst wieder in neuerer Zeit durch die Umstände, die ich genannt habe, Betonung und Eigenständigkeit gegenüber der Zentralverwaltung gewonnen haben und dementsprechend aktiviert worden sind. Ein Stadtschreiber in Bergen-Enkheim ist keine Erzeugung des Vorortes, sondern er wird voll von der Stadtverwaltung getragen. Die Idee kommt freilich aus Bergen-Enkheim, und die Bevölkerung hat sich mit diesen Erscheinungen auch durchaus identifiziert. Ähnliche Pfründen sollen auch noch in anderen Stadtteilen entstehen; es gibt ferner politische Bewegungen, die durchaus eigenständige, gedankliche Kreativität von Ortsbeiräten nachweisen. So gab es sogar einen politischen Streit in den letzten Monaten, weil ein Ortsbeirat von sich aus einen Ausländerbeauftragten einsetzen wollte. Das ist bei der ganzen Frage der Ausländervertretung in unseren demokratischen Institutionen ein schwieriger Präzedenzfall, gegen den sich der Magistrat mit Vehemenz wehrt, ehe nicht derartige Kompetenzen grundsätzlich entschieden sind. Hier sehen Sie also, wie in einem lokal dezentralisierten Bereich der Stadt durchaus eigenständige Interessen entstehen, ganz zu schweigen vom Ortsbeirat Innenstadt, der dann besonders aktiv wird. So finden Sie auch stadtplanerische Momente, wie etwa den Bau der Osttangente der Autobahn, wo es in den Beiratssitzungen des Ortsbeirates Ost wie in einem Bienenstock zuging, wenn hier Beschlußfassung anstand oder auch nur Beratungen durchgeführt werden mußten. An sich ist diese Betonung der Eigenständigkeit der Ortsteile durchaus zu begrüßen, doch kann dies auch zu einer äußerst schwierigen Lage für eine zentrale Verwaltung einer Großstadt führen; in meinem ureigensten Bereich kann ich hier durchaus von Schwierigkeiten berichten, die dem Leiter des Stadtarchivs in Frankfurt zugewachsen sind, weil dieses einen Anspruch auf alle Akten und Unterlagen hat. In den eingemeindeten Vororten stoßen wir mitunter auf Selbständigkeitsbewegungen auch in historischen Dokumentationsfragen der Ortsbereiche, der Ortsbezirke oder der Ortsteile, wo eigene Vereine schon seit eh und je – und jetzt vermehrt – entstanden sind oder bestehen. Es entstehen schließlich Heimatmuseen und Dokumentationszentren in einem Maß, daß man das Material, welches man dort dokumentieren will, im Grunde genommen erst wieder einmal vom Stadtarchiv herausholen müßte. Natürlich geht das nicht im Original, sondern das wird im Stadtteil in der Dokumentation präsentiert. Auf der einen Seite freut es uns natürlich, daß dieses Dokumentationsmaterial, das in einem riesigen Archiv wie dem Stadtarchiv Frankfurt magaziniert ist und nicht immer jedem sichtbar gemacht werden kann, in den Ortsteilen visuell zum Anschauen gebracht wird. Aber zum anderen unterstützt es Bestrebungen in diesen Gremien, die entstehen, um Archivalien nun dort zu halten und zu bearbeiten, obwohl dies dann nicht von Fachleuten geschieht. Ist die gute Absicht aber erst einmal wieder erloschen oder abgestorben, so führt dies dahin, daß diese Institutionen dann von der Stadt selbst unterhalten werden müssen. Hier sind wir mit all diesen sich überkreuzenden Bemühungen noch nicht am Ende. Sicherlich hat diese ganze Entwicklung das Gute, daß im Stadtteil selbst Dokumente aus den Schubladen, von den Kammern oder aus den Speichern heruntergeholt werden, die dem zentralen Stadtarchiv in der Regel gar nicht zugänglich sind, weil es auf taube Ohren stoßen würde.

Leiser: Ich möchte zum Schluß selber noch eine Frage stellen: Wenn man diese Thematik »Stadtteil und Kernstadt« bearbeitet, wird man eine Art Bestandsaufnahme machen wollen. Was gibt es an Stadtteilen? Herr Klötzer hat uns eine ganze Reihe von Karten vorgestellt. Man könnte natürlich noch viel mehr herausbringen, was es in solchen Städten gibt – angefangen von den Postzustellbezirken über einzelne Sprengel der Finanzverwaltung, der Amtsgerichte und noch vieles andere mehr. Will man aber weiter arbeiten, muß man eine Entscheidung treffen, was man für die jeweilige Fragestellung berücksichtigen will. Hier kommen ja nur Einteilungen in Frage, von denen wir eine gewisse soziale Virulenz von vornherein schon erwarten dürfen oder gewisse Kontinuitäten sehen, gewissermaßen eine Verlängerung in die Vergangenheit. Man kann natürlich auch das ganze Sammelsurium von irgendwelchen »territorialen« Einteilungen einer modernen Großstadt heranziehen, in dem die unterschiedlichsten Verwaltungen völlig unabhängig voneinander agieren. Die Post bildet ihre Zustellungsbezirke, ohne zu fragen, was die Finanzverwaltung für ihre jeweilige Einteilung macht, und ähnlich verhält es sich mit der Justiz. Sicher geht das alles unkoordiniert vor sich und wird nicht aufeinander abgestimmt, es mag aber konvergieren mit dem Ergebnis, daß durch gleichartige Erfassung sich eben immer noch keine verfestigten Quartiere bilden. Die gegenläufige Praxis tendiert genau in die gegenläufige Richtung; das Corpus einer Stadt zerfasert vollkommen, und so wird es zu einer methodisch grundsätzlichen Frage, wie man an die Sache herangehen kann. Wie kommen Sie zu Ihren Schlußfolgerungen?

Klötzer: Ich kann dazu nur feststellen, daß wir hier mit einer ungemein großen Vielfalt rechnen müssen, wie es ja auch der Historiker tut, wenn er Territorialatlanten anschaut, die administrative Grundlagen haben. Auch er muß ja mit der Vielfalt der Einteilungen schon in früheren Jahrhunderten rechnen. Wir haben also etwa die Stadtrechtsbereiche, wir haben die Wirtschaftskammer und in der neueren Zeit die Wahlbezirke – all diese Dinge sind ja nicht deckungsgleich. Ich glaube, mit dieser Tatsache muß man sich erst recht für die Neuzeit abfinden. Man kann nur feststellen, daß es so ist, um aus Überdeckungen, Ausdehnungen oder Restriktionen historische Schlüsse zu ziehen. Sicherlich ist das nicht jedermanns Geschmack, aber ich glaube, daß man dabei im Endeffekt doch zu interessanten historischen Ableitungen kommen kann. Das ist wohl das einzige, was ich auch als Mensch der Gegenwart feststellen kann, daß wir mit solchen verschiedenen Tatsachen rechnen müssen, ohne daß man alles unter einen Hut bringt. Vielleicht wäre es ja auch eine Verarmung unserer Gesellschaft, wenn wir nun überall wieder scharfe Schnitte machen würden und damit wirklich Mauern zwischen den Bezirken errichteten. Das wäre meiner Meinung nach eine Verarmung des Lebens; wir müssen uns doch wohl vorzugsweise mit der oben geschilderten Vielfalt abfinden.

DISKUSSION ZUM BEITRAG ILLNER

Zoche: Sie wiesen zuletzt noch einmal auf die Problematik der Steuereinnahmen hin. Dabei ist mir aufgefallen, daß Sie bei Ehrenfels meinten, dieser Vorort sei stark verschuldet gewesen, obwohl gerade diese Kommune durch die Industrie eigentlich ziemlich viele Einnahmen gehabt haben sollte. Liegt das etwa daran, daß – wie Sie auch andeuteten – die Kontore in der Hauptstadt, also in Köln, verblieben waren und lediglich die Produktionsstätten mit den ganzen Auswirkungen an der Peripherie gelegen sind und dort die Außenbezirke belastet haben? Ich weiß von Baden, daß man dort in den achtziger Jahren bereits versucht hat, über eine bestimmte Aufteilung der Steuereinnahmen diese Probleme zu steuern. Gab es derartige Möglichkeiten im preußischen Gebiet nicht? Die andere Frage stellt sich mir zum Planungsrecht: Es gab in Baden bereits 1868 einen ersten Versuch, die Probleme des Planungsrechtes in den Griff zu bekommen, und zwar mit dem Ortsstraßenrecht. Es war für die später notwendigen Maßnahmen völlig ungenügend und für die Kommunen auch völlig unbefriedigend, weil die eigentlichen Befugnisse auf einen Bezirksrat, der wiederum recht kompliziert zusammengesetzt war, übertragen worden sind und die Kommune selbst auf planungsrechtlichem Gebiet eigentlich wenig Kompetenzen hatte. Wie war das also im preußischen Bereich?

Illner: Sie haben völlig recht: Die Kontore lagen nach wie vor im Stadtkern, lediglich die Betriebsstätten wurden nach außen verlagert. In den Vororten war dementsprechend das Steueraufkommen gering. Andererseits hatten diese hohe Ausgaben für Schulen und mußten Sozialausgaben bewältigen; einen Finanzausgleich gab es hier nicht. Im Grunde genommen ist es auch heute noch ein Problem, daß sich die Umlandgemeinden um Industrieansiedlung reißen oder damit werben, günstigere Gewerbesteuersätze einzuräumen, und deshalb auch gegenüber einer Großstadt mit ganz anderen Ausgaben erfolgreich konkurrieren können. Es gibt zwar jetzt einen regionalen Finanzausgleich, damals aber gab es ihn nicht. Eine Regelung konnte also nur über die Eingemeindung erfolgen.

Was das Planungsrecht betrifft, so habe ich die Kompetenzen kurz beschrieben – es blieb bei der Fluchtlinienplanung. Eine Zonenbauordnung wäre also eine Erweiterung dieses Planungsrechts gewesen, aber auf kommunaler Ebene war hier nicht viel zu machen. Schlußendlich hatte immer der Regierungspräsident die größeren Befugnisse.

DISKUSSION ZUM BEITRAG RIBBE

Kirchgässner: Berlin ist eine Reise wert – wer von uns hätte nicht manche persönliche oder wissenschaftliche Beziehung zu dieser Stadt? Der Vorstand war sich von Anfang an darüber im klaren, daß das Beispiel Berlin mit seinen besonderen Regelungen im Verhältnis von Stadtkern zu Stadtteilen in das Spektrum unserer Überlegungen einbezogen werden mußte. Die Differenzierung gegenüber all dem, was wir von anderen großen Städten gehört und auch in den Plänen gesehen haben, wird hier deutlich greifbar.

Klötzer: Wenn man wie ich aus der Stadt Frankfurt kommt, die sich mit einiger Berechtigung in ihrer Geschichte auch die heimliche Hauptstadt von Deutschland nennt, dann muß den Stadtarchivar dieser Vortrag besonders interessieren, auch wenn ich natürlich nicht in die vielen Einzelheiten vergleichsweise eingreifen will. Besonders interessant fand ich freilich die Herausarbeitung der wilden Ausdehnung in der zweiten Hälfte des 19. Jahrhunderts mit ihren Folgen für die Spekulation, und wie all das erst langsam der Stadtplanung in den Griff gekommen ist. Frankfurt hatte ja das große Glück gehabt, von 1890 bis 1912 einen der ganz großen Oberbürgermeister in Deutschland an der Spitze zu haben, Franz Adickes. Er hat in seiner gedanklichen Planung schon Überlegungen, wie sie dann in Groß-Berlin verwirklicht worden sind, ventiliert, so daß in der Tat der Name Groß-Frankfurt bereits damals in der Diskussion stand. Das hätte eine Ausdehnung bis in die Taunus-Randgemeinden und bis in die Gegend von Darmstadt bedeutet, was sich freilich bis heute nicht hat verwirklichen lassen und auch nicht verwirklicht werden soll.

Zudem hat der Zweckverband im Frankfurter Untermain-Gebiet alle diese Planungen in der Nachkriegszeit nachgeholt, die Berlin schon um 1930 erreicht hatte. Beiläufig bemerkt, Frankfurt war 1910 nach seinen großen Eingemeindungen vorübergehend die größte Stadt in Deutschland gewesen und hat diesen »Titel« 1920 natürlich an Berlin abgeben müssen, so wie auch der Frankfurter Hauptbahnhof 1888 einmal der größte war, bis derjenige in Leipzig gebaut worden ist. Aber das mag dem lokalbedingten Frankfurter Stadtpatriotismus nachgesehen werden. Im übrigen hat diese Stadt schon früh eine Verkehrsplanung mit Radial- und Ringstraßensystem angestrebt und erreicht, wenn auch nicht in allen Fällen konsequent durchgeführt. Heute müssen wir um die Schließung dieses Ringes im Osten Frankfurts kämpfen und stoßen dabei natürlich auf den massiven Widerstand der Bürgerinitiativen und ähnliche Bestrebungen von Interessenverbänden. Immer wieder habe ich in Frankfurt die Einwände hören müssen (wir müssen uns auch heute noch als Historiker gegen diese Einwände schützen und dazu Stellung nehmen), daß bei den großen Eingemeindungsprojekten in den Schüben von 1877, 1895, 1900, 1910 und 1928 die Wünsche der eingemeindeten Vororte nicht in dem Maß erfüllt werden konnten, wie man das dort bei den Eingemeindungsverträgen erstrebt hatte. Ich denke besonders an die westlichen Vororte von Frankfurt, die eine nachgeordnete Selbstverwaltung – freilich in Maßen – besitzen; es gibt einen Magistratsabgeordneten für die westlichen Stadtteile in Höchst. Mit Höchst hat Frankfurt freilich 1928 einen sehr steuerträchtigen Vorort durch die dortigen Farbwerke Höchst bekommen, hat aber auch seine Verpflichtungen nicht in dem Maße erfüllen können, wie das angestrebt war, durch die Zeitereignisse der Weltwirtschaftskrise, der NS-Zeit und des Zweiten Weltkriegs. Hier sind also manche Wünsche der Bevölkerung, beispielsweise der Bau einer Mainbrücke, bis heute nicht erfüllt worden. Eine konkrete Frage an Herrn Ribbe geht also dahin, ob die Eingemeindungen in Berlin ähnliche Probleme aufgeworfen haben oder ob dort – zumal Berlin ja als Reichshauptstadt besonders begünstigt war – solche Probleme nicht aufgetreten sind?

Ribbe: Ich möchte auf Ihre Ausführungen eingehen und zusätzlich noch einige andere Punkte ansprechen, die damit im Zusammenhang stehen. Wir sollten uns aber noch einmal vergegenwärtigen, daß so etwas wie Stadtplanung ja erst ganz allmählich in der zweiten Hälfte des 19. Jahrhunderts entstanden ist, als James Habrecht daran ging, den Bebauungsplan von 1861 zu entwerfen, der bis heute die Grundlage der Bebauung in ganz Berlin mit seinem Straßensystem bildet. Das Wesentlichste hieran war, daß ein Ringstraßensystem mit radialen Verbindungen entworfen wurde, das den Verkehr zwischen den einzelnen Orts- und Stadtteilen überhaupt erst ermöglicht hat. Man plante damals – fast wagt man es nicht zu sagen – vorausschauend mit einer Straßenbreite, die es heute ermöglicht, den modernen großstädtischen Verkehr aufzunehmen, ohne daß weitere Straßenerweiterungen mit Häuserabbruch oder ähnlichem nötig wären. Das ist also von dem vielgelästerten James Habrecht 1860 so entworfen worden. Insoweit hat Berlins Planungsstruktur ihre positiven Seiten gehabt.

Die anderen Probleme, die Herr Klötzer angesprochen hat, stehen im Zusammenhang mit der Eingemeindung als solcher und treffen damit auf Berlin genauso zu wie auf Frankfurt. Lassen Sie mich auf ein Beispiel hinweisen, das an die Ausführungen vom Vortag über Köln anschließt, nämlich auf Berlin-Spandau – eine Stadt aus dem 13. Jahrhundert, die in preußischer Zeit zur Militärstadt wurde. In Spandau wurde die Zitadelle als Festung gebaut, sie war der Fluchtort für die kurfürstliche Familie in Kriegszeiten. Weil aber Spandau diese Zitadelle hatte, konnte in Berlin schließlich die Stadtmauer fallen, denn im Kriegsfalle war es ja nicht weit bis Spandau; dorthin konnte man vom Schloß aus ohne große Umstände fliehen. In Spandau selbst kam es dann mit dem Bau der Zitadelle zu den einschränkenden Rayonbestimmungen, wie wir sie auch aus Köln in der frühen Neuzeit kennen. Die städtische Entwicklung hat darunter natürlich wesentlich gelitten, denn Spandau wurde auch industriell, sofern man davon sprechen kann, aufs Militär hin ausgerichtet: Dort entstanden Geschütz- und Gewehrfabriken und ähnliches. Auch die Bevölkerung war einschlägig zugeschnitten, denn es war eine reine Militär- und Soldatenstadt, wobei die Offiziere in den seltensten Fällen über längere Zeit in Spandau gewohnt haben. Sozial gesehen, war Spandau auf einer ziemlich niedrigen Stufe; die eigentliche Industrialisierung im Berliner Raum, die während des 19. Jahrhunderts mit Riesenschritten voranging, hat vor Spandau halt gemacht. Das galt bis zur Entfestigung der Stadt 1903 und damit erst für einen Zeitpunkt, als der gesamte

Berliner Raum schon industrialisiert war. Dann erst konnte Spandau daran gehen, eine eigene Infrastruktur zu schaffen.

Nun aber kam der Erste Weltkrieg, und danach kamen mit dem Versailler Vertrag die Bestimmungen zur Entmilitarisierung. Das bedeutete, daß die ganze auf Militärproduktion ausgerichtete Industrie Spandaus demontiert werden mußte und fortan nicht mehr existierte. Eine solche Entwicklung brachte für diesen Stadtteil Berlins ungeheuere wirtschaftliche und soziale Folgen. Während der Nazizeit ist diese Entwicklung noch einmal kurzfristig umgekehrt worden; Spandau wurde wieder zur Rüstungsschmiede. 1945 stand man aber am gleichen Entwicklungspunkt wie nach dem Ersten Weltkrieg, so daß man es als eines der großen Wirtschaftswunder in Deutschland bezeichnen kann, daß Spandau heute der bedeutendste Industriebezirk Berlins geworden ist. Die Struktur der Industrie hat sich freilich völlig geändert und ist auf ganz andere Bereiche umgestellt worden. Es entstanden auch viele kleinere und mittlere Betriebe, die sehr zukunftsträchtig sind. Der Vorort Spandau hat sich also völlig gewandelt. Sie sehen an diesem Einzelbeispiel, daß es – ich bin mir da ziemlich sicher – überall in unserer Republik ähnlich geartete Probleme gibt. Man muß eben – wie wir Historiker es gewöhnt sind – jeden Fall gesondert untersuchen. Dasselbe wie für Spandau ließe sich auch an eher ländlich strukturierten Bezirken zeigen, die sich völlig gewandelt haben, und dasselbe könnte ich noch einmal an einem Innenstadtbezirk vorführen. Ich nenne hier nur Kreuzberg, das einen völligen Bedeutungswandel gegenüber der Vorkriegszeit erfahren hat.

Bräunche: Sie haben zum Schluß völlig zu Recht betont, daß Berlin eine absolute Sonderstellung nach dem Zweiten Weltkrieg einnimmt. Insofern ist also meine Frage in gewissem Sinne fast hypothetisch, aber sie hat mich erst kürzlich bei einem zweiten Besuch in Berlin wieder beschäftigt, die Frage nämlich, wie sich die Entwicklung dieser Stadt ohne die Geschehnisse des Dritten Reiches gestaltet hätte. Deshalb möchte ich an die Speerschen Überlegungen eine Frage anschließen: Sie hatten gesagt, Speer sei von 8 Millionen Einwohnern ausgegangen. War das nun für das damalige Berliner Stadtgebiet geplant, oder waren weitere Eingemeindungen vorgesehen? Ich denke zum Beispiel an Potsdam, das ja in unmittelbarer Nähe zu Berlin liegt. Gab es Überlegungen im Dritten Reich (oder auch schon vorher), Potsdam einzugemeinden?

Ribbe: Ich beginne mit dem letzten Problem: Direkte Pläne, Potsdam einzugemeinden, hat es nicht gegeben. Das wäre nur im Rahmen einer größeren Planung möglich gewesen, die – wäre der Zweite Weltkrieg nicht gekommen – für die NS-Zeit mit Wahrscheinlichkeit anzunehmen ist. Das Ganze ist ja sozusagen zweiseitig zu sehen: Auf der einen Seite waren die Nationalsozialisten gegen die Großstadt und waren auch nicht daran interessiert, daß eine solche Bevölkerungsballung noch weiter zunahm (auch in Berlin nicht). Auf der anderen Seite wäre aber Berlin gewachsen, weil die Nationalsozialisten selber Großsiedlungen am Rande der Stadt – auch jenseits der Grenzen von 1920 – geplant haben, was aber wegen des Krieges und der damit gebundenen Mittel nicht ausgeführt worden ist. Das bedeutet, daß in der NS-Zeit ohne den Zweiten Weltkrieg Berlin ein noch viel größeres Stadtareal bekommen hätte, das in Siedlungen ausgefächert worden wäre, wie wir das ähnlich auch von London kennen. Dort sind ja ebenfalls keine Mietskasernen gebaut worden, sondern das System der Gartenstadtsiedlung mit Einfamilienhäusern und ähnlichem hätte den Plänen der Nationalsozialisten für Berlin entsprochen. Ihre erste Frage, wie sich Berlin entwickelt hätte, wenn die NS-Zeit nicht gekommen wäre, läßt die Erinnerung an das Berlin der Weimarer Zeit notwendig werden. Diese Stadt war ja eine Kulturmetropole im Deutschen Reich und band alle Kräfte; dies hängt damit zusammen, daß Berlin Standort auch der neueren Unterhaltungsmedien war: es war die Filmstadt schlechthin, es war aber auch ein Zentrum des Theaterlebens und der Malerei, es war schließlich ein weltweites Kulturzentrum. Wir sollten freilich keine weitreichenden Hypothesen anknüpfen, doch sind diese Funktionen für Berlin nicht bestreitbar. Setzt man diese Funktionen voraus, wäre sicherlich auch ein weiteres Wachstum eingetreten, das weit über die Grenzen von 1920 hinausgereicht hätte.

de Longueville: Sie haben auf anschauliche Art und Weise dargestellt, aus welch unterschiedlichen Wurzeln und Rechtsbeziehungen Berlin entstanden ist. Welche Konsequenz hatte dies aber in der späteren Zeit, das heißt also etwa im Zeitraum nach 1870? Inwieweit haben die Gutsbezirke zu einer Umschichtung im kapitalmäßigen Bereich geführt? Wer hat eigentlich am meisten im Sinne einer Kapitalbildung von dieser Entwicklung profitiert, von einer so großen Agglomeration mit entsprechend hoher Aufwertung von Grund und Boden in diesem Raum?

Ribbe: Die Frage ist einfach zu beantworten. Vielleicht haben Sie schon einmal von den sogenannten Millionenbauern gehört – es waren in erster Linie nicht die Gutsbesitzer, die von dieser Entwicklung profitiert haben, sondern nach der Bauernbefreiung in Preußen die Bauern, denn diese hatten ja jetzt eigenen Grundbesitz. Soweit dieser in den Dörfern gelegen war, die unmittelbar nach Berlin integriert wurden oder dort einwuchsen, haben diese Bauern ihren Grund und Boden verkauft. Es gab umfangreiche Bodenspekulationen, und zu diesem Zweck sind auch eigene Gesellschaften gegründet worden, die sich fleißig hieran beteiligt haben. Primär haben aber die Bauern davon profitiert, sie sind reich geworden und haben auch nicht mehr Landwirtschaft betrieben, sondern sich zur Ruhe gesetzt und kräftig Häuser gebaut, sich auch weiterhin an den Grundstücksspekulationen beteiligt und Mietshäuser vermietet. In zweiter Hinsicht sind die einschlägigen Gesellschaften zu nennen, die sowohl am Grundstückerwerb wie auch am Häuserbau interessiert waren.

Kirchgässner: Dies erinnert mich daran, daß die Stein-Hardenbergschen Reformen im Unterschied zu der später einsetzenden süddeutschen Reformgesetzgebung ja nicht auf die Stärkung des Kleinbauerntums abzielten, das es in dieser Form in Norddeutschland kaum gab, sondern eben große Betriebe favorisierten. Diese wilde Ausdehnung fasziniert natürlich den Historiker, denn im 19. Jahrhundert ist der Bodenkauf eine privatrechtliche Sache. Eine zweite Frage ist, wieweit die Stadt oder der Stadtmagistrat überhaupt Gestaltungsmöglichkeiten hatte, insbesondere in einer Residenzstadt wie Berlin und vor allem gegenüber dem Polizeipräsidenten, der offensichtlich eine »stadtordnende« Funktion ausgeübt (oder auch nicht ausgeübt) hat, was ein drittes Problem darstellt. Daran anschließend mag die eigentliche Kernfrage unserer Tagung gestellt werden, die sich hier aufdrängt. Hat dieses starke Wachstum, das offenbar zu einem Teil organisiert worden ist, die alten Individualitäten völlig eingeebnet, oder gibt es in Berlin doch ein nicht nur jetzt unter neuesten Gesichtspunkten manchmal etwas künstlich wiederbelebtes Stadtteilbewußtsein? Welches Eigenleben haben eigentlich diese Stadtteile, insbesondere dann, wenn sie auf eine sehr alte Tradition zurückgreifen können? Ist dies alles so planiert, wie es in Frankfurt offensichtlich in großem Umfange geschehen ist, oder existieren auch – wie wir es von Karlsruhe-Durlach gehört haben – sehr eigenständige und manchmal vielleicht auch knorrige Stadtindividualitäten, die sich auch heute noch als solche verstehen? Das ist für den Außenstehenden, der nach Berlin fährt, natürlich kaum zu durchschauen.

Ribbe: Ich möchte mit der letzten Frage beginnen: Es hat in den einzelnen Stadtteilen Berlins große soziale Unterschiede gegeben, und es gibt sie auch heute noch, wenngleich heute gewisse Nivellierungen zu beobachten sind. Das hängt damit zusammen, daß die Innenstadt »entkernt« wurde und daß in den Großwohnvierteln in den Außenbezirken eine soziale Mischung stattgefunden hat. Da gibt es einen gewissen Ausgleich, ohne daß grundsätzliche Unterschiede in bestimmten Bereichen gänzlich verwischt worden wären. Zehlendorf etwa ist auch heute noch kein Arbeiterbezirk, sondern eine sehr feine bürgerliche Wohngegend, insbesondere in seinen Außenbereichen. Der Wedding ist dagegen heute auch noch ein Arbeiterbezirk.

Was die Identifizierung mit der unmittelbaren Umgebung anbelangt, in der man wohnt und vielleicht auch arbeitet, so hat sich in Berlin ein – wie es in modernem Neudeutsch heißt – »Kiez-Bewußtsein« entwickelt. Wobei der schöne alte Begriff »Kietz«, also die Dienstsiedlung zu einer slawischen Burg, wie wir sie aus dem Mittelalter kennen, auch noch aus der Schreibweise ihr »T« verloren hat und heute nur noch mit »Z« geschrieben wird. Der mittelalterliche Kietz schreibt sich mit »tz« – wenn Sie heute Kiez finden, dann wissen Sie, was gemeint ist: Man bezeichnet hiermit das Wohnviertel.

Ich darf außerdem an die Diskussion von gestern anknüpfen, wo im Zusammenhang mit dem Vortrag von Herrn Leiser die Rede davon war, daß die Siemensarbeiter in Erlangen Trachtenfeste organisieren und sich fränkisch gerieren. Ich möchte einmal den Spieß umkehren und sagen, daß die besten Kreuzberger Kiezfeste von den baden-württembergischen Jungneubürgern Berlins in Kreuzberg ausgerichtet werden. Das gehört offensichtlich zum Einleben dazu, und man identifiziert sich damit, Kreuzberger zu sein, auch wenn man noch »schwäbelt«. Die anderen Punkte, die angesprochen worden sind, wie etwa die Kompetenzvielfalt bei dem Versuch, rechtlich unterschiedlich gelagerte Dinge in Form von Eingemeindungsfragen zu harmonisieren, läßt mich auf den Dualismus zwischen Stadtverordnetenversammlung beziehungsweise Magistrat einerseits und dem Polizeipräsidenten andererseits hinweisen. Das ist aber noch nicht alles, es gibt ja noch nebenbei die Regierung in Potsdam, die Staatsregierung und für das platte Land zuständig ist. Sie regiert dort mit Hilfe der preußischen Landräte, und das ist die andere Kompetenz, die auch noch mitspricht und im Falle Berlins nicht zu gering veranschlagt werden darf. Schlußendlich hat aber die letzte Entscheidung immer noch Seine Majestät der König von Preußen, der versucht hat, überall hineinzuregieren und seinen Kopf durchzusetzen – unabhängig davon, wer gerade regierender Herrscher war. Es war ja s e i n e Residenzstadt Berlin, da ließ er sich kein X für ein U vormachen, und das hat die Sache noch weiter kompliziert.

Schließlich darf ich noch auf die Frage eingehen, die Herr Kirchgässner eingangs angeschnitten hat: daß nämlich nach den Stein-Hardenbergschen Reformen die Entwicklung in Preußen eher zu großbäuerlichen Unternehmungen hingegangen ist. Das ist durchaus richtig, doch muß man auch die andere Seite betrachten. Die Bauernbefreiung war ja zugleich auch eine Freisetzung von Bauern. Diejenigen, die für ihre Freiheit Haus und Hof verkaufen mußten, um sich freizukaufen, gaben dieses losgekaufte Land natürlich in die Hände von Großbetrieben – wovon haben aber dann die kleinen Leute gelebt, die nun frei waren, aber keinen Hof mehr hatten? Sie bildeten die Industriearbeiterschaft, die in die Städte zog und dort die Neubürger stellte. Diese Wechselwirkung muß man immer im Auge haben, gerade im Berliner Raum, wobei wir auch beachten müssen, daß die meisten Neubürger entweder aus der Berlin umgebenden Mark Brandenburg kamen oder auch aus den Gebieten östlich der Oder, aus Schlesien, wobei natürlich dann immer wieder behauptet wird, jeder zweite Berliner sei auch tatsächlich aus Schlesien gekommen. Berlin hatte im 19. Jahrhundert wie viele andere Städte ausschließlich Kopfbahnhöfe, darunter den schlesischen Bahnhof. Wer von Breslau nach Berlin fuhr, kam am schlesischen Bahnhof an und hat sich zunächst in der unmittelbaren Umgebung eine Unterkunft gesucht. So kann man in der Umgebung dieses Bahnhofs den Eindruck gewinnen, jedermann stamme aus Schlesien. Das gleiche kann man aber an den anderen Kopfbahnhöfen ebenfalls nachvollziehen – am Anhalter und am Hamburger Bahnhof oder an sonstigen Bahnhöfen. Dies ist ein Vorurteil, das vielleicht die Meinung erklärt, nicht jeder zweite Berliner sei aus Schlesien gekommen – es waren rund 8 von Hundert.

Schwarzmaier: Ich möchte noch einmal an die Frage von Herrn Bräunche anknüpfen und auf die Situation der Stadt im Nationalsozialismus hinweisen. Sie sagten, die Nationalsozialisten hätten im Grunde genommen mit der Großstadt nicht viel im Sinn gehabt. Wahrscheinlich ist es aber doch etwas divergierender, wenn man etwa daran denkt, daß in Mannheim als einer der ersten Großstädte, die im Krieg schwer heimgesucht wurde, von dem NS-Spitzenfunktionär Robert Le eine große Rede gehalten wurde mit dem Tenor, dieser Angriff auf Mannheim sei furchtbar gewesen, aber das werde man nach dem Endsieg alles besser machen. Nach dem Krieg wolle man eine große Stadt planen, eine Großstadt entstehen lassen, so schön, so gewaltig und dem Reichsgedanken so entsprechend, wie es gar nicht besser sein könne. Wenn man sich aber die Pläne aus dem Büro von Speer im Hauptstaatsarchiv München über solche Großstadtplanungen anschaut, dann hat man den Eindruck einer ganz enormen Stadtplanung. Diese sieht nun – und darauf möchte ich mit Nachdruck hinweisen – ganz von den regionalen Beziehungen wie etwa vom Stadtteilbewußtsein oder örtlichen Planungen und insbesondere von innerstädtischen Beziehungen ab. Es war ganz sicher nicht im Sinne der Nationalsozialisten, daß hier Sonderbewußtsein, Straßen- und Stadtteilbewußtsein gepflegt wurde, sondern alles war auf die große Idee der Volksgemeinschaft ausgerichtet, wie sie sich in einem uniformen Stadtbild manifestiert. In diesem Sinne haben die Nationalsozialisten mit der Stadt also doch wohl etwas im Sinne gehabt.

Ribbe: Das ist ganz sicher so. Wir müssen deutlich unterscheiden zwischen dem Wohnen und den anderen Funktionen, die eine Stadt hat. Lassen Sie mich wieder auf das Beispiel Berlin zurückgreifen. Aus der Reichshauptstadt Berlin sollte ja die Hauptstadt »Germania« werden, ein Gebilde von einer Dimension und einer Größe, wie man es sich heute kaum mehr vorstellen kann. Sehen wir einmal ganz von den großen Achsen ab, an denen die überdimensionierten Regierungsbauten entstehen sollten: Es sollte im Kern eine »Halle des Volkes« – die haben nicht die Chinesen erfunden, sondern Albert Speer – errichtet werden, die 100000 Menschen aufnehmen sollte. Ich weiß nicht, ob man sich das heute überhaupt noch vorstellen kann. Es gibt hierfür in Berlin ein Modell; die Halle sollte in der Nähe des Brandenburger Tores entstehen. Im Grunde genommen kann bloß Größenwahn solche Dimensionen ansetzen. Dies ist die eine Seite, die Stadt der Repräsentation also, mit Regierungsgebäuden als Großstadt, die die Nationalsozialisten haben wollten.

Die andere Seite bezeichnet das Wohnen. Siedeln wollte man nicht in Massenquartieren, sondern möglichst in Siedlungen mit Einfamilienhäusern, und hierzu brauchte man Fläche. Beides sollte man voneinander trennen. Man könnte diese Unterscheidung auch in anderen Bereichen durchführen. Wenn man die Fläche einer Kommune entsprechend ausdehnt, gibt es insgesamt verhältnismäßig große Einwohnerzahlen, doch wohnen die Leute dann – nach dem Plan – nicht in Mietskasernen.

Ringler: Noch ein Wort zur Städtebauideologie des NS-Zeit. Eine offizielle Städtebauideologie hat es nicht gegeben, sondern es gab viele Strömungen, die nebeneinander herliefen. Man muß sich doch immerhin vergegenwärtigen, daß zum Beispiel Goebbels noch 1933 dem Bauhaus gegenüber verhältnismäßig positiv eingestellt war. Es gab weiterhin die Stuttgarter Schule, die eher eine konservative Architekturrichtung vertrat, ihren Einfluß freilich dann auch verlor, während im Industriegebiet das neue Bauen der zwanziger Jahre weiterlebte. Viele Rüstungsbauten und entsprechende Industriebauten wurden wirklich in dem Baustil der zwanziger Jahre errichtet. Natürlich gab es auch die Sehnsucht nach dem »Germanischen Siedeln«, dieser Blut- und Bodenstil im Wohnen, auch mit dem Nachbarschaftsgedanken als Volksgemeinschaft. Es gab zum anderen für die Großstädte Planungen, denn jede Gauhauptstadt wollte ja Berlin nachahmen. So bestanden für Karlsruhe Pläne einer Nordsüd-Achse und einer Ostwest-Achse mit einer Gauhalle und ähnliches mehr. Es existierten also damals viele Stile beziehungsweise Planungen eigentlich nebeneinander.

Ribbe: Ich bin dankbar für den Hinweis, daß es keine einheitliche Bau- und Planungsideologie gab. Dem muß man sicher zustimmen, wie es überhaupt im Nationalsozialismus etwas Einheitliches nicht gab. Natürlich gibt es gewisse Kontinuitäten: In Berlin zeigt sich das am Siedlungsbau, soweit er noch stattgefunden hat. Die schönsten und zukunftsweisenden Siedlungen sind allerdings in den zwanziger Jahren gebaut worden, so zum Beispiel die Onkel-Tom-Siedlung in Zehlendorf oder die Hufeisensiedlung in Britz. An diese Art von Siedlungsbau hat man in gewissem Maße in der NS-Zeit angeknüpft, doch waren keine finanziellen Möglichkeiten da, dies weiterzuführen. Gerade in der schweren Zeit der Weimarer Jahre und unter den Belastungen der Weltwirtschaftskrise war es in Berlin möglich gewesen, mit ausländischen Anleihen, vor allen Dingen aus den USA und aus der Schweiz, die großen Siedlungen zu errichten. Das hörte in der NS-Zeit auf und ist nicht fortgesetzt worden. Die anderen Bauten für Industrie und ähnliches lassen die Frage offen, inwieweit es wirklich Kontinuitäten gab. Nehmen Sie die AEG-Bauten von Peter Behrends als Beispiel – das hat sich in der NS-Zeit nicht fortgesetzt, sondern dort setzte sich eher eine gewisse Perversion des Bauhausstiles fort, nicht aber das Bauhaus selbst.

Naujoks: In der Städtegeschichte der modernen Zeit spielen die großen Oberbürgermeister vor allem in der Zeit nach der Reichsgründung bis zum Ersten Weltkrieg eine erhebliche Rolle; Herr Klötzer hat Adickes, den Oberbürgermeister von Frankfurt am Main, als Stadtoberhaupt besonders hervorgehoben. Mich interessiert nun, ob ein Oberbürgermeister mit einer längeren Amtsphase tatsächlich bleibende und sichtbare Wirkungen im Stadtverband behauptet hat, oder ob er nur als Verwaltungsbeamter quasi quantitativ etwas beitragen konnte. Gibt es ähnlich wie in

Frankfurt mit Adickes auch in Berlin Bürgermeister, die eine gewisse Rolle gespielt haben, wenngleich auch nicht in dem Maße, wie das in Frankfurt möglich war?

Ribbe: In Berlin hat es eigentlich nur einen Oberbürgermeister gegeben, der im Gedächtnis als einer derjenigen haften geblieben ist, der Zukunftsweisendes für die Stadt geleistet hat. Berlin – das muß man hier einmal ganz offen sagen – krankte daran, daß alle Oberbürgermeister im Unfrieden aus dem Amt geschieden sind, die meisten sogar mit einem Skandal. Das ist kein Phänomen unserer Zeitgeschichte, sondern man kann das bis zur Steinschen Städtereform zurückverfolgen. Auch Bürgermeister Böß, auf den ich hinwies, ist mit einem Skandal aus dem Amt geschieden, nämlich mit dem Sklareg-Skandal. Dabei ging es darum, daß die Frau des Bürgermeisters von den Geschäftsleuten Sklareg einen Pelz angenommen haben soll. So mußte Böß vorzeitig von einer USA-Tour nach Berlin zurückkehren und seinen Hut nehmen, obwohl er zehn Jahre lang Oberbürgermeister war und dafür gesorgt hatte, daß die Messehallen errichtet worden sind, daß mit dem Funkhaus die zukunftsweisende Technik ihren Einzug hielt, daß die AWOs geplant wurden usw. Es gibt unendlich viele Dinge, die er in Angriff genommen hat, und einen anderen Bürgermeister vor 1945, der Wesentliches geleistet hat, könnte ich Ihnen gar nicht nennen. Insofern ist Berlin also sicherlich anders als andere Großstädte, sicherlich auch anders als Frankfurt oder Köln, von denen wir gestern gehört haben. Es gibt einige Stadträte, die Bedeutendes geleistet haben. Ich möchte nur auf den bekannten Fall von Ernst Reuter hinweisen, der in den zwanziger Jahren das Verkehrsressort in Berlin geleitet hat und dafür sorgte, daß sämtliche privaten, halbprivaten und öffentlichen Verkehrsunternehmen in einem Verbund zusammengeschlossen wurden. Diese Vereinheitlichung ist eine außerordentliche Leistung jener Zeit.

Leiser: Beim Wachstum der Städte, das ja untrennbar vom Phänomen der Quartierbildung oder -umbildung begleitet wird, gibt es zwei Determinanten, die wir nicht angesprochen haben. Die eine klang in Ihrem Vortrag an, nämlich die Faszination der großen Stadt. Insbesondere bei Haupt- und Residenzstädten konnte aus Repräsentationsgründen eine Forcierung des Wachstums erfolgen, mehr als dies der Standortvorteil hätte bewirken können. Insoweit ist das einleuchtend. Eine andere Determinante ist in ihrem Einfluß schwierig zu fassen und steht in der politischen Diskussion immer noch an, nämlich das System der Kommunalsteuer. Darüber sollte man sich zumindest informieren, wenn man die Dinge weiter vertiefen will. Ich habe nun freilich keine Vorstellung davon, ob die Kommunalsteuern im 19. Jahrhundert in Deutschland kompatibel waren, ob man hier also in den einzelnen deutschen Staaten mit der modernen Forschung überhaupt zu gleichen Ergebnissen kommen wird. Ich weiß auch nicht, wann etwa sie vereinheitlicht worden sind. Wir haben ja einen enormen Finanzbedarf für die Schaffung der kommunalen Infrastruktur, für die Gewährung der Daseinsversorgung und ähnliches mehr. Es werden in diesen Städten aber auch Ansprüche geweckt, die zu erfüllen unerhört viel Geld kostet, und Geld kann ja nur über die kommunalen Steuern hereingebracht werden, wodurch ein Zwang zur Ansiedlung etwa von Industrie provoziert wird. Ebenso kann eine gewisse Begehrlichkeit für die Eingemeindung bislang selbständiger Gemeinden in der Nachbarschaft geweckt werden, wo Industrie vorhanden ist und die Gewerbesteuer Geld abwirft. Für den Südwesten müßte man hier nähere Untersuchungen anstellen, wenn man die Stadtgeschichte des 20. Jahrhunderts betreiben will. Fast unvermeidlich stößt man dann auf den Fall Freiburg im Breisgau, wo noch vor dem Ersten Weltkrieg ein bekannter und bedeutender Oberbürgermeister die Stadt hinsichtlich der Kommunalpolitik unabhängig von der Gewerbesteuer führen wollte. Dieser OB hatte sich auf Biegen und Brechen gegen Industrieansiedlungen gewehrt; Freiburg wurde eine »Pensionopolis«. Damit kann aber im 20. Jahrhundert eine Stadt auf Dauer nicht mehr leben. Die Wende kam in den sechziger Jahren, als ein SPD-Oberbürgermeister in Freiburg gewählt wurde, der das Steuer radikal herumwarf und nun Industrieansiedlung betrieb. Sie wissen, daß Freiburg sein Gesicht völlig verändert hat. Hier sehe ich also eine gewisse Forschungslücke; man könnte, man sollte, man müßte sogar in steuergeschichtlicher Hinsicht die Forschung erweitern.

Ribbe: Ich danke Ihnen für diesen Hinweis und möchte eine Anmerkung anfügen. In Preußen war es so, daß die einzelnen Gemeinden den Prozentsatz ihrer Kommunalsteuer selbst bemessen konnten. Das war im Großraum Berlin eines der großen kommunalpolitischen Probleme, insbesondere im Vorfeld der Eingemeindung. Lassen Sie mich das an zwei Beispielen deutlich machen: Da ist zunächst Charlottenburg, das sich bewußt zur Konkurrenzstadt Berlins herausgebildet hat, insbesondere was das Wohnen vermögender Bürger angeht. Man hat versucht, teure Villenvororte – Westend und Neuwestend zum Beispiel – anzulegen und sie wunderbar zu erschließen. Man hat in Charlottenburg 1903 das erste Hallenschwimmbad im Berliner Raum errichtet. Man baute ein eigenes Opernhaus in der Bismarckstraße, man hat das Theater des Westens errichtet, und am Kurfürstendamm – der ja keine Geschäftsgegend war wie heute, sondern eine Wohngegend für die besseren akademischen Kreise – hat man kleinere Theater gegründet wie etwa das Theater am Kurfürstendamm, die »Komödie«. Man hat im weitesten Sinne die Infrastruktur geschaffen, die man brauchte, um vermögende Bürger an den Ort zu binden. Dafür konnte man es sich leisten – und das stand in einem Zusammenhang –, einen verhältnismäßig niedrigen Steuersatz für die Kommunalsteuer zu erheben. Die Leute, die dort wohnten und viel verdienten, hatten also den niedrigsten Steuersatz in der ganzen Berliner Umgebung bezahlt. Aber Charlottenburg hat trotzdem, weil auch die vermögenden Leute eben dahin zogen, viel mehr eingenommen als alle anderen Gemeinden der Umgebung, die unter Umständen das Mehrfache an Kommunalsteuern fordern mußten. Dies schuf ein beträchtliches Ungleichgewicht und hat zu großen Verärgerungen geführt. Das Ungleichgewicht ist praktisch erst am Ende des Ersten Weltkrieges beseitigt worden, vorher nicht. Die wirklich interessanten Vergleiche zwischen den einzelnen deutschen Ländern sollte man vermehren, um Untersuchungen über ein Land – nämlich Preußen – vergleichbar zu machen. Dieses Vorgehen würde die gesamte Problematik, insbesondere hinsichtlich der Gemeinden für die Zeit vor dem Ersten Weltkrieg, transparent machen. Es ist dies ein ganz wichtiges Thema.

Kirchgässner: Ich freue mich, daß dieser Gesichtspunkt noch zur Sprache kommt. Man könnte auch auf das Musterbeispiel Wiesbaden hinweisen, das vor dem Ersten Weltkrieg reich war und sich danach in einer schwierigen Situation befand. Die endgültige Steuerharmonisierung – man scheut sich ja fast, den Ausdruck zu verwenden – kommt freilich erst mit der Erzbergerschen Finanzreform. Diese hat hier sehr gewalttätig eingegriffen; Erzberger war freilich wieder einmal ein in Notzeiten geholter Schwabe, der erste Berufspolitiker und vielleicht auch der einzige, der dieses riesige Reformwerk hat durchsetzen können. Das gilt auch dann, wenn man weiß, daß vieles nicht aus seiner eigenen Konzeption erwachsen ist, er es aber gleichwohl durchgesetzt hat. Bis dahin hat man von Kommune zu Kommune ein überaus unterschiedliches Bild, und das erleichtert die Forschung in meinem eigenen Fach nicht gerade.

Ribbe: Ich bin Ihnen sehr dankbar, daß Sie das Beispiel Wiesbaden genannt haben. Wiesbaden war bezüglich der Kommunalsteuereinnahmen die reichste Stadt Deutschlands, Charlottenburg die zweitreichste. Man muß also die Entwicklung im Berliner Raum in den richtigen Relationen sehen, zumal hier an diesen Steuern erheblich weniger eingegangen ist.

SCHLUSSDISKUSSION

Bischoff: Ich erinnere mich an unsere Tagung in Überlingen, die dem städtischen Haushalts- und Rechnungswesen galt; wir haben in den Vorträgen Probleme des kommunalen Finanzwesens vor Augen geführt bekommen. Wenn ich mich recht erinnere, habe ich auf die besondere Entwicklung im Königreich Bayern hingewiesen, insbesondere auf den Kampf der Städte um Anteile beziehungsweise um Partizipierung an der sogenannten Biersteuer (oder, wie es damals hieß, am Bierpfennig). Das war im vergangenen Jahrhundert eine wesentliche kommunale Einnahmequelle; es scheint mir wichtig, daß wir keine zusammenhängenden Arbeiten haben, wie dies in den einzelnen Territorien mit dem kommunalen Steuersystem gehandhabt worden ist beziehungsweise wie man es in Vergleich setzen kann. Aus Bayern gibt es eine Dissertation, die für den nordbayerischen Bezirk die Entwicklung der gemeindlichen Finanzen, der Einnahmequellen usw. darstellt. – Eine naive Frage möchte ich zum Vortrag von Professor Ribbe anmelden: Wir haben in

Preußen diese Kreisnamen; wenn ich mich recht erinnere, sind sie 1815 eingeführt worden. Ich möchte fragen, ob es alte Landschaftsbezeichnungen gibt, wie etwa die Uckermark, die Mittelmark oder Bezeichnungen für Ober- und Niederbarnim. Wie hießen diese Gebiete, ehe man die Kreise eingeführt hat?

Ribbe: Das sind bereits historische Unterscheidungen. Barnim ist zwar die historische Bezeichnung, aber man hat das Gebiet nördlich Berlins von demjenigen im Süden abgehoben. Auch das Havelland übernimmt eine uralte historische Bezeichnung; Belzich ist neu und von der Stadt übernommen worden. Die Zauche ist freilich die älteste Bezeichnung einer Landschaft in der Mark Brandenburg; wir finden diesen Begriff urkundlich bereits im 12. Jahrhundert, als ein Sohn des Markgrafen Albrecht des Bären von dem Slawenfürsten Pribislav Heinrich *totam zcucham … more patrini* erhält, die Zauche also als Patengeschenk, und das ist im ältesten Allodialbuch der askanischen Landesherrschaft in Brandenburg, also ein uralter Name. Auch Teltow ist übrigens uralt.

Bischoff: Ich habe noch eine Frage: Ist nach dem achten Band des historischen Orts-Lexikons noch ein neunter erschienen?

Ribbe: Der letzte Band von Frau Enders behandelt die Uckermark; bislang ist kein neuer Band erschienen.

Kirchgässner: Zur Frage der Verbrauchssteuern möchte ich noch anmerken, daß nach meiner Erinnerung in der Erzbergerschen Finanzreform Bayern dafür gesorgt hat, daß die Biersteuer nicht dem Reich zugeschlagen wurde, während die badische Tabaksteuer Reichssteuer geworden ist, was hierzulande weh getan hat.

Klötzer: Ich bin in finanzgeschichtlichen und steuergeschichtlichen Fragen nicht so bewandert, möchte aber eine Bemerkung zu unserem Thema, dem Verhältnis von Stadtkern und Stadtausbau, anschließen. In Frankfurt ist in den zwanziger Jahren ein alter Stadtteil kaputtgegangen, der heute noch darunter leidet, und das Westend ist nicht erst nach dem Kriege durch die Spekulation und durch die Cityerweiterung in seiner alten Substanz zerstört worden, sondern durch die Einführung der Hauszinssteuer. Man hat sie in den zwanziger Jahren eingeführt und die Großwohnungen im Westend damit so sehr belastet, daß man sie teilweise dritteln mußte, um sie überhaupt noch lukrativ zu erhalten. Mit dem Ertrag der Hauszinssteuer sollten die Siedlungen der zwanziger Jahre, die ja in Frankfurt ebenfalls beispielhaft sind, errichtet werden. Das scheint mir direkt zum Thema der Tagung zu gehören.

Ribbe: Vielleicht sollten wir, wenn wir schon vom Geld reden, auch noch andere Aspekte in unsere Überlegungen miteinbeziehen. Ein Problem, das sich seit der Bildung von Großgemeinden immer wieder stellte, war die Verschuldung dieser Kommunen. Bis dahin war es ja üblich, daß die bestehenden Gemeinden keine Schulden machten, weil sie es sich gar nicht leisten konnten. Erst mit diesen Großgebilden taucht das Problem auf. Was Berlin anbelangt, so darf ich daran erinnern, daß die große Verschuldung Berlins das Hauptthema der Nationalsozialisten vor 1933 war, als es im »Kampf um Berlin« darum ging, daß die Stadtverwaltung, die angeblich nichts als Schulden machte, durch eine nationalsozialistische Verwaltung abgelöst werden müsse. Dies war ein eminent politisches Thema. Ich frage nun: Konnten solche Großgemeinden überhaupt existieren, ohne bei all den Problemen, die zu lösen und zu bewältigen waren, Schulden zu machen? Ich denke hierbei zunächst nur einmal an die Infrastruktur.

Kirchgässner: Hier wäre zu erwähnen, daß die Reichsbank nach dem Ersten Weltkrieg nicht die Einwirkungsmöglichkeiten hatte wie heute die Bundesbank, so daß sich die Kommunen in erheblichem Umfange vor allem mit amerikanischen Krediten verschuldet haben. Das heute oft mit schlechter Presse versehene Investitionsprogramm, in dem kurzfristig abrufbare Gelder langfristig angelegt worden sind, führte dazu, daß die Städte in große Schwierigkeiten kamen, als die Gelder in der Weltwirtschaftskrise tatsächlich zurückgerufen wurden. Man kann sich nun sehr darüber streiten, ob es eigentlich berechtigt war, derartig kurzfristig abrufbare Gelder in Siedlungen und ähnlichen Investitionen festzulegen, und ob man heute dies angesichts der damaligen Situation wirklich so schlecht beurteilen soll. Vom Problem des reinen Kapitaltransfers her war es natürlich widersinnig, kurzfristig abrufbares Geld derart langfristig zu investieren. Aber was hätten die Kommunen nach dem Ersten Weltkrieg angesichts der dringenden Nöte eigentlich machen sollen? Im Abstand von 50 Jahren ist es leicht, den Schulmeister zu spielen.

An Herrn Ribbe habe ich noch eine ganz andere Frage: Wir hatten vorhin von den Oberbürgermeistern gesprochen – welchen Einfluß hatte eigentlich der Hof auf diese Dinge genommen? Berlin war ja auch Residenzstadt, und insofern sind die in unseren Überlegungen ausgeblendeten und nur beim Beispiel Frankfurt durch die Selbstverwaltung der alten Reichsstadt angesprochenen Probleme hier mit einzubeziehen. Auch bei Karlsruhe wäre dies wohl nachzutragen, obwohl der Hof sich hier meines Wissens sehr zurückgehalten hat und nicht in die unmittelbaren Probleme eingreifen wollte; bei Berlin war das sicherlich anders.

Ribbe: Ich glaube, ich habe schon darauf hingewiesen, daß neben den Institutionen von Regierung, Polizeipräsident, Stadtverordnetenversammlung und Magistrat – kurz neben allem, was die Residenz und Hauptstadt Berlin besaß – auch der König und Kaiser mitgeredet hat. Dies war sicherlich nach der Steinschen Städtereform zu Beginn des 19. Jahrhunderts stärker als im weiteren Verlauf dieses Säkulums; in der Wilhelminischen Ära spielte es dann freilich wieder eine besondere Rolle. Man muß hinzufügen, daß in der Phase bis zum Ersten Weltkrieg, der eigentlich Wilhelminischen Zeit also, Wilhelm II. Berlin nicht sonderlich mochte. Er hat aber in die Stadtplanung recht ungünstig eingegriffen und kräftig mitgesprochen. So hat er zum Beispiel vereitelt, daß es in dem nun industriell aufstrebenden Berlin zu einer Weltausstellung kam, mit dem Vorwand, das könne man auch später noch machen. Schließlich ist nur eine unbedeutende Gewerbeausstellung in Treptow herausgekommen, und die eigentliche Weltausstellung hat in den USA stattgefunden und dann in Paris; nach Berlin ist sie nie gekommen. Der Hof hat also in diese Stadtgeschichte stark eingegriffen, stärker, als man sich das gemeinhin vorstellt.

Kirchgässner: Dies halte ich für einen ganz wichtigen Hinweis; die Zusammenhänge mit der verhinderten Weltausstellung waren mir übrigens völlig neu. Ich habe mich immer gewundert, warum diese Industrieausstellungen, die ja Motoren weiterer Entwicklung waren in einer Zeit, in der die Technik noch nicht so kompliziert war wie heute, warum diese Ausstellungen also nie nach Berlin gekommen sind. Dies ist um so erstaunlicher, als es Wien und auch Paris sogar wiederholt geschafft haben. Sprunghaftigkeit ist also nicht bloß ein Phänomen der dreißiger Jahre unseres Jahrhunderts, sondern findet sich gelegentlich auch schon früher.

Zoche: Zur Frage der städtischen Finanzen und insbesondere der Stadtverschuldung, wie sie die Städte zu Beginn der NS-Zeit hatten, ist anzumerken, daß dies doch wohl eine direkte Folge der Erzbergerschen Finanzreform war. Die Städte, die vorher recht gut dastanden, waren in der Weimarer Zeit praktisch auf die Einnahmen aus ihren wirtschaftlichen Betrieben verwiesen. Tarife für Gas und Wasser, die ursprünglich recht niedrig gehalten werden konnten, implizieren aber auch die Berücksichtigung sozialer Fragen, und das konnte in der Weimarer Zeit nicht mehr in vollem Umfange umgesetzt werden, weil eben die Steuermöglichkeiten der Städte stark eingeschränkt worden sind. Soviel ich weiß, gibt es über Preußen für die frühere Zeit bei Fürbaum bereits eine Aufarbeitung derartiger Probleme. Für Baden kann ich sagen, daß es nach den siebziger Jahren des 19. Jahrhunderts eine Bindung der kommunalen Steuern an die Staatsteuern per Zuschlag gegeben hat. Erst durch die Erwerbssteuer bis in die achtziger Jahre und dann durch die Einkommenssteuer, die sogar – wenn ich mich recht erinnere – in Baden als einem der ersten Staaten in Deutschland eingeführt wurde, änderten sich die Dinge.

An Herrn Ribbe habe ich noch eine Frage hinsichtlich der S-Bahnen. Sie haben auf die große Bedeutung des Rupprecht-Planes für das Straßennetz in Berlin hingewiesen und zu der S-Bahn dann gesagt, daß diese hauptsächlich durch die Interessenten finanziert worden sei. Für mich stellt sich die Frage, ob es für die S-Bahnlinien einen ähnlichen Plan gegeben hat wie für die Straßen.

Wie wurde das dann aber koordiniert – etwa im Hinblick auf die Tarifpolitik? Haben hier die Privatunternehmen, die Großindustrie oder die Ortsverwaltungen dieser Vororte Einfluß nehmen können?

Ribbe: Das könnte man nun so beantworten: Es war alles so, oder es war überhaupt nicht so. Um es schlicht zu sagen: Es bestand keine einheitliche Planung. Einen Rupprecht-Plan hat es für den Bereich des öffentlichen Personennahverkehrs auf der Schiene nicht gegeben. Dieser war eine Sache von Angebot und Nachfrage, und das ist in den verschiedenen Gebieten Berlins auch ganz unterschiedlich gelöst worden. Mit Ausnahme des S-Bahnrings, der einheitlich geplant worden ist, sind diejenigen S-Bahnstrecken, die aus der Stadt herausführten und für den Ringzubringer eine Rolle spielten, im wesentlichen auf oder neben der Trasse der Fernbahnen entstanden, die zu den Berliner Kopfbahnhöfen geführt haben. Das gilt für die Bahn in Richtung Hannover, in Richtung Hamburg oder auch nach Stettin und Breslau wie für die Bahnen nach Dresden und Leipzig. Es handelt sich übrigens in erheblichem Umfang um alte Militärbahnstrecken, die aus militärischem Interesse erstellt worden sind, und Bahnen, die von privaten Kapitalgesellschaften errichtet wurden. Im Zuge dieser Bahnlinien, die aus Berlin herausführten, sind dann auch die S-Bahnstrecken in die Außenbezirke oder die Umgebung Berlins entstanden. Das Problem war in erster Linie nicht das Verlegen der Schienen, die zum Teil schon da waren, weil man die Trasse mitbenutzte, sondern die Errichtung der Bahnhöfe. Dazu haben sich bestimmte Interessengemeinschaften zusammengefunden, die solche Bahnhöfe errichteten.

Ein zweiter Problemkreis betrifft die Tarifgestaltung. Die Fahrten mit diesen Bahnen waren anfangs so teuer, daß sich das nur reiche Leute leisten konnten. Gleichzeitig muß man sehen, daß die ersten Bahnen in der Weise gebaut worden sind, daß sie in Villenkolonien führten, von denen ich eine Karte gezeichnet habe, also meinetwegen von Wannsee nach Schlachtensee, nach Nikolassee in die schönen Wohngebiete, die es auch heute noch gibt. Die Leute, die dort wohnten, waren in Berlin tätig als Wirtschaftsmanager, als Unternehmer, als Bankiers. Sie haben – wie es auch heute noch üblich ist – im Grünen gewohnt und in der Stadt gearbeitet; sie konnten sich auch die Tarife leisten. Das wurde anders, als die Industrie gezwungen war, ihre zweite Randwanderung vorzunehmen. Die Industriearbeiterschaft wollte ursprünglich nicht an die Peripherie der Stadt ziehen, um dann in der Nähe der neuentstehenden Industriebetriebe, in denen sie arbeitete, auch zu wohnen. Man hat zunächst darauf Wert gelegt, weiterhin in der Stadt zu wohnen, wenn man auch draußen arbeiten mußte. Somit mußte ein Pendelverkehr eingerichtet werden, für den Siemens ein gutes Beispiel darstellt. Dieser Betrieb war ja früher einmal eine Berliner Firma, die einen eigenen Industriestandort geschaffen hatte, die Siemensstadt, ursprünglich ein Waldgelände in der Nähe der Spree, das vor langen Zeiten den Spandauer Benediktinernonnen gehört hat. Es war also gewissermaßen Einöde und Wüste. Auf diesem Gelände sind die ersten Industriebauten um die Jahrhundertwende errichtet worden, und kein Mensch, der dort arbeiten mußte, wollte dort auch wohnen. Siemens hat einige Häuserzeilen als Werkswohnungen dorthin gestellt, keiner wollte aber dort einziehen. Das hat sich erst dann geändert, als das Gebiet verkehrstechnisch besser erschlossen wurde, und die eigentliche Siemensstadt als Wohnstadt war erst möglich, als Siemens auf eigene Kosten die S-Bahnlinie nach dorthin anlegte, die übrigens heute stillgelegt ist, und diese S-Bahnlinie der Reichsbahn schenkte. Auch so etwas gab es also damals. Auf der anderen Seite errichteten einige private Unternehmer nach Wannsee hinaus, in die feinen Villenvororte, eine Bahn, die von einem Herrn Konrad geplant und, wie es in Berlin üblich ist, bald mit einem Spitznamen versehen worden ist: es sei eine »Wahnsinnsbahn auf Konrädern«. Ähnliche Strecken hat es in alle Richtungen gegeben; ich habe bereits die südliche Strecke nach Zossen angeführt, eine Bahn, die an der Fernbahnstrecke nach Dresden lag. Hier kann man wiederum sehr gut sehen, wie kleinere Interessengruppen sich zusammengetan und Bahnhöfe errichtet haben, um dort die Verbindung mit Berlin zu halten.

Kirchgässner: Es ist immer wieder heilsam, sich vor Augen zu halten, daß wir in unseren Tagungen sehr unterschiedliche Epochen zusammenfassen. Hier erfassen wir ein Zeitalter, in dem der private Bahnbau nicht bloß selbstverständlich und vertraut, sondern auch noch lukrativ war. Auch das ist seit langem »Geschichte«! Man sollte allerdings nicht vergessen, daß in der Weimarer

Zeit gerade die Reichsbahn einer der wesentlichsten Garantieposten für die großen internationalen Verträge gewesen ist. Schließlich haben wir eine Zeit – auf schweizerischen Friedhöfen sieht man es gelegentlich noch auf Grabsteinen dokumentiert –, in der der »Rentier« oder der »Rentner« nicht etwa ein von der Sozialversicherung lebender alter Mann war, sondern jemand, der von einem großen Vermögen seine Rente bezog. Es war eine Zeit, in der die »Herren Kapitalisten« ein ehrenwerter Berufsstand waren und auch so in der Fachpresse angesprochen wurden, während heute »Kapitalist« häufig geradezu ein Schimpfwort ist.

Herr Leiser hat uns übrigens auch wieder vor Augen geführt, daß wir von einer Zeit handeln, in der die Zahlung der Vermögenssteuer auch eine politische Komponente im Drei-Klassen-Wahlrecht hatte.

Ribbe: Man muß vielleicht die Voraussetzungen dafür erkennen, die auch in anderen Großstädten ähnlich gelagert waren. In einer Zeit, in der die Straßen noch nicht gepflastert waren, gab es auch kaum Möglichkeiten, den öffentlichen Personennahverkehr in der Stadt zu bewerkstelligen. Da war es natürlich wichtig, daß Produzieren und Wohnen räumlich eng beieinander lagen. Hierher gehört für Berlin das Beispiel des Gewerbehofes: Im Vorderhaus wohnte noch der Unternehmer mit seiner Familie, und in den Hinterhöfen wurde produziert. Das geht natürlich nur bei verhältnismäßig kleinen Betrieben. Wenn diese Betriebe expandieren – und das gilt für das ganze 19. Jahrhundert –, stellt sich irgendwann das Problem, daß der Gewerbehof nicht mehr für die Produktion ausreicht. Auch Siemens hat übrigens in einem solchen Gewerbehof angefangen: Werner Siemens hat im Vorderhaus gewohnt und im Hinterhof produziert – das war die Keimzelle des Betriebs. Alle anderen bedeutenden Firmen, die in Berlin im 19. Jahrhundert ihren Ausgangspunkt genommen haben, haben auf ähnliche Art und Weise angefangen. Mit der Expansion ist dieses erste Stadium freilich zu Ende. Damit stellt sich auch das Problem, daß die Arbeiter am Ort wohnen bleiben wollen, wo sie nach Feierabend auch noch ein wenig Zerstreuung haben, wo sie jedenfalls wesentlich lieber bleiben möchten als in der Umgebung eines Betriebes, der auf dem Acker neu angelegt worden ist und wo sich, wie man in Berlin sagt, die Füchse gute Nacht sagen. Dadurch entstehen aber weitere Probleme der Verkehrsanbindung, denn die Arbeiter müssen jetzt pendeln. Das ist erst mit großer Verzögerung gelöst worden, einfach deshalb, weil es keine zentrale Planung gab und sich niemand darum gekümmert hat. Es waren dies alles Einzelinitiativen – sei es von Betrieben, von Aktiengesellschaften –, die zu diesem Zweck privat gegründet worden sind, oder von einzelnen Leuten.

Schwarzmaier: Ich möchte eine an sich banal klingende Anmerkung anfügen, die uns im Thema etwas weiterbringt. Es ist in Ihren Vorträgen immer wieder angesprochen worden, daß das Bewußtsein der jeweiligen Stadtteile und der Straße, die Bewußtseinsschicht also, aus der Tradition und dem geschichtlichen Erleben der Bürger in den einzelnen Stadtteilen gewachsen ist. Das ist nun auch eine Frage des persönlichen Standpunktes, denn natürlich ist für denjenigen, der im jeweiligen Stadtteil lebt, dieses Bewußtsein etwas, das er für sich und seine Umgebung festhält. Für denjenigen, der von außen kommt, sieht die Sache anders aus, und wenn ich als Karlsruher einen Vortrag über Berlin höre, dann sind für mich viele neue Dinge angesprochen. Für mich ist jeder Berliner zunächst eben *der* Berliner schlechthin; so verstehe ich ihn und so hat ihn wahrscheinlich selbst Kennedy verstanden, als er jenen berühmten Spruch gesagt hat. Wenn ein Berliner zu mir kommt und sich nun als aus Tegel oder Wilmersdorf oder aus Schöneberg stammend vorstellt, so kann ich damit zunächst nicht allzuviel anfangen. Umgekehrt würde es wahrscheinlich genauso sein, wenn ein Stuttgarter oder jemand, der aus Cannstatt kommt, sich mit einem Degerlocher unterhält. Dann entsteht dieses sehr präzise, historisch geprägte Traditionsbewußtsein städtischer Bürger aus ihrem jeweiligen geschichtlichen Umfeld heraus, und wenn etwa in Stuttgart der VfB Stuttgart gegen die Stuttgarter Kickers spielt, dann tritt es auch in ganz kräftiger Weise in Erscheinung. Wenn aber derselbe Stuttgarter nach Hamburg geht und meinetwegen auch dort wieder seinen Verein begleitet, dann tritt er dort nicht nur als Degerlocher oder als Cannstatter in Erscheinung, sondern natürlich als Stuttgarter. So meine ich, verschiebt sich diese Bewußtseinsschicht je nachdem, ob der Betreffende sich weit weg von Zuhause präsentiert als *der* Karlsruher oder als *der* Stuttgarter. Zu *dem* Karlsruher gehört dann auch *der* Durlacher, der innerhalb von Karlsruhe gar nicht wahrhaben möchte, daß er etwas anderes ist, aber in Hamburg wird er sicherlich als dieser auftreten. Auf diesen Gesichtspunkt und diese Frage der Bewußtseinsschicht innerhalb der Stadt und von außen her als sehr verschiedene, aber in jedem Fall sehr wichtige und geschichtsträchtige Phänomene wollte ich hinweisen.

Ribbe: Herr Klötzer hat uns aus Frankfurt ein schönes Beispiel gezeigt, wo es einen eigenen Sachsenhäuser Dialekt noch bis ins 17. oder 18. Jahrhundert gab, der sich vom eigentlichen Frankfurter Dialekt unterschied. Solche historischen Eigenständigkeiten wird es wohl in einigen Großstädten geben, die aus so alten historischen Teilen zusammengewachsen sind; das ist überall vergleichbar. Die Außenwirkung oder Außenansicht ist etwas anderes, hier hat Herr Schwarzmaier völlig recht. Ich darf dazu nur anfügen, was manche vielleicht überraschen wird, was man aber wirklich in der großen weiten Welt feststellen kann: Wenn man einen Berliner aus einem anderen Teil der Stadt trifft, ganz gleichgültig ob Ost- oder Westberliner, dann ist er heute eben ein Berliner; das habe ich in Tokio erlebt.

Kirchgässner: Ich vermute, daß die Stadtteildialekte sich in allerjüngster Zeit stark einschleifen. Ich habe gerade in meinem eigenen Stadtteil darüber diskutiert, daß die Generation vor der meinigen ganz bestimmte Ausdrücke und eine Terminologie kennt, die andere Stadtteile eben nicht hatten, aber das ebnet sich jetzt stark ein.

Illner: Ich habe eine Frage zum Referat von Professor Ribbe: In den zwanziger Jahren dieses Jahrhunderts war der Konkurrenzkampf zwischen den deutschen Großstädten, also etwa Köln, Frankfurt, Hamburg, München usw., sehr ausgeprägt. Man hat sich gegenseitig argwöhnisch beobachtet, die Verwaltungsberichte genau gelesen und vor allen Dingen reagiert, sobald der andere auch nur einen Schritt vorankam. Das betraf zum Beispiel die Konkurrenz zwischen Köln und Düsseldorf im Ausstellungswesen. Wenn Düsseldorf 1926 die große Ausstellung für Gesundheitspflege, soziale Fürsorge und Leibesübungen (Gesolei) veranstaltet hat, so mußte Köln mit der Presse nachziehen; es gab zwischen diesen Großstädten immer eine Art Wettbewerb. Mit wem hat sich Berlin gemessen?

Ribbe: Ich möchte diese Frage folgendermaßen beantworten: Es gab unterschiedliche Interessen in Berlin. Nach 1920 war diese Stadt, wie wir gesehen haben, in 20 Verwaltungsbezirke aufgeteilt, die gewisse Aufgaben hatten und auch untereinander in Konkurrenz standen. Bestimmte Bereiche wurden zwar vom Magistrat aus zentral geregelt, andere, wie etwa Sozialpolitik, Gesundheitswesen, Schulwesen und ähnliches mehr, waren Bezirkssache. Hier mußte man einen Ausgleich finden. Berlin war aber sozusagen mit sich selbst beschäftigt, um »die Sache am Kochen zu halten«. Es gab keine Stadt in der Nähe, die eine wirkliche Konkurrenz bedeutet hätte, denn die anderen Orte in der Mark Brandenburg – sagen wir einmal zwischen Elbe und Oder – lagen, soweit in unmittelbarer Reichweite, immer mehr oder weniger im Sog Berlins, ohne in irgendeiner Form zur Konkurrenz zu werden.

In der vorindustriellen Zeit war der Sachverhalt anders. Es gab schon historische Anknüpfungspunkte, wo man eine Konkurrenz konstatieren könnte, insbesondere bei den Messestädten. Berlin ist ja einmal als Handelsstadt am Kreuzungspunkt von Handelswegen von West nach Ost und von Süd nach Nord entstanden. Die Handelswege von West nach Ost gingen von Magdeburg nach Posen; interessanter war der Weg von Süd nach Nord, der von Leipzig an die Ostsee führte. Die alte Handels- und Messestadt Leipzig war insoweit eine Konkurrenz zu Berlin, zumindest eben in vorindustrieller Zeit. Ein weiterer Ort in der Nähe Berlins, ebenfalls eine Messestadt von erheblicher Bedeutung in vorindustrieller Zeit, war Frankfurt an der Oder. Es gab zum Teil starke Bestrebungen, den Leipziger Handel an die Ostsee nicht über Berlin zu leiten, sondern einzig und allein über Frankfurt an der Oder, und das hätte auf Dauer Berlin das Wasser abgegraben. Solche Konkurrenzen gab es also, doch ist dagegen staatlicherseits eingeschritten worden. Insbesondere hat man das Verkehrssystem auf dem Wasser ausgebaut; wie wir alle wissen, wurden die Massentransportgüter vor dem Eisenbahnzeitalter auf dem Wasser transportiert. Die Kurfürsten von Brandenburg haben schon unter dem Großen Kurfürsten, also im 17. Jahrhundert, damit begonnen, ein Kanalsystem zu errichten. Dies hat es ermöglicht, von Hamburg elbeaufwärts über die Havel und durch ein Kanalsystem um und in Berlin zur Oder und von dort aus weiter bis zur Weichsel Waren zu transportieren. Das Kanalsystem war aber so angelegt, daß Berlin im Zentrum lag und den Knotenpunkt bildete. Insofern ist also staatlicherseits gegen Bestrebungen von Kaufleuten vorgegangen worden, die die Handelswege an Berlin vorbeileiten wollten. Im Rahmen der Industrialisierung hat dieses ausgebaute Wasserstraßennetz viel geholfen, denn Berlin liegt in einer Gegend, in der es keinerlei Rohstoffe gibt. Die Industrie arbeitet aber nur da, wo man Rohstoffe verarbeiten und Kohle zusätzlich als Energie einsetzen kann. Das alles mußte herangeschafft werden, denn am Ort gab es nichts, und das ging nur über die Wasserstraßen. Eine Verstärkung erfuhr diese Entwicklung dann über die Eisenbahn. Durch dieses vorgegebene Wasserstraßennetz, in dessen Zentrum und Kern Berlin lag, und mit Hilfe des Eisenbahnnetzes, das einzig und allein auf Berlin ausgerichtet war – Berlin war das Zentrum der preußischen Eisenbahnen –, war die industrielle Entwicklung vorprogrammiert, und es gab keinerlei Konkurrenz.

Schmitt: Ich möchte eine Frage aufwerfen, die – so glaube ich wenigstens – hier noch nicht behandelt worden ist, nämlich das Problem der Rechtsverbindlichkeit von Eingemeindungsverträgen. Ich darf dies am Karlsruher Beispiel erläutern: Da gibt es recht unterschiedliche Rechtspositionen der einzelnen Stadtteile. Die neueingemeindeten Quartiere haben meist sehr gute Verträge abschließen können, soweit sie durch die Verwaltungsreform in den siebziger Jahren zu Karlsruhe gekommen sind. Dort gibt es noch den Ortschaftsrat, der auf die Einhaltung der Verträge achten kann. Die im Dritten Reich zwangseingemeindeten Vororte haben keine echten Eingemeindungsverträge bekommen, während die früher eingemeindeten Vororte solche Verträge mit der Stadt Karlsruhe geschlossen haben. Diese Verträge sind freilich nur teilweise erfüllt worden, und es ist auch niemand da, der bestimmte Anliegen der Stadt gegenüber durchfechten könnte, denn es gibt kein Vertretungsgremium. Es gibt zwar Bürgervereine, aber sie sind nicht eigentlich autorisiert, im Namen des früheren Dorfes zu sprechen, das im Grunde genommen völlig in der Stadt aufgegangen ist. Ein groteskes Beispiel hierfür: Bulach ist 1929 eingemeindet worden und hat einen Vertrag mit der Stadt Karlsruhe geschlossen, in dem unter anderem stand, daß eine Turnhalle gebaut werden sollte, die im kommenden Jahr, das heißt 1930, fertigzustellen war. Diese Turnhalle ist im Jahre 1988 eingeweiht worden! Das geschah wohl nur deswegen, weil eine Stadträtin diese alte Abmachung irgendwann entdeckt hat und die Erfüllung dieses Vertrags dann einige Jahre hinweg immer wieder im Gemeinderat gefordert wurde. Regelungen bei der Eingemeindung haben im Grunde genommen dann keinen Sinn, wenn kein echtes Gremium vorhanden ist, sei es eine Institution wie der Ortschaftsrat, der Bezirksbeirat oder ähnliches, das der Stadt gegenüber die Einhaltung der Verträge einklagen kann.

Leiser: Ich darf an den Beitrag von Herrn Schmitt direkt anschließen. Das ist ein verwaltungsrechtliches Problem, das bereits im 19. Jahrhundert diskutiert worden ist. Zusammenschlüsse von Gemeinden, Eingemeindungen – wie geht das eigentlich? Das bedeutet auch Änderungen in der Gliederung des Staatsgebietes. Man kam ziemlich rasch darauf, daß ein Vertrag zwischen den Gemeinden allein noch nicht ausreicht. Aus praktischen Gründen, wie sie Herr Schmitt genannt hat, erlischt je nach Abschluß eines Vertrags eine Gemeinde, und es wäre niemand da, der die Pflichten aus dem Vertrag einklagen könnte. Es war also von vornherein klar, daß eine weitere Institution eingeschaltet werden mußte, schon weil es um die Gliederung des Staatsgebietes ging, sei es die Regierung, das Innenministerium oder wer auch sonst. Im allgemeinen hat sich als Rechtszustand herausgestellt: Vertrag der Gemeinde plus Gesetz. Damit hatte man an sich die Handhabe, daß eine Staatsbehörde im nachhinein kontrollieren konnte, ob die von den Gemeinden seinerzeit ausgehandelten Bedingungen eingehalten worden sind. Ob die Behörde die Kontrollfunktion dann auch ausgeübt hat, steht auf einem anderen Blatt.

Zoche: Ich habe an Herrn Illner eine Frage, die sich freilich unter Umständen auch an die anderen Referenten richtet, zunächst einmal zum Beispiel Köln: Hatte die Stadt Köln bei der Aufgabe des Festungsgürtels die Möglichkeit, durch Geländeerwerb – wobei zuerst zu fragen wäre, an wen das Festungsgelände überhaupt fiel – die Entwicklung auf dem Bodenmarkt und gegebenenfalls auch die Bebauung zu steuern? Ein gutes Beispiel hierfür bildet Mannheim; hier hat die Stadt nach Wegfall des Festungsgürtels die Möglichkeit genutzt, durch Auflagen etwa über die Geschwindigkeit und die Art der Bebauung die Sache einigermaßen zu steuern. Generell stellt sich die Frage nach den Möglichkeiten, welche die Städte in Deutschland ganz allgemein – etwa durch Besteuerung – in dieser Hinsicht hatten. Es gab ja auch die Bodenverkehrssteuer; welche Möglichkeiten hatte man also, um die überbordende Spekulation in den Griff zu bekommen, gerade auch im Hinblick auf Eingemeindungsverträge?

Illner: Wie ich in meinem Referat ausgeführt habe, hat die Stadt 1881 das Gelände, die unmittelbare Festungsanlage also, gekauft, nachdem es niemand haben wollte. An sich war intendiert gewesen, Terraingesellschaften zur Neustadterweiterung heranzuziehen. Diese hatten aber kein Interesse, also mußte die Stadt kaufen. Dies betraf freilich nur einen Abschnitt von etwa 100 Meter in diesem Rayonbereich. Der gesamte Neustadtbereich war aber wesentlich größer, etwa 600 Meter. Das bedeutet, daß die anderen Abschnitte, die von den Rayonbeschränkungen frei geworden waren, als Privatgrundstücke nicht in der Hand der Stadt lagen. Bei den von der Stadt verkauften Grundstücken konnte diese natürlich den Käufern Auflagen in die Verträge einsetzen. Das hatte zum Beispiel am Sachsenring die Folge, daß eine offene Bebauung durch die Verkaufsverträge vorgeschrieben war. Bei den in Privatbesitz befindlichen Grundstücken war die ganze Situation jedoch mißlich. Es konnten nur die Fluchtlinien festgelegt werden, und es mußte ein Gebietsaustausch, also eine Grundstücksumlegung, herbeigeführt werden. Das alles scheiterte häufig am Widerstand von einzelnen. Was die Besteuerung des Wertzuwachses dieser Grundstücke betrifft, so gab es in dieser Phase der Stadtgeschichte noch keine Handhabe von seiten der Kommune, wohl aber nach dem Ersten Weltkrieg. Das ist auch ein Verdienst von Oberbürgermeister Adenauer, der sehr schnell mit der Grüngürtel-Planung genau diese Gewinne abschöpfte und für die Industrieansiedlung eingesetzt hat.

Ribbe: Im Berliner Raum hat der Militärfiskus große Geländeteile verkauft. Er brauchte Geld und hat von dem, was er besaß, sehr viel abgegeben, jedoch nicht an staatliche oder städtische Interessenten, sondern ausschließlich an Privatleute – sei es an Unternehmer selbst oder an Spekulationsgesellschaften. Dies geschah einfach deshalb, damit man den größtmöglichen Gewinn erzielen konnte, so daß diese Verkäufe des Militärfiskus nicht regulierend auf den Preis gewirkt haben – eher im Gegenteil.

de Longueville: Die Frage des Verhältnisses von Stadtkern beziehungsweise Kernstadt zu Stadtteilen wirft auch die Frage nach dem Wandel in den Funktionseliten der Städte und Stadtteile auf. Die allgemeine Erfahrung lehrt, daß man sich in kleineren Gruppierungen – beispielsweise in einem früher selbständigen Stadtteil – viel schneller durchsetzen kann und daß es dort dann zu ganz bestimmten Funktionseliten kommt. Inwieweit ist das Verhältnis der Kernstadt zum Stadtteil hauptsächlich von Umschichtungen in den Funktionseliten durchsetzt? Hat sich durch das große Wachstum und das Hinzukommen früher selbständiger Gemeinden ein neues Verhältnis ergeben, etwa in bezug zum Oberbürgermeister? Von Frankfurt wissen wir, daß die Leitung der Stadt in den Händen großer und überzeugender Persönlichkeiten lag, die als Oberbürgermeister aber immer von außen gekommen sind – wie Miquel und andere. Ist das nun typisch für die Entwicklung einer Großstadt, die sich dann in multifunktionalen Teilen vor allem auch heterogener Elitenbildung ausdrückt? Oder ist das alles eine zufällige Entwicklung? Wir sollten in einer solchen Tagung auch einmal überprüfen, ob und wie sich neue Führungsschichten bilden konnten und wie sich alte Führungsschichten in eine größere Gesellschaft integriert haben.

Klötzer: Ich freue mich sehr, daß Herr de Longueville als Frankfurter Spezifikum die großen Oberbürgermeister angesprochen hat. Es war Miquel von 1880 bis 1890 und Adickes von 1890 bis 1912, die sich beide insofern ergänzten, als Miquel nach dem verschwenderischen Oberbürgermeister Mumm, der noch aus dem Altpatriziat stammte, erst einmal die Finanzen zusammengehalten hat, die dann Adickes für Großplanungen der Stadt ausgeben konnte. Nach dem Krieg wirkte der große Oberbürgermeister Ludwig Landmann von 1924 bis 1933, der in diesem Jahr gehen mußte. Landmann hat die gesamte moderne Stadtgestaltung der Gartenstadtbewegung und der Siedlungsbewegung mit Ernst Mai zusammen aufgegriffen und insofern für Frankfurt noch einmal etwas ganz Besonderes geleistet.

In der Zeit vor 1866, wo Frankfurt seine Freiheit als Freie Stadt an Preußen verlor, lagen die Verhältnisse ganz anders. Da wechselten die älteren und jüngeren Bürgermeister sehr rasch; hier sind keine prägnanten Personen dabei, die so wie in späterer Zeit Stadtbild, Stadtgestaltung und Stadtentwicklung auch in soziologischer Hinsicht prägten. In Frankfurt hat es sehr früh die von Herrn de Longueville angesprochenen Verschiebungen gegeben, so daß aus dem Stadtkern heraus geradezu Evakuierungen stattgefunden haben, um die Bevölkerung aus der engbebauten Altstadt ohne Luft und Licht in jüngere Stadtteile hinauszubringen, die in viel hygienischeren Verhältnissen erbaut worden waren. Aber auch da setzten große Oberbürgermeister wie Adickes Spekulationen schnell einen Riegel vor. Es hat natürlich auch hier die Entwicklung stattgefunden, daß städtisches Gelände an Terraingesellschaften weiterverkauft worden ist, aber dann eben mit der Auflage einer bestimmten Geschoßhöhe, einer bestimmten Traufhöhe, einer bestimmten Geländeausnutzung usw. Diese Bauindexzahlen sind in Frankfurt eine Erscheinung, die bis ins 19. Jahrhundert zurückgeht. Schließlich gab es eine Bauzonenplanung, so daß man verschiedene Bauzonen hatte, wo eben zum Beispiel nur Wohnungsbau statthaft war. Ferner haben wir Bereiche mit gemischtem Bau, mit Gewerbebetrieben, Kleingewerben namentlich in eingemeindeten Städten, die vorher schon Kleingewerbe und Industrie hatten, wie etwa Bockenheim, Bornheim und Fechenheim. Oder aber auch Gebiete, die für die Großindustrie ausgewiesen waren, wie die Farbwerke Höchst seit 1863, die Castella Farbwerke in Mainz-Schuheim, auch in Fechenheim seit 1863, schließlich dann die Villengebiete in demjenigen Bereich, den man heute als das Millionärsviertel von Frankfurt bezeichnet, also etwa den Lerchesberg mit seiner Ausweisung als Villengebiet südlich Sachsenhausens oder am Sachsenhäuser Berg in prominenter Lage mit Blick auf Frankfurt. Die hat es tatsächlich schon 1890/1910, in der Zeit von Adickes, gegeben.

Man darf aber auch an die jüngste Entwicklung erinnern. Die Umstrukturierungen in der Stadt, die auch heute wieder auf vehementen Widerstand stoßen, sind hier zu nennen, etwa wenn die City erweitert werden soll. Auch das Westend muß angeführt werden, weil die ganzen Einzugsschneisen des Verkehrs wie Flughafen, Autobahn oder Hauptbahnhof im Westen liegen und insofern die Industrie aus der Innenstadt hinausdrängen in das alte Villengebiet, das zu einem Geschäftsgebiet mit massiver Hochhausbebauung umfunktioniert wird. Das hat die Nachkriegszeit mit sich gebracht, die aber auf der anderen Seite auch wieder eine Ausklammerung von Hochhausgebieten wie etwa die Bürostadt Niederrad auf der grünen Wiese entstehen ließ. Das ließe sich mit vielen Beispielen fortsetzen – schon Goethe hat gesagt, das einzig Beständige sei der Wandel.

Kirchgässner: Wir kommen zum Schluß unserer Tagung. Hier möchte ich noch eine Pflicht des Schmerzes erfüllen: Die meisten werden wissen, daß Herr Wunder vor einiger Zeit verstorben ist. Er hat für das Profil dieses Arbeitskreises außergewöhnlich viel getan in einem sehr selbstlosen und doch nachdrücklichen Einsatz. Sein schweres Schicksal hat er mit einer Würde getragen, die in der noblen Art, wie er sein Verhältnis zu uns ausgeübt hat, großen Respekt verdient. Ich danke Ihnen, daß Sie sich zu seinen Ehren von Ihren Plätzen erhoben haben.

Zum Abschluß darf ich für die nächstjährige Tagung einladen. Wir sind wiederholt in dieser Tagung auf das Problem der Gartenstadtsiedlungen gestoßen, wir werden in der nächsten Tagung in Nagold uns hiermit aufgrund eigener Referate beschäftigen können. Das Generalthema soll sich mit Garten und Park wie auch ihrem Funktionswandel für die Stadt befassen von den Anfängen, die von der Bedeutung des mittelalterlichen Waldes für die Stadt handeln, bis zu den großen Parkschöpfungen der frühen Neuzeit.

Ich danke allen Referenten, die für dieses wichtige Thema der Urbanistik so wesentliche Beiträge geleistet haben; ich danke auch allen Diskussionsteilnehmern, die die Gedanken der Referenten vertieft und ausgeweitet haben. Mit diesem Dank darf ich in der Hoffnung schließen, daß wir uns in einem Jahr gesund in Nagold wiedersehen.

VERZEICHNIS DER VERFASSER UND DISKUSSIONSTEILNEHMER

Staatsarchivrat Dr. phil. Kurt ANDERMANN, Karlsruhe;
Stadtarchivar i. R. Johannes BISCHOFF, Erlangen;
Stadtarchivoberrat Dr. Ernst Otto BRÄUNCHE, Karlsruhe;
Archivrat Dr. Eberhard ILLNER, Köln;
Univ.-Prof. Dr. Bernhard KIRCHGÄSSNER, Mannheim;
Stadtarchivdirektor Dr. Wolfgang KLÖTZER, Frankfurt/M.;
Univ.-Prof. Dr. Wolfgang LEISER, Erlangen;
Dipl.-Kaufmann Hans-Peter DE LONGUEVILLE, Stuttgart;
Prof. Dr. Eberhard NAUJOKS, Tübingen;
Univ.-Prof. Dr. Wolfgang RIBBE, Berlin;
Dr. Ing. Harald RINGLER, Karlsruhe;
Stadtarchivdirektor Dr. Heinz SCHMITT, Karlsruhe;
Staatsarchivdirektor Prof. Dr. phil. Hansmartin SCHWARZMAIER, Karlsruhe;
Prof. Dr. Gerhard SEILER, Karlsruhe;
Akad. Oberrat Dr. phil. Wolfgang WÜST, Augsburg;
Dr. Hartmut ZOCHE, Freiburg.

ORTS- UND PERSONENREGISTER